語学の西北

後藤雄介
GOTO Yusuke

Hacia/Desde el "noroeste" del lenguaje:
una aventura interminable a través del castellano

スペイン語の窓から眺めた
南米・日本文化模様

現代書館

語学の西北＊目次

第二部　ラテンアメリカの日々……103

第三部　〈日本〉の日々……175

スペイン語圏（アフリカに赤道ギニア）

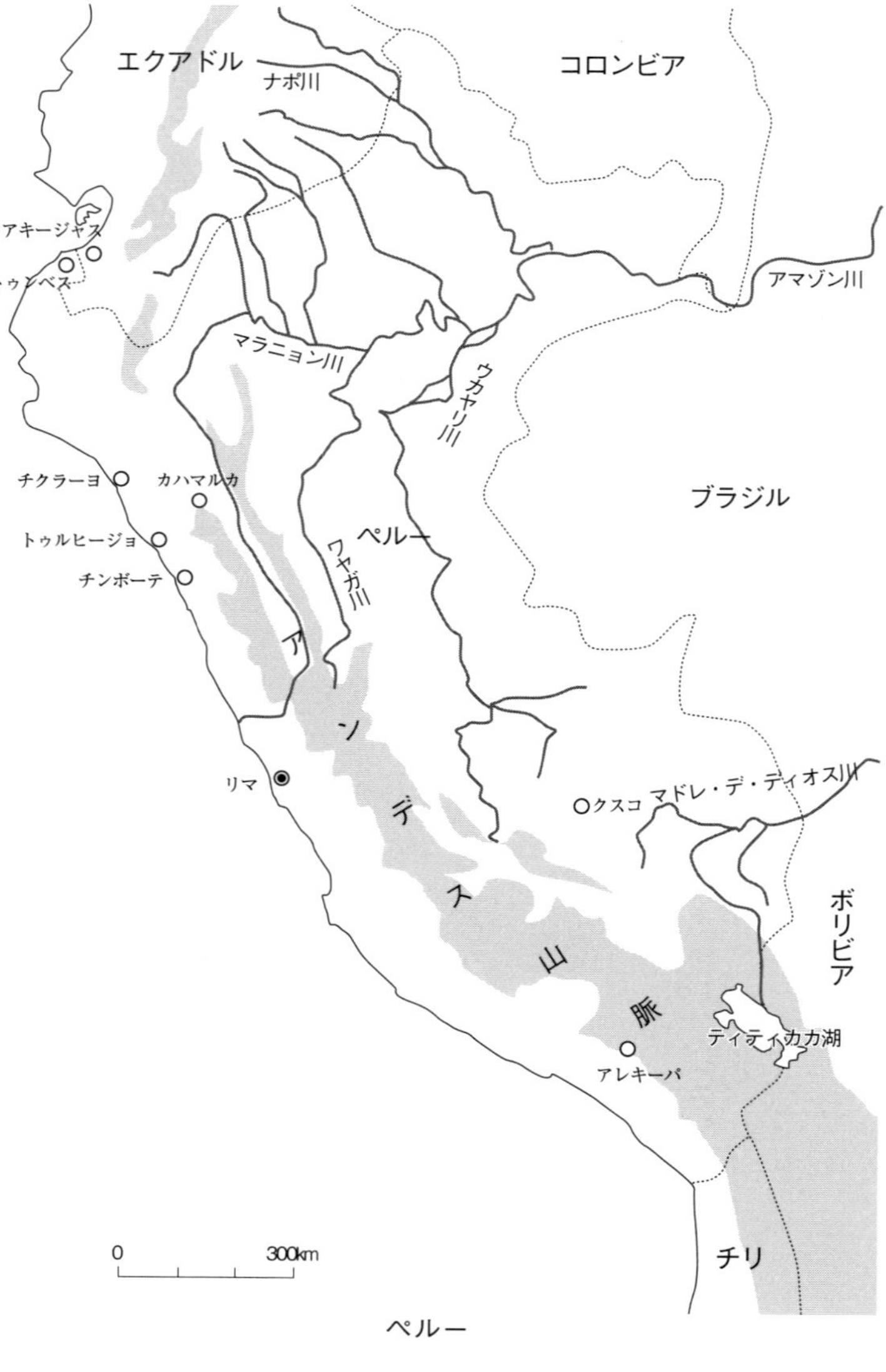
エクアドル
ナポ川
コロンビア
ウアキージャス
トゥンベス
アマゾン川
マラニョン川
ウカヤリ川
チクラーヨ
カハマルカ
ブラジル
トゥルヒージョ
ペルー
ワヤガ川
チンボーテ
アンデス山脈
リマ
クスコ
マドレ・デ・ディオス川
ボリビア
ティティカカ湖
アレキーパ
0
300km
チリ

ペルー

はじめに――「語学の西北」へようこそ！

東京の中心（あそこ[1]、です）から西北に位置する大学のキャンパスの、さらに西北の片隅にある古びた校舎（かつてはもっとも「モダン」な建物だったというのは、一九六〇年代の古き良きお話……）の一角に、僕の研究室はある。

日当たりは良好（というより、夏は西日をもろに浴びて蒸し風呂のような暑さ！）、新宿副都心の夜景の眺めも素晴らしく（ところが最近、直線上にマンションが建ってしまい、ほとんど見えなくなってしまった。残念）、あとは広さがいまの二倍あればまったくもって申し分ない（つまりは、現状はすごく手狭だっていうこと）。この研究室が本書の発信地、「語学の西北」である。さてしかし、「語学の西北」とは、いったいどんな場所なのか。

「語学の西北」とは、すぐにお気づきのことと思うが、まずはつとに知られた大学校歌「都の西北」の「本歌取り」（パロディ）としてある。べつに語学の「北東」でも「南南西」でもなんでも良かったのだけど、ここは「母屋のひさし」を借りちゃうことにしたのだ（それなら校歌の歌詞くらい全部覚えておきなさいよ！――はい、定年までにはなんとか！）。

でも、「語学の西北」というタイトルにまったくなんの意図も込められていないかといえば、多分に後知恵的ではあるにせよ、けっしてそんなことはないのである。

＊＊＊

はじまりはスペイン語

人から訊かれたくない質問のひとつに、「なぜスペイン語を選んだのですか？」というのがある。これは本当に答えに困るのだ。どうしてかと言えば、「それは消去法の結果です」としか答えようがないからだ。

ことは大学受験時にさかのぼる。まず学部を選ぶ際、「ほかにあまりない」という理由で「外国語学部」にしぼった。もちろんそれには、やっぱりなんだかんだ言って語学が好きだったという一応の根拠はある（さすがの僕も、ただ「ほかにあまりない」という理由だけで、たとえば「獣医畜産学部」を受験しようとは思わなかった）。

さて、お次は何語にするかだが、「ありきたり」ではない外国語にしたかった。だから、英語はもちろんのこと、フランス語やドイツ語でもだめである。なぜなら、これらは「外国語学部」でなくても、「文学部」で勉強できてしまうから。そこで俄然《がぜん》浮上してきたのが「スペイン語」である。スペイン一国だけでなく、多くの国――というのが、ラテンアメリカのことだった――で話されているからつぶしもききそうだ。「よし、これにしよう！」と、あっけなく僕は決めた。スペイン語の「ス」の字も知らずに、である。いやはや、げに「若さ」とは恐ろしいものである。

しかし、いまから振り返るに、「消去法」であるにせよ、当時の僕にはすでに「マイナー」指向というか「ひねくれ者」というべきか、「人とはちがったことがしたい」という願望を持っていたようである。[2] 僕はスペイン語を学び始め、そして、当たり前のことなのだけれども、英語とはまた異なる言語の成り立ちや仕組み、および背後に控える国や地域の歴史・事情があることを知って、率直に感動した。こうして僕は、スペイン語という一風変わった「めがね」をかけることで、「メジャー」ならざるものへ、つまり、「語学の西北」へと向かうパスポートを手にしたのである。

「語学の西北」へ

さて、スペイン語との付き合いが高じて、とうとう僕はスペイン語を教える身になった（確かに、つぶしはきいたのだった）。

スペイン語といえば、まずは、なにはなくともスペインである。「スペイン」語と名乗っている以上、それも当然だろう。ところで僕は、じつは——というか、こちらが本職なのだが——ラテンアメリカ研究の専門家である。よって、スペインにはこれまで特に用事もなかったので一度も行ったことはない。そう、僕は「スペインに行ったことのないスペイン語教師」なのである。「えー、そんなのありえない！」と反射的に思った人がいるかもしれない。それも当然だよね……じゃなくて、そうした「条件反射」をなくしていきたいというのが、本書のねらいのひとつだ。それが、「語学の西北」のタイトルには込められているのである。

右で述べたように、スペイン語にしても、なにかと「ありきたり」のイメージは付いて回っている。スペイン語と聞いてまず連想されるスペインは、多くの人にとって、灼熱の太陽あり、闘牛あり、フラメンコありの、「アツくて情熱的」な国ということになっている。それは方角でいえば、まさに

「南」のイメージを抱かせる。最近では、スペイン語をむしろラテンアメリカと結びつける人も確実に増えている。もっとも、そんな人だって（であればなおのこと?）、ラテンアメリカはさらに「アツくて情熱的」だと思っていたりする。やはり僕たちにとっての「南」のイメージがまとわり付いているのだ。

だから皆さんはきっと思うでしょう、スペイン語について語るのに、よりによって「西北」はないんじゃないの、「西北」は、と。しかし、僕の意図はまさに、スペイン語とスペインとが自動的（かつ排他的）に結び付いているのを、あるいは、スペインにしてもラテンアメリカにしても「アツくて情熱的」とのステレオタイプ（紋切り型）が貼り付いているのを、いかに引きはがすかというところにある。だからこそ語学の「南」ではなく、これまでのイメージを端的に裏切るべく、「西北」でなければならないのである（だったらいっそのこと「極北」にでもしたほうがいいのではないかと言われてしまえば、じつは返す言葉はないんだけどね(3)）。

語学の「西北」へ向かうとはつまり、外国語の延長線上にある異文化——これらを総じて「他者」と呼んでもいいだろう——に付きまとっているイメージと、想像力たくましくかつ思考力しなやかに向き合い、それを突き破っていくことにほかならない。だって、新たな外国語の学習を通じて得られるものがあらかじめ想定していた範囲を越えないとすれば、そんなつまらなく、もったいない話もないじゃないですか。

「語学の西北」から

異文化のステレオタイプをいわば打破するのが「語学の西北」へ向かうことの意味だとして、では、ひとたび「語学の西北」に立つとなにが見えてくるのだろうか。

だれしも「自分のことは自分が一番よく知っている」と自負するように、「日本のことは日本人が一番理解してる」と思うだろう。それはある面で正しいが、別の面で妥当ではない。なぜなら、日本に日本人として暮らす限りにおいて、多くのことは「自明」に過ぎて、説明をすることも、求められることもないだけだからである。

ところが、ひとたび国外に出るとそうはいかない。これまでことさら説明の必要もなかった日本の事柄について、語らなければならない場面が訪れるだろう。ときにはうまく説明できることもある。でも、どうしてもうまく説明できない「なにか」が残ることがある。この「なにか」をどう見るか、それが問題である。

なにしろ流暢でない外国語で説明するのだから、その拙さゆえに説明できないこともあるだろう。それは語学力の上達とともにある程度は解消されるかもしれない。あるいは、単に知識不足からそのときその場では説明できなかったけれど、後日ちゃんと調べれば答えられることもあるだろう。それはそれで良い。

しかし、それでもなお説明できない「なにか」は残るだろう。そんなとき、「所詮日本のことは日本人にしかわからない」と安易に開き直ることなかれ。もしかしたら、疑ってみるべきは、日本の事柄を説明する際に自分が寄って立つ所与の前提や思考法のほうなのかもしれないのだから。

外国人の尋ねていわく、「日本人ハ人種差別主義者ダソウデスネ」。日本人の答えていわく、「まさか！　日本には米国のような黒人問題はありませんから」。「デモ、日本ニハ『外国人お断り！』ト貼リ紙ノシテアル不動産屋ガアルト聞キマシタガ？」。「あなた、『それ』と『これ』とはちがいますよ」。「ドウチガウノデスカ？？」。「……」――このとき僕たちは、「ひょっとしたら、『これ』もまた人種差別なのかもしれない」と「問い直し」を始めるべきなのではないか。

「語学の西北」から見えてくるのは、「自明」であったはずの自文化の、つまりはほかならぬ日本という僕たち自身の、良くも悪くも、どこか「見慣れない」容貌であろう。もしいつまでも見知ったままの姿だったとしたら、異文化に触れたことも、やはりほとんど意味がなかったということにもなりかねない。

……とまあ、前口上はこれくらいにして、Más vale un hecho que cien palabras《マス・バレ・ウン・エチョ・ケ・シエン・パラブラス》（百聞は一見にしかず）とはよく言ったもの、僕なりに四苦八苦して取り組んだ語学指南・留学体験・〈日本〉批評を、以下、よろしければとくとお読みください。

では皆さん、「語学の西北」へようこそ！

注

（1）島田雅彦『彗星の住人』（新潮社、二〇〇〇年）のヒロイン・麻川不二子が嫁いでいったご家庭の住まいのあるところ……っていうか、まあ皇居のことですね。

（２）もっとも、この時点で僕は、アジアの言語はまったくと言っていいほど眼中になかった。これは、なんとなく「マイナー」を指向しつつも、結局のところ西欧の枠組みを超え出ることはできなかった、当時の僕の限界である。

（３）しかし、これらの方位感覚はあくまでも「北半球」のものであり、「南半球」ではまったく逆になることは確認しておいていい（南半球では、太陽は「北天」するのだ）。北半球においては「暖かい南」にある種の「なつかしさ」を覚えるが、南半球においては「凍てつく南」のイメージがノスタルジーを喚起させる。この南半球的「南」のイメージを「実感」したければ、フェルナンド・E・ソラナス（Fernando E. Solanas）監督の『スール～その先は愛』（一九八八年）を観ることをお勧めしたい。もっとも、この映画をより深く理解するためには、軍政下アルゼンチン（一九七六～八三年）の弾圧により、亡命の憂き目を見た人々の「想い」を踏まえておかなければならないのだが。

第一部　教室の日々

嗚呼、君の名は「スペイン」語！——言語の名称について

「スペインに行かずしてスペイン語を教えるとは恐るべし！」——と言われたのは、現職場の採用面接の席上でのこと。面接官であった某先生のお言葉である（某先生、暴露してゴメンナサイ）。僕はラテンアメリカの研究者で、これまで特に機会も必要もなかったので、スペインには行ったことがない。「スペイン語は留学先のペルーでそこそこ鍛えてあります！　それじゃあいけませんか？」と心のなかでは啖呵を切ってみるものの、そこはそれ、その後の人生がかかっている面接の場である。口をついて出てくるのは弱気な言い訳ばかり。面接が終わったあと、かなり落ち込みながら家路についたことは言うまでもない。しかし、意外なことに（そして、とても嬉しかったことに）、なんと採用内定の知らせが届いた。人生とはわからないものである。こうして、あな恐ろしや、「スペインに行ったことのないスペイン語教師」（el profesor de español que nunca ha ido a España《エル・プロフェソル・デ ・エスパニョル・ケ・ヌンカ・ア・イド・ア・エスパーニャ》）は誕生した。

……というほどに、僕のようなラテンアメリカ研究者が職業として大学でスペイン語を教えるのは、別段めずらしいことではない。なかにはスペインに行ったことのある人もいれば、たまたま行ったことがない人もいる——ただそれだけのこと（¡Eso es todo y nada más!《エソ・エス・トド・イ・ナダ・マス》）である。しかし、世間ではそうは問屋が卸さない。たとえば、初級クラスの最初の授業で「自分はスペインには行ったことがない」と一言断ると、教室がなんとなくざわつくような気がする。ざわつきのその心は「こんなやつに教

わって大丈夫か?」ということなのだろう。またある学生は、「夏休みにスペインに行って来ました一! 良かったですよ。先生もどうか早く行ってくださいね」と、憐憫のまなざし(?)で僕のことを見つめる(ほっとけ! スペイン行きは老後の楽しみにとってあるのじゃ!)。ちなみに、僕はドミニカ共和国にも行ったことがないのだが、「ドミニカ共和国に行かずしてスペイン語を教えるとは恐るべし!」とはだれも言ってくれない。

要するに、スペインに行ってないとどうにもハクがつかないらしい。それもこれも、スペイン語が「スペイン」語と名乗っていることからきている。「はじめに名前ありき」、である。スペイン語と聞いたらまずはスペインを思い浮かべるのが人の世の常である。僕としては、『ロミオとジュリエット』の「ああ、ロミオ、ロミオ、どうしてあなたはロミオなの? お父さまをお父さまと思わず、名前を捨てて」(ちくま文庫、一九九六年)ならぬ、「ああ、スペイン語、スペイン語、どうしてあなたはスペイン語なの? スペイン語はスペインだけのものではないのだから、いっそ名前を改めて」という心境だ。というわけでまず手始めは、スペイン語という名称それ自体について考えて(愚痴をこぼして?)みようと思った次第。

ご存じのとおり、現在スペイン語が広くアメリカ大陸で話されているのは、一四九二年のコロンブスの「新大陸発見」に始まる、スペインによる長い植民地支配があったからである。その同じ年、イベリア半島ではキリスト教勢力がイスラム勢力を駆逐し、いわゆる「国土回復」(reconquista《レコンキスタ》)を達成する(ちなみに、ユダヤ教徒もこの年に半島から追放されている)。その際、指導的役割を果たしたのがカスティージャ（Castilla）王国であり、スペインはカスティージャ王国を中心に統一された。イベリア半島には多様な方言差があったが、カスティージャ王国の一方言である「カステジャーノ」（castellano）が、この時点で国家語たる「エスパニョール」（español）、すなわち「スペイン」語に昇格したのであった。

そうなのである、僕たちは通常「エスパニョール」をしてスペイン語と呼んでいるのだが、「エスパニョール」の「本名」はじつは「カステジャーノ」なのだ。しかしこの「カステジャーノ」、いまではむしろ「エスパニョール」の「別名」になっているといえるかもしれない。それはどういうことなのか？

ラテンアメリカ諸国でスペイン語はどう呼ばれているか、ちょっと考えてみる。メキシコおよび中米・カリブ海諸国では「エスパニョール」が主流のようだが、南米諸国ではむしろ「カステジャーノ」のほうが多いのではないか。すでに述べたとおり、僕はペルー留学の経験があるが、ペルーでは圧倒的に「カステジャーノ」であった（というわけで、僕はスペイン語で話すとき、スペイン語のことはもっぱら「カステジャーノ」と呼ぶ。「エスパニョール」と呼ぶのは、案外授業のときだけだったりして）。試しに友人たちに尋ねたところ、アルゼンチン、チリ、ウルグアイ、ベネズエラなどでも基本は「カステジャーノ」らしい。「カステジャーノ」を使用する理由はおそらくさまざまで、現・独立国家であるスペインの名を冠することを回避する意図がそこにあるとは一概に言えないが、少なくとも、結果的に直接名指すことにはなっていない。「はじめに名前ありき」ということに鑑みれば、当のスペイン語圏全体において、スペイン語を「エスパニョール」と呼んでいるとは必ずしも限らないということは、実質的にとても重要である。

　ここで話を日本に戻そう。この文章自体もそうなのだが、日本語ではやはり、とりあえず「スペイン」語というほかはない。そしてスペイン語――ほら、こうして使わざるをえない――は、なにはさておき「スペインの言語」としての地位を保ち続けるのだ。「スペイン語を教えてらっしゃるんですか。スペインはいいところでしょうねー」（ええ、きっとそうだと僕も思います）。「先生、今度スペインに行きたいんですけど、アドバイスをお願いしまーす！」（悪いことは言わない、僕以外のだれかに頼みたまえ）。もおぉ、キイィーッ！（とは、僕の金切り声のつもり）。どうしたらいいのだろう？　そうだ、そういえばロミオはジュリエットにこんなふうに答えていたっけ――「恋人とだけ呼んでくれれば、それが僕の新たな洗礼。今からはもうロミオではない」。なるほど、ここでいう「恋人」に相当する「別名」さえ探し出せれば、「もうスペイン語ではない」ことになるわけだ。どれ、ひとつ「別名」探しの旅に出るとしよう。

　日本語で「スペイン語」以外にスペイン語を名指す言葉はないものか？　たとえば、スペイン語を専門とする大学の学科には、スペイン語学科ではなく、「イスパニア語」学科を名乗っているところがある。「イスパニア」はラテン語からの採用だ。なるほど、スペインの直接的名指しは確かに避けられている。しかしながら、では当の学生たちは「イスパニア語」と日常的に呼んでいるかというと、どうもそうでもないらしい。趨勢《すうせい》はやはり「スペイン語」なのだそうである。残念ながら「イスパニア語」はいまひとつである。

フランス語を「仏語」、ドイツ語を「独語」というように、スペイン語にも「西語」という言い方がある。これはどうか？　これも所詮はスペイン（西班牙）の当て字から来ているので、一見ダメそうである。しかし、漢字本来の名指す国からすでに事実上脱却している言語名がじつはひとつある。そう、「英語」である。もちろんイギリス（英吉利）に由来するのだが、かつてならともかく、いま「英語」と聞けば、まず想起するのはやはり米国だろう。「西語」にもその可能性はあるのか？　つまり、別の国がスペインから「西語」を奪い取る可能性。しかし、別の国とはいったいどこ？　メキシコ、アルゼンチン、はたまたキューバ？——ちがう、ちがうのである。ここで求めているのはそういうことではない。スペイン語がスペインのみならず、スペイン語圏のあまねく共有物であることをただ明確にすること、それ以上でも以下でもない。というわけで、「西語」もあまりよろしくない。そもそも、米国がイギリスから「英語」の名称の事実上の領有権を奪い取ったのは、その飽くなき覇権主義によるところが大きい。そんな形で「西語」がだれかに領有されるのは、是が非でも御免被りたい。

ところで、最近の学生たちは仲間うちでスペイン語のことを「スペ語」と呼んだりしている（ちなみに、フランス語は「フラ語」、ドイツ語は「ドイ語」、中国語に至っては「チャイ語」である）。最初に「スペ語」と聞いたときは「なんとケーハクな……」と正直思った。しかし、「スペ」が「スペ」として徹底的に記号化されるなら、意外とニュートラルな言語名としてありうるのかもしれない。ただし、「じゃーおまえは、スペイン語の名称をスペ語に変更すると、教授会で提案できるか？」と言われれば、それはさすがに「あのー、それはその、つまり……」（しどろもどろ）。すいません。「スペ語」、慎んで却下させていただきます。

スペイン語の「別名」探しの旅は、もうこれくらいにしておこう（おいおい、やめ逃げかい？）。あとはただ、「スペイン語」といっても即スペインのことだけをイメージしない、しなやかな感性（sensibilidad《センシビリダ》）を皆さんに求めるほかはない。意外とむずかしいことではある。繰り返すが、「はじめに名前ありき」なのだ。だからこそなお、名指すことが持つ一元化の暴力に抗して、名詞の先にある事象が有する本来的な多様さ・豊かさを、僕たちは常にすくい上げていかなければならないだろう。これ、最後にマジメな話。

僕のことを「偏屈」（cabezón《カベソン》）などと思わないでほしい。僕はただ、スペイン語のみならずいろいろなことについて、ときに「王様は裸だ！」（¡El rey está desnudo!《エル・レイ・エスタ・デスヌード》）と言ってみたいだけなのである。また、僕はけっして「スペイン嫌い」（hispanófobo《イスパノフォボ》）でもない。なぜなら、僕の数少ない得意料理のひとつはスペイン料理のパエリヤ（paella。香辛料サフランで色づけ・風味づけした、肉・魚介と具だくさんの炊き込みご飯）なのだから。スペインに行かずしてできることもあるものだ。

スペイン語、画竜点睛す――アルファベット・発音・アクセントについて

桜が咲き乱れて春爛漫（¡Estamos en plena primavera!《エスタモス・エン・プレナ・プリマベラ》）、春は「新たな挑戦」を始めるのになにかとふさわしい季節である。語学、スペイン語もまたしかり。意欲満々、しかし行く手にはこれからいくつものハードルが待ちかまえている。その最初のハードルが、いわば基礎中の基礎をなす、アルファベット（alfabeto《アルファベト》）・発音（pronunciación《プロヌンシアシオン》）・アクセント（acento《アセント》）の三点セットだ。

(1) アルファベット

スペイン語のアルファベットは、一九九四年にスペイン王立アカデミー（Real Academia Española《レアル・アカデミア・エスパニョーラ》）によって、それまでの二九文字（もしくは三〇文字）から複文字のch《チェ》・ll《エリェ》（三〇文字と考える場合にはこれにrr《エレドブレ》が加わる）が除外されて、現在の二七文字となった。もっとも、これら複文字は発音上の単位として依然重要なので、学習のためにはアルファベットとして残してくれたほうがありがたかった。

アルファベットの読み方は、もちろん最初に教えるものの、残念ながらあまり定着しないのが現実だ。多くの学生にとって、既習の英語の読み方でもなんとなく事足りてしまうために、なかなか覚えられない（あるいは、覚えようとしない）。しかしながら、最初に書いたとおり、スペイン語は「新た

な挑戦」なのである。確かに、英語との類似、英語から類推できることはたくさんある。それはそれで活用しない手はない。でも、類似・類推にあぐらをかいてはいけません。スペイン語のアルファベットは、英語のそれとは「似て異なるもの」として正確に覚えてほしいと思う。試しに今度、文法を一通り終えた学生の最終試験に、「アルファベットを読みましょう」と出題してみようかな？（ウソ）

(2) 発音

お次は発音である。「スペイン語の発音はやさしい」と、巷でたいへん評判である。学生にスペイン語を選択した理由を訊いてみると、そのように答えることが多い。確かにこれは事実である。五母音体系が日本語と基本的に同じであるなど、日本語話者にとってくみしやすい要素が多い。これこそ活用しない手はない。しかし、どこでどうとりちがえたのか、「スペイン語の発音はやさしい」ではなく、「スペイン語は（そもそも）やさしい！」と早合点してしまう学生もなかにはいる。彼らはのちに「騙したな！」（¡Me han engañado!《メ・アン・エンガニャード》）と怨むのだが、それはお門違いというもの。最初の認識のほうが間違っているのである。新しい外国語を学ぶということは、それほど簡単なものではありません（きっぱり！）。

そんな「やさしい」とされるスペイン語の発音だが、日本語話者にとって厄介な音も存在する。その代表格が、いわゆる「巻き舌」であり、g《ヘ》・j《ホタ》音であろう。

ご存じのように、「巻き舌」とは、rr および r《エレ》が語頭にある場合などに発すべきあの「ルルルゥ……」の音である。これがきれいに「巻ける」となかなか快感だ。もともとできる人にとってはなんのことはないが、できない人にとってはこれが摩訶不思議にして理解不能、難攻不落の要塞のごとき発音である。江戸っ子の「べらんめぇー」調と同じなのだという説明はよくなされるが、これでは納得はさせられても、実際に発音できるようにしてあげられるかというと疑問だ。

そこで最近は、「とろろ」と言わせることにしている。山芋でも昆布でもけっこう、とにかく「とろろ」である。「とろろ」はそもそも、平均的日本語話者に発話させるとtororoと発音する（tololoと発音する人はまずいない。ちなみに、「ラーメン」はほぼlamenである。r音とl《エル》音を自覚的に区別する格好の材料である）。この「とろろ」を繰り返し発話するように促す。「とろろっ、とろろっ、とろろっ、とろろルルルゥ……、あれ？　巻き舌できちゃいました！」——となればしめたものである。名づけて「とろろ」メソッド。個人差もあって必ずしもうまくいくとは限らないが、ぜひ一度お試しあれ。

g・j音もくせ者である。これまでよく「痰をカアーッと吐こうとして、でも実際には吐かないで発話されるハ行の音」と説明してきたが、お世辞にも上品とは言いがたい。そこで思いついたのが、「北の国から」メソッド（？）である。

某民放局で長年にわたって放映されてきた番組名としてご記憶の方も多いだろう。北海道は富良野を舞台にした父子の大河物語であり、父親の名は五郎（田中邦衛）、息子は純（吉岡秀隆）、娘は蛍（中嶋朋子）という。この五郎お父さん、というか田中邦衛さん、なかなか日本語離れしたハ行の発音体系をお持ちです。娘を遠くから呼ぶときの「おーい、ほたるぅー！」などは、hotaruというよりはjotaruつまり、正しくスペイン語的なj音なのである。

ついでながら言えば、「るぅー」の部分のu《ウ》音も発話位置が深く、発話位置の浅い日本語のu音とはちがって、これもなかなかどうしてスペイン語的である。第一あの、口をすぼめてタコのような顔になっている（失礼！）ところがたいへんよろしい（端正な顔立ちのままに発音されるu音なんて、およそスペイン語的とは言いがたいのだ）。

いやいや、田中邦衛さん恐るべし、である。ぜひ本格的にスペイン語に取り組んでもらいたい！——というのは余計なお世話として、皆さんには番組を鑑賞がてら、ぜひ五郎お父さんの発音を参考にしてもらっていいと思う。

(3) アクセント

さて、最後にアクセントである。スペイン語単語のアクセントの位置を知るための規則は以下の三つに尽きる。

（1）母音、-n・-s で終わる単語は後ろから二番目の音節にアクセント
（2）-n・-s 以外の子音で終わる単語は最後の音節にアクセント
（3）(1)・(2) に合致しない音節にアクセントがある場合には、その不規則な位置にアクセント記号（´）を打って示す

じつに単純明快、しかもおよそ例外がない。[1] 英語の煩雑な規則に比べてなんと楽なことか！——と一見思えるのだが、ただしこの規則を使いこなすにはひとつだけ重要な前提がある。そう、単語を正しく「音節」に区切れる、ということである。これがけっこう面倒なのだ。

一音節の最小単位は、母音ひとつか、もしくは子音＋母音である（つまり、子音だけの音節は存在しないということ）。というわけで、もし母音と子音がひとつずつ交互に並んでいれば「……母／子母／子母／子母……」と区切ればいいのでなんの苦労もないのだが、実際には母音や子音が複数個並んでいたりする。そういうときにはどうすればいいのか？　原則としては、母音はとにかくひとつでも音節になる。子音は、複数個の子音が並んでいる場合には、ひとつ以上を前の音節に、ひとつを後ろの音節に付ければいい。たとえば、constante《コンスタンテ》（絶え間ない）はcons/tan/te《コンス／タン／テ》となる（太字はアクセントのある音節。以下同様）。

しかし、話はまだこれで終わらない。上記原則にもかかわらず、区切ってはいけない母音または子音同士の組み合わせが存在する。じつは母音は、強母音（a, e, o）と弱母音（i, u）に区別される。強母音と弱母音の組み合わせ（順不同）、もしくは弱母音同士の組み合わせを「二重母音」と呼び、これは音節に区切ってはいけない（ということは、逆にいうと、母音連続で区切っていいのは強母音が並んでいるときに限られるわけだ）。同様にして、弱＋強＋弱の配列になった場合は「三重母音」と呼び、やはり音節に区切ってはならない。子音にも「二重子音」というのが一二通り（bl, br, cl, cr, dr, fl, fr, gl, gr, pl, pr, tr）あって、これも音節に区切るのは御法度である。さて、ここまできちんと頭のなかで整理できていますか？　では問題。aéreo《アエレオ》（空中の）、monstruo《モンストゥルオ》（怪物）はどう区切るか？——そうです、a/é/re/o《ア／エ／レ／オ》（じつに四音節！）、mons/truo《モンス／トゥルオ》（たった二音節！）が正解。

正直なところ、音節の区切りの規則が煩雑なのは否めない。胸をときめかせながらスペイン語を始めた新入生も、このあたりの説明に入ると早速げんなりとしてしまう。それはこちらとしても望んでいないこと。二重子音について言えば、一二通りのパターンなんてにわかに覚えられるものではないし、実際問題、子音の区切りは間違えてもさほど影響はない。mons/truo をたとえ monst/ruo あるいは mon/struo と誤ったところで、アクセントの位置は動かない。一番大事なのはアクセントの位置を知ることである。音節の区切りはあくまでもアクセントの位置を知るという目的のための、いわば手段に過ぎない。

とはいえ、というか、だからこそと言うべきか、母音の区切りとなると話は別だ。これは明らかに影響が出てくる。たとえば aire《アイレ》（空気）。正しくは ai/re《アイ／レ》 だが、ai を二重母音とわからずに区切ってしまうと a/i/re すなわち「アイーレ」と、アクセントの位置もずれてしまう。これはぜひ避けなければならない。ところで、ai の音節ではなぜ i ではなくて a が強く読まれるかって？ それが弱母音 i に対して a が強母音たる所以である。強い者が勝つのである（もっとも、強きが弱きをくじくのは、できれば文法の世界だけにしてほしいものだが[2]）。

前出の aéreo は、先の規則（3）にしたがってアクセント記号が打たれている。記号がなければこれは a/e/re/o、つまり「アエレーオ」と読まれてしまう。アクセント記号とはいわば竜の眼のようなもの、aéreo はアクセント記号を打たれてはじめて単語としての体をなす、まさに「画竜点睛」するのだ。たかがアクセント記号、されどアクセント記号、なのである。

しかしながらこのアクセント記号、学生はなかなかきちんと打ってくれない。自信がないというのもあるだろうが、心のどこかで「これくらいどうでもいいじゃん！」と思ってはいやしまいか？ 英語にアクセント記号はないので、じつはその感覚のままでいるのではないか？ そうであるなら、繰り返しになるが、スペイン語は、英語とは「似て異なるもの」、「新たな挑戦」なのだと、改めて強調したい。さらに言えば、アクセント記号などもちろん日本語にもないものだが、スペイン語にとってはそれが重要な問題であり、そのことを理解し尊重する――そういう態度が、アクセント記号を打つというささやかな行為のなかで試されているのである。新しい外国語を学ぶということは、当然ではあるが、すでに異文化理解のとば口に立っているということでもあるのだ。

注

（1）アクセント記号には別途、アクセントの不規則な位置を示すのではなく、同音異義語を区別するための用法がある：si（もし～なら）・sí（はい）、te（君に／を）・té（お茶）。

（2）ここでおまけの問題をひとつ。では、viuda《ビウダ》（未亡人［しかしまあ、ひどい日本語だな］）のアクセントの位置はどこでしょう？　音節はviu/da《ビウ／ダ》と区切れて、母音で終わっているので後ろから二番目の音節、すなわちviuのところ――とそこまではいいでしょうが、問題はiuはいずれも弱母音である二重母音、こういう「弱い者同士」の場合はどちらを強く読むべきなのか？　答えはuのほう。ただし理由は、uよりiが「より弱い」のではなく、後ろのほうの母音を強く読む傾向が統計的に見出せるからである。たとえばruido《ルイド》（物音）の場合は、iのほうが強く読まれることになる。

音引きをめぐる攻防——アクセント外伝

"No soy coreano, ni soy japonés, yo soy desarraigado"（俺は朝鮮人でも、日本人でもない、ただの根無し草だ）——これは、金城一紀の小説『ＧＯ』（講談社、二〇〇〇年、第一二三回直木賞受賞）もしくは同名の映画（行定勲監督、二〇〇一年）のなかで、主人公の青年と父親のあいだで交わされた、いわば物語全体の通底音をなすセリフである。「〈在日〉ポップ・ノベルの革命的傑作！」と帯に謳われた本作品のなかで、なぜこのセリフがことさらスペイン語でなければならなかったのか（つまり、ドイツ語でも中国語でもロシア語でも、ましてや朝鮮語ではなく）、その必然性は僕にはわからない。でも、そこに込められたメッセージは、言語の如何にかかわらず伝えられるべきものだ。

さて、こんな思わせぶりな出だしでいったいなにを書きたいのかといえば、肩透かしをするようで恐縮だけど、なんのことはない、じつはアクセントの話の続きである。それもいささか脱線気味。どうかお許しを（ゆえに「アクセント外伝」というわけ）。

映画中、父親役のベテラン俳優（山崎努）はまだしも、主人公を演じた若手俳優（彼の名誉のためにその名は伏せておこう）のアクセントの置きどころは——こんなこと言ってはなんだけど——お世辞にも褒められたものではなかった。ラスト間近のシーンではおよそ次のように発せられた。「ノ・ソイ・コレアノ、ニ・ソイ・ハポネス、ジョ・ソイ・デサライガド」（太字はアクセント部分。以下同様）。皆さんはもう正しい置きどころがわかりますね。そう、「ハポネス」・「デサライガド」が正解。このシーンはなかなかの見せ場なので、願わくばカッコよくキメてほしかった。できることなら、撮影現場で実地に発話指導してあげたかったくらいだ（ありえないが）。もっとも、このセリフを聞いて「クボヅカくん、カッコわるーい」（おっと、つい俳優名を出してしまった！）なんて思った人は、スペイン語教師をのぞけばまずいないだろうけど(1)。

巷に溢れる「スペイン語」商品

それはそれでいいとして、このことをまがりなりにも教訓とするなら、「スペイン語を生かすも殺すもじつにアクセント次第」となるだろう。ところが、これをまるで鼻で笑うような事態が進行（？）していることをご存じだろうか。それはなにを隠そう、スペイン語に由来する商品名の数々である。

英語やフランス語起源の商品名が飽和状態にあるなかで、おそらくその響きがいまだ新鮮だからであろう、スペイン語からの商品名採用が近年増えているような気がする。ところが、その際アクセントの位置が原語からずらされることが少なくない。一番の理由は、日本語としての流れにのせる必要からだろう。それから、商品である以上売れなければいけないわけで、発売前には綿密なマーケティング調査がおこなわれていると思う。商品のネーミングも当然そうしたプロセスを経て決定されているはずである。しかし、ネーミングの結果はまるでスペイン語教師の神経を逆なでするがごとくである（笑）。その逆なでされ具合を、以下、とくとご覧いただきたい。

ここで断っておかなければならないが、一口にアクセントといっても、スペイン語は声の強弱で示される「強弱アクセント」、日本語は音の高低で示される「高低アクセント」であり、そのしくみは同じではない。スペイン語のみならず、一般に外来語のアクセントを日本語上で示すには、音引き「ー」（長音記号）を用いるのが常套手段である。しかし、しくみがそもそもちがうので、なんでもかんでも音引きを付ければいいというものでもない。あまり付けすぎると文章に歯切れの悪い印象を与えることにもなる。技術関係の用語にとりわけ顕著に思えるが、最近は音引きがかなり省かれる傾向にある（「コンピューター」ではなく「コンピュータ」、「プリンター」ではなく「プリンタ」など）。それでも残る音引きは残る。なかには執拗に残り続けている場合さえある。たとえば、かの有名な元米国大統領「リンカーン」。歴史教科書などでは「**リ**ンカン」と是正されてきているようだが（だってLincoln［liŋkən］なのだから）、世間一般では依然として「リン**カー**ン」で通っている。どうやら音引きをめぐってなにやら攻防があるらしい。アクセントの位置についてどんな法則性があるのだろうか？　それをちょっと探ってみた。

さて、スペイン語の商品名のなかで、[2] まずは原語のアクセントに比較的忠実なものを思いつくままに挙げてみる。たとえば、飲食店では「**カー**サ」（casa／家）・「プ**ロ**ント」（pronto／すぐに）、書店にはそのものずばりの「**リ**ブロ」（libro／本）、自動車名は数多く、「プ**レ**ミオ」（premio／褒賞）・「**シー**マ」（cima／頂上）・「グ**ラ**シア」（gracia／優美）・「**バ**モス」（vamos／行こう！）・「エス**クー**ド」（escudo／盾、紋章）・「ディア**マ**ンテ」（diamante／ダイアモンド）と、それこそ枚挙《まいきょ》に暇《いとま》がない。[3] ここから確認できるのは、音引きはアクセントの置きどころを示しもするが（「カーサ」・「シーマ」・「エスクード」）、その限りでもないということである（「プロント」・「プレミオ」など。確かに「プローント」・「プレーミオ」ではいかにも間延びした感じがする）。

ずれる（ずらされる？）アクセント

本題はむしろここから。「サリダ」（出入口）という女性のための就職情報誌がある。「社会に出る。新しい会社に入る」というコンセプトのもとに命名されたとのこと（これ、創刊に携わった方から直接うかがったお話）。原語 salida のアクセントに忠実なら「サリーダ」になるはずだが、さにあらず。続いて、化粧品（白髪染め）の「シエロ」（空）。これも原語は cielo だが、なぜか「シエロ」とはならない。この法則やいかに？　そうか！　きっと日本語として売れ筋の商品名とするためには、第一音節にあえてアクセントをずらす必要があるのだろう。なるほど、それで原語 prado（平原）も、自動車名としては「プラード」ではなく「プラド」になるわけだ[4]。

……と思いきや、なんとその反対の事例が存在する。たとえば、自動車名の「セフィーロ」（もう現存しない車種だけど）。一見原語に忠実そうなネーミングだが、原語はなんと céfiro（そよ風）。つまり、第一音節にもともとアクセントがあるので、これこそそのまま「セフィロ」でいいはずだ。しかし、なぜかそうはならない。極めつけは、化粧品の「ルシード」。原語は lúcido（輝かしい）なのに「ルシド」ではない。商品にはご丁寧にアクセント記号さえ刷られているというのに。もう、なんでやねん!!（なぜか突然関西弁）。

つまるところ、アクセントの置きどころには特に法則性などないのかもしれない。ましてや、スペイン語教師の神経を逆なでしようなんて意図は更々ないようだ（そんなこと最初からわかっていたことですけど、ハハハ）。より売れそうなネーミングがその都度考えられるのだろう。

されどなんらかの法則が？

しかし、である。やはりどこか無意識のレベルでなんらかの法則が働いているのではないかと、ちょっぴり疑うのである。それはなぜか？「サリナス」（メキシコ）・「トレド」（ペルー）・「サパテロ」［無アクセント的］（スペイン）――これらは商品名ではなく人名であるが、いずれもスペイン語圏の新旧の元首名である。原語はそれぞれ Salinas, Toledo, Zapatero で、いずれも「サリーナス」・「トレード」・「サパテーロ」と呼ばれても特に不自然ではないと思うのだが、主流は音引きなしのほうである。どうしてなんだろう？　先に紹介した「リンカーン」こそ「リンカン」であるべきなのに「リンカーン」のままであり続け、「レーガン」（この人も元米国大統領ですね）は「レガン」とはけっして呼ばれなかったのに。要するに、英語と比べてスペイン語では音引きがないがしろにされている気がして、そこになにか文化格差に根ざした権威主義を感じてしまうのである（これって被害妄想？）。

アクセントを離れて発音の話をして良ければ、こんなエピソードもある。メキシコ―米国間の麻薬問題を扱った映画『トラフィック』（スティーヴン・ソダーバーグ監督、二〇〇〇年）をご覧になっただろうか？　主演の俳優 Benicio del Toro はプエルトリコ出身（つまり、スペイン語圏出身）なのだが、なぜか「ベニシオ」ではなく「ベニチオ・デル・トロ」ともっぱら呼ばれている。つまり、「イタリア男」風（？）に仕立て上げられたのである。そのほうがうけるだろうことはわからないでもない。

それにしても、である。

所詮はどうでもいいことなのかもしれない。二〇〇四年に自衛隊が戦後はじめて海外派兵されたことで注目されたイラクの都市名が、「サマワ」かそれとも「サマーワ」なのかということと同程度に（この都市のことを思い浮かべるとき、僕たちにはほかに考えるべきことがいくらでもあることがよくわかる）。

最後に、スペイン語業界（なんてものがあるのかな？）に身びいきなことばかり書いてきたので、次のことを自己反省の意味も込めて指摘したい。キューバ革命の英雄である「カストロ」〔無アクセント的〕や「ゲバラ」を、ラテンアメリカ研究者もいいかげんきちんと「カストロ」（Castro）・「ゲバーラ」（Guevara）と呼ぶべきかもね。

注

（1）これは余談になるが、『GO』には萩原聖人《まさと》が在日問題に無知な警官役で出演していた。彼は以前にも、『月はどっちにでている』（崔洋一監督、一九九三年）で、同じく無邪気に偏見を丸出しにするタクシー乗客役を演じていた。僕はある極めて個人的な理由（笑）で萩原聖人が好きではないが、この手の役をやらせて彼の右に出る者はなかなかいないと思う。それくらい、差別問題に対する「イノセント」な役回りが「はまって」いる。しかしながら、僕たち自身も日常生活のなにげない場面で、この「イノセント」ぶりをひょっとしたら発揮してしまっているのかもしれない。

（2）ここで挙げる商品名のすべてが、企業の明確な意図としてスペイン語から採用されたかどうかを、筆者は企業に確認しているわけではない。しかしながら、言語の綴り上、スペイン語として（も）意味をなすことは確かである。

（3）自動車の名前で面白いところでは、「モコ」（moco）なんてのがあるんだけど、これはきっとスペイン語で意味をなすと知らずに命名したんだろうな。だって、スペイン語だと「はな垂れ」なんだよね（笑）。あとはなんといっても「パジェロ」（pajero）。この車は……スペイン語圏ではとてもじゃないけどこの名前では走れません！（よって、スペイン語圏では別名になっている）。すいませんが、意味はご自分で調べてください。

（4）でも、「プラド」ってアクセントの置き方はやっぱり変である。だって、母音のない音節など存在せず、アクセントがかかることなど本来ありえないのだから（「スペイン語、画竜点睛す」参照）。余計なお世話ながら、これはイタリア語だけど、ブランド名の「プラダ」についても同じことが言えるだろう。イタリアに行って「プラダ、プラダ、プラダ！」と騒いで買い漁るのは、かなりカッコ悪いんじゃないかな？

スペイン語に忍び寄る男女の影？――性数変化について

「えー、スペイン語では名詞に男女別があります。たとえば、辞書は男性、雑誌は女性、ボールペンは男性、それから窓は女性……」――と言ったところで、やおら教室を眺め渡す。きょとんとした顔、「だからそれがどーしたっていうのよぉ？」とでも言いたげな顔、まれに居眠りから覚めたばかりで「ここはどこ？　私はだれ？」といった風情の顔、とにかく納得したというにはほど遠い学生たちの顔、顔、顔がそこにある。まあ、それも仕方のないことだと思う（ただし、居眠り君の場合はのぞく）。なにせ日本語や英語ではなかった事態なのだから。

そうなのである、スペイン語ではすべての名詞に性別がある。そして厄介なことに、その性別がなにかと付いて回るのである。これは面倒くさい。あいにくと僕たちはそんな習慣（文法）を持っていない。さて、こんな「ジェンダー・コンシャス」（*gender conscious*／性差に自覚的）なスペイン語とどう取り組んだら良いのか？

男性・女性の区別その1・「自然性」

名詞の性別はまったくやみくもに決まっているわけではない。性別を知るにあたっては、まず「自然性」を持つか否かがポイントになる。自然性とは、たとえば、hombre《オンブレ》・mujer《ムヘール》はまさにそれぞれ

「男性」・「女性」という意味であるから、前者は男性名詞、後者は女性名詞となる。padre《パドレ》（父親）・madre《マドレ》（母親）、toro《トロ》（雄牛）・vaca《バカ》（雌牛）などのペアについても同様である。というわけで、自然性を持っていれば一目瞭然なのでやれやれ一安心――かと思いきや、どっこいそうはいかない。なぜか？　男女の区別がとりわけ困難なのは初学の段階であるが、初学段階は必然的に語彙力も乏しい。つまり、hombre の意味を「男性」と知ってはじめて役立つのが自然性であって、自然性による区別が効果を発揮するのは語彙力をある程度伴ってからということになる。語彙力が乏しい段階でむしろ有効なのは非自然性、すなわち、次に述べる「形式性」のほうである。

男性・女性の区別その２・「形式性」

冒頭で触れた diccionario《ディクシオナリオ》（辞書）・revista《レビスタ》（雑誌）・bolígrafo《ボリグラフォ》（ボールペン）・ventana《ベンタナ》（窓）はいずれもモノ（無生物）であり、本来性別もへったくれもない。単に形式的に性別が割り振られているに過ぎない。これを「形式性」と呼ぼう。しかしこの割り振りには一定のルールが見出せる。たとえば、-o で終わってれば男性名詞、-a で終わっていれば女性名詞である。これがもっとも基本的な男女の区別の目安で、これなら初学段階でもおおいに役立つ。とはいえ、この目安とて万能ではない。やはり例外はつきものである。たとえば、mano《マノ》（手）は -o で終わっているのに女性名詞、día《ディア》（日）・mapa《マパ》（地図）は -a で終わっているのに男性名詞である。男性名詞についてはほかにこれといって確実な目安はないが、女性名詞には幸い一〇〇パーセント確実な手がかりが存在する。もし語末が -ción・-sión・-tión あるいは -dad・-tad・-tud であれば必ず女性名詞である。たとえば、vacación《バカシオン》（休暇）・

uinversidad《ウニベルシダ》（大学）が女性名詞なのは一目瞭然、という具合に。

さて、ここまで読んで、「なんだ、男女の区別もたいしたことないな」と思った人、そんなあなたにとても大事なことを言うのを忘れておりました。男女の判別の手がかりがない名詞が多数存在するということを（笑）。そんな場合はどうすればいいのか？　じつは「処置なし」なのである。この事実は巷のテキストや参考書ではあまり声高には宣伝されていない。そんななか、「理屈抜きで覚えてください」とズバリ明言してあるテキストを発見。あっぱれ、その率直さに脱帽！　しかし、なにか覚えるための手はないものか？　定冠詞でも付けて繰り返し唱える――せいぜいこれくらいかもしれない。残念ながら、No hay atajo sin trabajo《ノ・アイ・アタホ・シン・トラバホ》（学問に王道なし）、である。

疲れているのはだれ？

さて、いましがた定冠詞のことに触れた。名詞には冠詞が付くことが多いが、冠詞は名詞の性別に合わせて変化する。定冠詞であれば、英語ならtheですべて済むところを、単複の区別も含めel・la・los・lasと付け替えなければならない。前述したように、確かに名詞の男女別を覚える目印にもなるが、どちらかといえば煩雑さのほうが先に立つことは否めない。さらに、ことは冠詞のみに留まらない。冠詞とは狭義の形容詞なのであって、形容詞一般も当然のことながら名詞の性（そして数）に応じて変化する：El diccionario es nuevo《エル・ディクシオナリオ・エス・ヌエボ》（その辞書は新品だ）、Las ventanas están abiertas《ラス・ベンタナス・エスタン・アビエルタス》（窓は開いている）。指示形容詞や所有形容詞もまたしかり：Esta revista es nuestra y ese bolígrafo es suyo《エスタ・レビスタ・エス・ヌエストラ・イ・エセ・ボリグラフォ・エス・スージョ》（この雑誌は私たちので、そのボールペンは彼女のものだ）[1]。これは面倒である。名詞の性別がなにかと付いて回るとは、つまりこういうことだ。だからスペイン語の場合、「私は疲れている」程度の作文も学生にうかつには出題できない。つまり、「私」の性別が示されていなければ、答えるべきは Estoy cansado《エストイ・カンサード》なのか Estoy cansada《エストイ・カンサーダ》なのか、わからないのである。

スペイン語は文法的にじつに「ジェンダー・コンシャス」な言語である（もっとも、フランス語やドイツ語、ロシア語などもそうですが）。名詞を男女に区別するという包囲網からは、たとえネズミ一匹たりとも逃げ出せない（ネズミ、おまえは rata《ラタ》ね。-a で終わってるから女性の仲間にお入り！）。名詞である限り、自然性を持とうが持つまいが、すべては男女に形式上区分されてしまう。たとえば、「私たち」という主格代名詞（これも名詞の仲間）。「私たち」にはもちろんさまざまな男女構成がありうるが、仮に百人いて九九人まで女性で男性はたったひとりだったとしても、スペイン語の「私たち」は文法的には nosotros になってしまう。これは女性にとっては不条理である。

おまけに、男女別だけならいざ知らず、敬称 señor（Sr.）/ señora（Sra.）/ señorita（Srta.）に至っては女性に限って既婚・未婚の区別までするなんて、それこそ余計なお世話である。英語にも *Mrs.* と *Miss* の区別があるが、それらに加えて、いまではニュートラルな *Ms.* が存在することはもはや旧聞に属するだろう。スペイン語でも *Ms.* に相当するような敬称を作る取り組みがあるのか、不案内にして知らないが、少なくとも教科書レベルで教えられていないことだけは確かである。

かくも過剰に「ジェンダー・コンシャス」なスペイン語ではあるが、あながち悪いことばかりともいえない。たとえば英語では、*fireman*（消防士）など *-man* で終わる数々の職業名が「ジェンダー・バイアス」（*gender bias*／性差による偏向）に囚われているとの反省から *firefighter* なる新語が作られたりしたが、スペイン語であれば bombero《ボンベーロ》を bombera《ボンベーラ》と言い換えればそれで済むことである。

「ジェンダー・コンシャス」から「ジェンダー・フリー」へ

むしろ問題とすべきは、スペイン語の「ジェンダー・コンシャス」さに僕たち自身が「コンシャス」であるかどうかであろう。先に「私は疲れている」という作文の持つ落とし穴について触れたが、某テキストで実際に出題されている「彼らはロペスさんを知っている」という作文などにも注意したい。このテキストにおいては、「〜さん」という表現はどうも敬称を付けよということらしい。なぜか？　それを踏まえてちょっと考えてみましょう。Ellos conocen al señor López《エジョス・コノセン・アル・セニョール・ロペス》、となりましたか。

なるほど、同じ「知っている」という動詞でも、「知識・情報として身につけている」の saber ではなく「人となりを理解している」という意味合いの conocer を選択したこと、動詞が特定の人を目的語として持つ場合には前置詞 a を伴うこと、敬称の前に定冠詞が置けたこと、そして前置詞 a と定冠詞 el が並ぶ場合には短縮形 al となること——およそ非の打ち所がない。でも、ちょっと待ってほしい。ロペスさんが男性だなんていったいどこに書いてあるの？　ロペスさんの性別は特定されていない（López は姓です、念のため）。特定したのはじつにあなた自身なのである。本当は señora López でも señorita López でもいいはずなのにとりあえず男性だと想定してしまうこと——これもまた「ジェンダー・バイアス」である。[2]

このように、ちょっとした作文においてさえ、スペイン語には男女の別がなにかと付いて回るのだ。さながら忍び寄る影のように、しかも思っていた以上に。「そんなスペイン語にはついていけない」と感じるかもしれない。そう、確かに性別は面倒くさい。しかし、その「面倒くさい」という感覚がスペイン語外の要素、つまり、あなた自身のジェンダー感覚からも芽生えているとすれば？　あなたのなかの「ジェンダー・バイアス」を、「ジェンダー・コンシャス」なスペイン語を通じて見直し、「ジェンダー・フリー」（*gender free*／性差から自由）な方向へと持っていけるなら、それもまた悪いことではないだろう。

　ところで、ここまで本文で使ってきた日本語の主格代名詞の「僕たち」って、ちょっと「ジェンダー・フリー」とは言えなかったかな。いやはや、Del dicho al hecho, hay mucho trecho《デル・ディチョ・アル・エチョ・アイ・ムーチョ・トレチョ》（言うは易く、行うは難し）……。

注

（1）ちょっと一歩踏み込んだややこしい確認を。この例文の後半を見て、どうして所有形容詞 suyo の訳が「彼のもの」ではないのだろうと思った人はいないだろうか？　それはよくある勘違い。suyo はそれ自身、文脈によって「彼のもの・彼女のもの・彼らのもの・彼女らのもの」、あるいは「あなたのもの・あなたがたのもの」とも訳せる。ここでは任意に「彼女のもの」としただけで、「彼のもの」としても一向にかまわなかった。しかしその場合でも、「suyo が男性形だから」という理由からではけっしてないのです。suyo は修飾している男性名詞 bolígrafo に合わせて男性形になっているに過ぎない。所有形容詞の性数変化は、所有者の性数ではなく、あくまでも修飾している名詞の性数に一致させることをどうかお忘れなく。

（2） これは別のバイアスもかかっている例だが、Gómez や González といった姓は、その音の響きからか（はたまた、往年のボクシング漫画『明日のジョー』の影響か⁉）、より一層男性に特定してしまいがちである。「ゴメス夫人」や「ゴンサレス嬢」にははなはだ迷惑な話である（笑）。

「水曜日の少年」とはだれか？——息抜きのための「雑談」アラカルト

新年度からスペイン語を始めてはや数カ月、ここはひとつ、さらに学習意欲を高めていきたい。しかし、ようやくじめじめした梅雨とおさらばできたかと思えば、明けて本格的な夏が到来、からだもいささかグロッキー気味で、むしろ意欲は低下中というのが正直なところだろうか。こんなときは授業であれ独習であれ、なんらかの息抜き（descanso《デスカンソ》）が必要だ。以下は、息抜きでありつつ学習意欲の向上にもつながる（といいな、と勝手に願っている）、授業の合間に挟み込むスペイン語にまつわる挿話のいくつかである。もっとも、人はそれをただの「雑談」と呼ぶかもしれないが。

わかってくれたんだろ〜か♪

スペイン語の音にじかに触れてほしくて、スペイン語の歌を聴かせてなにをか解説することはよくある。学生に迎合するわけではないけれど、あまり自分の好みを押しつけてもしょうがないので、そのときどきにヒットしている曲を使うことが多い。教材として使うときは、多くの人にとってあらかじめ「聴き覚え」があることが肝心である。あるとき、リッキー・マーティンの *Livin' la vida loca*（英語盤ではなくもちろんスペイン語盤のほう）を聴かせた。歌詞内容もさることながら、リッキー・マーティンの出身地であるプエルトリコが、ラテンアメリカの歴史文化の系譜にありながら、米国のいわば準州（正式には自由連合州［Estado Libre Asociado《エスタード・リブレ・アソシアード》］と言う）であり続けている現実を絡めて説明したつもりだった[1]。

ところがどっこい、「教師の心、学生知らず」。いまの職場には、教員と授業をおもしろおかしく、そして手厳しく採点・評価する学生編集の完全マニュアルとでもいうべき情報誌が存在する（これがまた、近所の書店でも堂々と平積みで売られているからさらに恐るべし！）。そのなかで僕は、「ヒロミ・ゴーを聴かせたり、じつは歌番好き」と評されたことがある。ヒロミ・ゴーこと郷ひろみは *Livin' la vida loca* をカバーしているので、確かに郷ひろみバージョンも聴かせた。もちろん、ウケねらいだったことは否定はしない。でも、日本語歌詞の「燃えてるんだろ〜か♪」のところは loca と韻を踏んでいてなかなかあなどれないのだというところを、学生は「わかってくれたんだろ〜か♪」（笑）。ただし、これはあくまでも「前座」のはずであった。しかし、こちらの意図とは関係なく、えてして学生には別のことが印象に残ってしまうらしい。まあ、まったくなにも残らないよりはいいか。

えー、スペインでは……

早口言葉（trabalenguas《トラバレングアス》）を伝授する、というのもある。たとえば、"Tres tristes tigres trigo tragaron《トレス・トリステス・ティグレス・トリゴ・トラガロン》"（三頭の淋しい虎が小麦を飲み込んだ）や"El perro de San Roque no tiene rabo, porque Ramón Ramírez se lo ha robado《ル・ペロ・デ・サン・ロケ・ノ・ティエネ・ラボ・ポルケ・ラモン・ラミーレス・セ・セ・ロ・ア・ロバード》"（聖人ロクウスの犬にはしっぽがない。ラモン・ラミーレスが盗っちまったからさ）。前者は tr の、後者は巻き舌の連続がポイント。もっとも後者は、巻き舌の苦手な学生のやる気をくじき、「どうせあたしなんてスペイン語に向いてないんだわ！」などと落ち込ませかねない。そんなときは対処療法として、「君が巻き舌が苦手なように、スペイン語話者にも苦手な音がある。彼らに『病院』(byoin)と『美容院』(biyoin)を聞き分けさせてごらん。わからなかったりするから。さあ、だから君も自信を持ちたまえ!」と、励ましともごまかしともつかないことを教えてみる。でも、本当にそうなのである。スペイン語には「ビャ・ビュ・ビョ」の発音がないので、「病院」と「美容院」が同じ(bioin)に聞こえてしまうらしい(ちなみに、「キャ・キュ・キョ」についても同じことがいえる。だから「東京」は Tokyo ではなく Tokio《トキオ》、「京都」は Kyoto ではなく Kioto《キオト》と綴られるのである)。

言葉遊びではないが、こういうことも興味深いと思われるのでよく紹介している。僕たちはよく、「えー、スペインでは……」などと、つなぎの「えー」を入れて会話をする。努めて「えー」を入れないで話そうとすると、むしろぎこちなくなるくらいだ。それで、スペイン語話者の日本語の話しぶりにちょっと注目してみる。すると、おー、なんと! 猫も杓子も「えー、スペインでは……」と言っているではないか。なんと自然な日本語の語り口を体得していることか、うーむ、あなどれん!——などと、感心する必要はじつはない。これはまったく出所のちがう「えー」なのである。よーく聴いてみよう。彼らは「えー、スペインでは……」ではなく「エスペインでは……」と言っているのである。で、「エスペイン」ってなによ? スペイン語では「s+任意の子音」の子音連続の発音で単語が始まることを苦手としている、というか、そもそも想定していない。そのような場合には母音の e が語頭にほぼ自動的に補われる。よって、スペインも「エスペイン」となる次第。だからスペイン語では、スペイン(*Spain*)はあらかじめ España と綴られている。そうとわかればいろいろ腑に落ちることもある。スキャンダル(*scandal*/escándalo)・駅(*station*/estación)、等々……。なるほど! と思っていただけただろうか?

水曜日の少年?

続いては婉曲語法（eufemismo《エウフェミスモ》）。なにごとかを直裁的に言わず遠回しに表現する語は、およそどんな言語にも存在するだろう。スペイン語の場合、なんといっても極めつけは「水曜日」であるにちがいない。いったいなんの婉曲かって? 「水曜日」はスペイン語では miércoles《ミエルコレス》。これを辞書で探せば、隣接している単語なのですぐにわかるはず。そう、「ミエル…」まで綴りが同じ、アレです（笑）。コロンビアのノーベル賞作家ガブリエル・ガルシア゠マルケスの傑作短編「大佐に手紙は来ない」（El coronel no tiene quien le escriba《エル・コロネル・ノ・ティエネ・キエン・レ・エスクリバ》／『悪い時』所収、新潮社、二〇〇七年）のかの有名な大佐の最後のセリフも、婉曲語法なら「水曜日でも食うさ」となってしまうというわけ。

さて、婉曲語法としての「水曜日」は、かねてより知識としては知っていた。それを実地に体験できたのはやはり留学のときのことである。ペルーの留学時代、僕は最初、とあるペルー人家庭にホームステイしていた。老若男女取り混ぜたじつにバラエティに富んだ大家族で、言葉の習得には打ってつけの環境だったと思う。おばあさんは育ちの良さを感じさせる人だったが、気性もなかなか激しく、孫のひとりである男の子は、なにか悪さをしてはよく叱られていた。そんなある日のこと、よほど腹に据えかねたのであろう、天を突くようなおばあさんの怒声が家中に響き渡った。「この……水曜日の少年!」（¡Este muchacho de mier…coles!《エステ・ムチャチョ・デ・ミエル…コレス》）。おばあさんは本当は「このクソがきーッ!」と叫びたかったのである（これではっきりわかりましたね）。しかし、そこはそれ、女性たる者の超えてはならぬ一線、またおばあさんの育ちの良さもそれを許さない。そこで mier... のあとをぐっと飲み込んでこらえた結果が、「水曜日の少年」となったわけである。叱られていた男の子には申し訳ないけれど、この場面に居合わせることができたのは幸いであった。「水曜日」による婉曲語法、じつにあれは真実であったと確認できたという意味で(2)。

雑談以上のなにかを

「水曜日の少年」であれ、「病院」と「美容院」であれ、はたまた「エスペイン」であれ、実感が伴うというのはやはり大事だ。しかし、たいへん残念なことだが、大学の教室レベルの学習ではこれはなかなか叶わない。ネイティヴの教員と相対する時間にも限りがある。そもそも、実際にスペイン語圏に行く機会がいつ訪れるものかどうか、はなはだおぼつかない。スペイン語をやっているのにリアルな実感が湧かない、実感が持てないからスペイン語をやる気がしない、という悪循環も生じるだろう。これはスペイン語のみならず、語学学習全般に関わる重大な問題である。個人的には、気持ちはわからなくもないが、語学だけに過剰に実感そして実用を求めすぎてはいないだろうかという疑問があるのだが、いまは棚上げにしておこう。とりあえず僕たちにできるのは、教室という仮想スペイン語空間で、自身の経験をまずは伝えることである。願わくばおもしろおかしく、ときにリアリティをもって、そしてそれが雑談以上のなにかであったかもしれないと、のちに少しでも思ってもらえるように。

さて、最後に、「水曜日の少年」をめぐっていささかプライヴェートな後日談を。くだんの家族は大家族であると述べたが、「水曜日の少年」をはじめとする孫たち（兄弟・姉妹であったり従兄弟同士であったりした）の親、すなわち祖父母の息子・娘はじつは不在であった。離婚をしていたり、ベネズエラに出稼ぎに行っていたりと、いろいろ事情があったのだ。留学を終えたのちも、短期滞在のたびに寄ったり連絡を取っていたりしていたのだが、ある年を境にクリスマスカードが届かなくなった。次の機会に訪ねてみると、家は廃屋同然となっていて、いまも僕は彼らの行方を知らない。「水曜日の少年」、否、「水曜日の少年」ことルイス・ダニエル、いま君は、一時は僕の「家族」でもあった懐かしい人々とともに、いったいどこでどうしているのか……。(3)

注

（1）プエルトリコについてより詳しくは、拙稿「ニューヨークのヒスパニック／ヒスパニックの〈ヌエバヨール〉」金田由紀子・佐川和茂編『ニューヨーク――〈周縁〉が織りなす都市文化――』（三省堂、二〇〇一年）を参照していただきたい。

（2）ちなみに、このおばあさんには別のエピソードもある。やはり留学当時、ペルーでは伝染病「コレラ」の流行が一時問題になった。コレラは cólera と綴るが、これには別途「怒り」という意味もある。あるときおばあさんは、これを「ラビア」という単語と間違えた。なるほど、rabia にも「怒り」という意味がある。ネイティヴもこんなふうに取り違えるものかと不思議に思っていたのだが、じつは rabia にも「狂犬病」という伝染病名があることをのちに知った。納得。

（3）　後日談のさらに後日談を。家族とはその後再会を果たすことができた。ただし、残念ながらおじいさんは亡くなられていた。ルイス・ダニエルとは会えていない。ちなみに、家の跡地にはいまでは小ぎれいなマンションが建っている。時の流れを感じざるをえない。

村上春樹をめぐる冒険――スペイン語編

職業柄、「夏休み」と呼べるようなものをいまだに持てることを、素直に喜びたいと思う。しかし、一般に思われているほどにお気楽なものでもなくて（たぶん）、学期中はそれなりに授業準備に追われて自分の仕事どころではないことも多く、長い休みに成果を出してなんぼ、というのもまた事実。とはいえ、悲しいかな、小学校以来の習いで、たいそうな計画は立てるものの十分に実行できた試しがない。机に向かうのも束の間、仕事とはあまり関係のない小説（おまけに日本語）をやおら取り出しては、途端に驚くべき集中力（！）を発揮して、一心不乱に読み耽ることしばしば。なにやってんだかなー、と思いつつ、「でもこの小説、ここんとこが一応スペイン語に絡んでいるんだよね」とかなんとか、自己正当化する始末。

というわけで今回は、スペイン語にもろにかぶるというよりはちょっとかすってる日本文学のマニアックな読書へと、皆さんを暑気払いがてら誘《いざな》うことになりました（牽強付会《けんきょうふかい》もいいところだな）。とはいえ、スペイン語にそれなりに触れている小説は少なからずあるだろう。しかし、ここはひとつ、村上春樹にご登場願おう。それはなにも村上が大御所だからというばかりではなく、スペイン語に着目して彼の作品を読み返してみると、これがなかなか興味深いからなのである。

スペイン語講師は砂漠に水を撒くような仕事？

村上春樹とスペイン語との関わりは『１９７３年のピンボール』（講談社、一九七九年）までさかのぼる。この作品のなかに、なんと大学のスペイン語講師が登場している。彼は物語をクライマックスへと運ぶ重要な役割を担っているのだが、主人公との初対面での挨拶はこうである――「『大学でスペイン語を教えています』と彼は言った。『砂漠に水を撒くような仕事です』」（傍点強調後藤。以下同様）。なんとも自虐的な職業紹介である。

しかし、よくよく考えてみれば、「砂漠」はここではスペイン語学習者のたとえであって、大学で授業を履修している学生にしてみればたいへん失礼な話だ。なんてことを常々考えていたら、あると き逆に、こんなことがあった。講読授業の学年末試験の感想欄に、『１９７３年のピンボール』のこのスペイン語講師のエピソードに触れつつ、「先生の授業は砂漠に水を撒くようなものではなかった。これは自信を持って言える」と、Ｇ君という学生が書き綴ってきたのである。ありがたくも授業を褒めてくれているらしいのだが、しかしひとこと言わねばなるまい。「Ｇ君、村上春樹を読み込んでいるのはよーくわかったけど、『砂漠』とはこの場合学生のことなんだから、『砂漠に水を撒くようなものではなかった。これは自信を持って言える』とは、そりゃー、俺たち学生は立派だったたって言ってるようなもんだぜ」（笑）。

国境の南にはなにがある？

続いては、かのミリオンセラー『ノルウェイの森』（講談社、一九八七年）。主人公に好意を持つ女子大生・緑は、じつは死の床に伏している父親が、家族を捨てて海外逃亡してしまったというほら話を主人公にする。その架空の逃亡先が、緑いわく、「ロバのウンコでいっぱい」の南米・ウルグアイだ。ウルグアイについての記述はこんな感じである――「『ウルグァイ（ママ）?』と僕はびっくりして言った。『なんでまたウルグァイなんかに?』」。……僕は一人でコーヒーを飲みながらウルグァイっていったいどこにあったんだっけと考えていた」。ここで強調されているのは、ウルグアイの「異質さ」・「辺境さ」・「疎遠さ」である。村上自身のウルグアイへの偏見を問うても仕方のないことかもしれない。とにかく、イギリスやフランスやイタリアなどでなければ、どこの「マイナー」な国でも良かったのだろうから。しかし村上は、スペイン語圏の別の国を、ふたたび作品に登場させることになる。(1)

『国境の南、太陽の西』（講談社、一九九二年）のタイトルは、ジャズのスタンダード・ナンバー「国境の南」(2)にちなんだものであり、そしてこの場合「国境の南」とはすなわち、米国にとってのメキシコである。主人公は幼なじみの女性・島本さんと再会し、かつて二人で何度も聴いた「国境の南」のレコードにふたたび耳を傾ける。しかし、メキシコについての二人のイメージはこうだ――「『実をいうと、子供の頃このレコードを聴きながら、僕は国境の南にはいったい何があるんだろうといつも不思議に思っていたんだ』と僕は言った。『私もよ』と島本さんは言った。『大きくなってから英語の歌詞を読んでみて、すごくがっかりしたわ。ただのメキシコの歌なんだもの。国境の南にはもっとすごいものがあるんじゃないかと思っていたの』」。よりによって「ただのメキシコ」はないんじゃないか「ただのメキシコ」は、と思うのだが（笑）、しかし村上は、『国境の南、太陽の西』の上梓と相前後して、その「ただのメキシコ」に一人旅を敢行しているのだからわからないものだ。さて、村上はその旅のなかで「もっとすごいもの」を見出したのか？　少なくとも感じ取ってはいたようだ。ＮＡＦＴＡ（北米自由貿易協定）に抗議して協定発効日の一九九四年一月一日にチアパス州で蜂起することになる、サパティスタ運動へと連なる大いなる歴史の胎動を。その辺りについては、村上自身の旅行記『辺境・近境』（新潮社、一九九八年）、もしくは参考までに山本純一『メキシコから世界が見える』（集英社新書、二〇〇四年）をお読みいただきたい。

「哀しき外国語」を超えて

ところで村上春樹は、メキシコ旅行以前に、米国でそれなりにスペイン語学習に取り組んでいる。その経緯はエッセイ集『やがて哀しき外国語』（講談社、一九九四年）に詳しい。タイトルが「哀しき外国語」とはいかにも意味ありげで、語学教師としては聞き捨てならない。しかし、実際読んでみると、加齢から来る外国語習得の優先順位の致し方のない低下についても触れているが、ここでいう「哀しみ」とは、「あとがき」によれば以下のようなことらしい――「外国語がうまく話せないのが哀しいということではない。……僕が本当に言いたいのは、自分にとって自明性を持たない言語に何の因果か自分がこうして取り囲まれているという、そういう状況自体がある種の哀しみに似たものを含んでいるということだ」。これはちょっと「ムラカミ・ワールド」過ぎて、なんだかわかったようなわからないような、である。

むしろ僕には、次の指摘のほうが重要に思える――「そしてたまに日本に戻ってくると、今度はこう思ってまた不思議に哀しい気持ちになる。『僕らがこうして自明だと思っているこれらのもの［傍点強調ここは村上」は、本当に僕らにとって自明のものなのだろうか』と」。つまり、僕たちが外国語を通じて学ぶべきは、外国語にあってはこれまでの自明性が自明ではないということばかりではない。むしろ、自国語（および自国語を使っての思考）において自明であったことがじつは自明ではないのかもしれないという、もう一方の可能性についてである。そうとわかればしかし、「哀しみ」に浸っているだけではあまりにももったいなさすぎる。ここはぜひ「哀しみ」を超えて、身近な「自明」なるものに対して、改めて向き合うべきなのだ。

やがて疲れし……

最後に、外国語で話し続けていると、「神経がくたびれて弛緩してくる。神経が弛緩してくると、集中力が低下してきて、こっちの英語もだんだんうまく出てこなくなる」という村上の指摘はじつに正しい、と言っておきたい。確かに「ウルトラマンじゃないけれど、いわゆる『電池切れ』症状」が襲ってくる。「電池切れ」とは言い得て妙だ。これは本当によくわかる（何度経験したことか！）。そんなときは差し詰め、「やがて哀しき外国語」ならぬ「やがて疲れし外国語」である。やれやれ（村上風）。この原稿書きにしても、それなりに時間を費やしてちょっとへばってきたな。さすがにもうSe me acabó la pila《セ・メ・アカボ・ラ・ピラ》（電池切れ）だ。これにてパチン……ＯＦＦ（これも村上風）。

注

（1）ちなみに、『ノルウェイの森』には「TVのスペイン語講座」の話題も登場している。それに触れるのはちょっと辛いのだけど（笑）、あえて書いてしまおう――「『ひどい例文だよな』と言った。『外国語講座の例文ってこういうのばかりなんだからまったく』」。……きびしーっ！

（2）作品中で村上は、「国境の南」をナット・キング・コールのナンバーだとしていたが、ナット・キング歌う「国境の南」がじつは存在しないことは、すでに村上自身もジャズ・エッセイ集『ポートレイト・イン・ジャズ』（和田誠との共著、新潮社、一九九七年）のなかで認めていることである。しかしそうとは知らず、幻のナット・キング版「国境の南」を一時期むなしく探し求めたことがあるのは、なにも僕だけではあるまい。

嵐を呼ぶ活用!……を凌《しの》ぐための傾向と対策——動詞の活用について

スペイン語学習を進めていくにあたって、どうしても避けて通れないことがある。それが動詞の活用である。ここはひとつ気合いを入れ直して、スペイン語学習の最大の山場、動詞の活用に取り組むとしよう。

スペイン語のむずかしさは数々あれど、たとえば性数一致も決してあなどれないものの（「スペイン語に忍び寄る男女の影?」参照）、やはり動詞の活用がその最たるものだろう。あるとき、試験の感想に学生がこんなことを書いてきた——「動詞の活用の嵐には辟易した」。「活用の嵐」とは、なかなか的を射た表現である。そんなスペイン語を学ばせる罪深い僕は、さしづめ「嵐を呼ぶ男」(1)か？　いやいや、そうではなくて、むしろわれわれスペイン語教師は、皆さんの身をそんな嵐から守るためにあるのだ。「さあ、この手をしっかり握って！　もう大丈夫！」なんて、レスキュー隊よろしく救い出せるならたいしたものだが、まあそこまではいかないにしても、せめて自分で雨風を凌ぐ術《すべ》だけでも知ってもらえればと思う。

ミッション・インポッシブル!?

手始めに、仮想敵（?）である英語と比べながら、楽勝度を基準に星取り表を作りつつ、スペイン語の動詞活用の傾向を探ってみることにしよう（勝ちは○、負けは●）。

　まずは動詞の原形の比較から。スペイン語の原形の終わり方（語尾）は -ar/-er/-ir の三つのみ、英語は数限りなし。もっとも、人称ごとに語尾が必ず変化するスペイン語では、もし語尾が無数にあったらたいへんなことである。語尾三つは至極当然といえよう。というわけで、とりあえずスペイン語の先勝。

　さて、お次はその人称の変化であるが、六つの人称（私は／君は／彼・彼女は／私たちは／君たちは／彼らは）がある点ではスペイン語も英語も同じである。しかし、それらの人称に応じて動詞がどう変化するかについていえば、両者は決定的に異なる。スペイン語は、すべての人称に対して事細かに変化する。英語はたいして変化しないか（現在形では三人称単数の語尾に -s を付けるだけ。*talk* の過去形はとにかく *talked* である。スペイン語を知ったいまとなってはなんと牧歌的に思えることか）、もしくは、まったく変化しない（未来形は *will* ＋原形、以上！）。人称変化では英語の圧倒的勝利である。スペイン語は完膚《かんぷ》なきまでに叩きのめされた。せめて言いうることがあるとすれば、英語ほど人称変化が単純化された西欧系言語もむしろめずらしい、という事実くらいか。

　時制の変化はどうか？　これについても英語の圧勝である。スペイン語では、直説法（現在・点過去・線過去・未来・過去未来）と接続法（現在・過去）の、都合七つの時制があって、動詞はそれぞれについて活用する。英語は単に現在・過去があるのみである。未来は先に指摘したとおり、動詞自体は変化しない。ここで確認をひとつ。英語では助動詞 *will* が未来の意味をいわば一身に背負ってくれている。「助」動詞という名前はだてではない。だが、悲しいかなスペイン語には、そもそも助動詞というものが基本的に存在しない。よって、未来時制さえもが動詞活用の対象となってしまうというわけ（溜息）。

不規則動詞についてはどうだろう？　スペイン語にも英語にも当然不規則動詞はある。その意味では引き分けのように見える。しかし、これまでに人称変化・時制変化を見てきて容易にわかるように、英語に不規則活用があるといっても（かつて皆さんは、覚えるのにそれはそれで苦労したでしょうが）、スペイン語と比べればたかが知れている、ということである。はい、やっぱり英語の完勝なり。

表1

	西語	英語
動詞の原形	○	●
人称の変化	●	○
時制の変化	●	○
不規則動詞	●	○

ここまでのまとめを【表1】。スペイン語と英語の対戦は、三勝一敗で英語の勝ち。たいへんな傾向というか、恐るべき結論が導かれました（笑）。試しに数値化してみると、スペイン語は一動詞について、六人称×七時制＝四二通りの活用を覚えなければならないことになる。ましてやこれが不規則だったりしたら……これをミッション・インポッシブル（misión imposible《ミシオン・インポシブレ》）と言わずしてなんと言おう!?

教祖の教えやいかに？

さあ、なんとか対策を立てなければならない。でも正直に言えば、特効薬などない、地道な努力がすべて、というのが偽らざる本音である。しかし、僕だけがそんなことを言っているとははなはだ頼りなく聞こえそうなので、強力な援軍をお願いするとしよう。それが黒田龍之助（龍之「介」ではありません、念のため）の『外国語の水曜日――学習法としての言語学入門――』（現代書館、二〇〇〇年）である（同じ出版社だからといって推しているわけではありません、これも念のため）。本書は、僕にとって外国語学習に関するいわばバイブルであり、著者は、ちょっと大げさな言い方をすれば、語学教育上の教祖的存在である（もっとも、年齢は僕と同い年なんですけどね）。

さて、黒田教祖（笑）は、「どうしたら会話ができるようになるか？」という問いに対して、二つの対処法があると答えている。ひとつは「基本的な例文を一万（！）ぐらい暗唱する」こと、もうひとつは「文法を学習する」ことである。しかし、前者は「ふつう挫折する」ので、結局最後に残るのは、なんのことはない、「文法」である。教祖いわく、「どうも『文法』という語は評判が悪いが、それは誤解だ。文法とはマニュアルである。本来なら例文を山ほど覚えるところを、効率的にまとめてあるのだから、嫌うどころか有り難く感謝しなくてはならない」［傍点強調後藤］。

たとえば、はじめてパソコンに触れたとき、マニュアルを読まなかった人はよもやいないだろう。外国語の会話にとっては、文法がマニュアルに当たる。そしてそれは、動詞の活用についても言えるだろう。活用には一定のパターンがある（規則活用）。仮に一定のパターンから外れていたとしても（不規則活用）、やみくもに暗記するよりは、なんらかの法則性を見出して合理的に覚えるほうがいいに決まっている。たとえば、直説法現在の不規則活用は、次のように整理すればとってもすっきりする【表2】。

表２　直接法現在不規則活用

Ⅰ．語根母音変化

（１）e → ie 型―― pensar、querer、sentir、ほか

（２）o → ue 型―― contar、poder、dormir、ほか

（３）e → i 型―― pedir、repetir、servir、ほか（-ir のみ）

Ⅱ．一人称単数のみ不規則

（１）-go 型―― hacer、poner、salir、ほか

（２）-zco 型―― agradecer、conducir、conocer、ほか

（３）その他―― dar、saber、ver、ほか

Ⅲ．Ⅰ＋Ⅱ―― decir、tener、venir（３動詞のみ［ただし、別途派生動詞はあり］）

Ⅳ．完全不規則―― estar、haber、ir、ser（４動詞のみ）

「習うより慣れろ」異論

ところが、文法（説明）が動詞活用の良きマニュアルであれと願えばこそ、最近は気になることもある。それは、あえて法則性を度外視しているとしか思えない、教科書や参考書の類が少なくないことである。具体的にいうと、不規則動詞の配列がいささか「無秩序《アナーキー》」なのだ。

理由はわからないでもない。最近の教科書の主流は、文法とともに会話・講読も学べる総合的なタイプである（それはそれで、とても良いことだと思う）。会話・講読の自然な展開・流れを阻害しないために、文法の合理的な配列にはあえて目をつぶったのかもしれない。しかしながら、その底流に「習うより慣れろ」という発想がもしあるとしたら、少し異論がある。それについてもすでに黒田教祖が述べているので、教祖の言葉を引くことにする（これじゃあホントに、神がかってきちゃうよな）――「一つ

だけよくない教科書の特徴を挙げておく。それは習うより慣れろ、外国語の発想を身につけよ、というようなことを強調しているタイプの教科書だ。すでに子供時代が過ぎてしまったわたしたちにとって、母語を学習したときのように外国語を身につけることはできない」。「習うより慣れろ」式の教科書がすべて悪いとは言わない。でも、どうせ同じ「習うより慣れろ」なら、より合理的な「習うより慣れろ」式であれば、そのほうがなおいいに決まっている。僕たちはもう子供ではない。理屈のわかる「いい大人」なのだ。

語学教師も癒されたい

じつは黒田龍之助は、教祖というよりもむしろ、語学教師にとって「癒し系」の心理カウンセラーのごとき存在なのかもしれない。たとえば次のような一節をご覧あれ——「外国語のことはだれでも何かと気にかかる。……その多くは学生時代に習った外国語が身につかなかったと、外国語の先生を呪い、日本の外国語教育に疑問を感じている。外国語の先生はたいへんだ（ちなみに、絵を描くのが下手だからといって美術の先生を怨んでいるという話は聞いたことがない）」。そうそう、そうなんですよ黒田先生、美術教師は（ついでに音楽教師や体育教師も）ずるいよねー、と思わず手を握りしめたくなるというものだ（笑）。

皆さんも「活用の嵐」でたいへんかもしれないけど、語学教師も、ときにこうした「恨み節の嵐」に気を揉んだりして、けっこうそれなりにたいへんなのである。そういうわけですから、ともに手を携え、嵐に立ち向かっていくことにしませんか？

注

（1）映画『嵐を呼ぶ男』（児井英生監督、一九五七年）に学びて。ちょっと古かったですか？（断っておくと、公開時には僕だってまだ生まれていない）。主演は石原裕次郎。ちなみに、そのお兄さん――本人も選挙のたびに「裕次郎の兄です」と喧伝してはばからない――はいま（二〇〇九年時点）、東京都教育行政ですっかり「嵐を呼ぶ男」と化している。日の丸・君が代強制による教員処分、都立大学の一方的な解体……。こちらの「嵐」は洒落にならない。

じゃあどんなスペイン語がいいの？——語彙・表現のバリエーションについて

ペルーの首都リマへは何度も足を運んでいる。そこは最初の留学以来馴染んで勝手知ったるところ、土地勘もあるしバスでの移動も自在、特に不自由は感じない。おまけに、街なかを歩いていても、アジア系の容貌だからといって、外国人であることを過剰に意識させられることもない。なぜなら、ペルーは歴史的にさまざまな移民を受け入れてきたので、アジア系ペルー人も少なくないからである。

とはいえ、良くも悪くも「日出づる国」（país del sol naciente《パイス・デル・ソル・ナシエンテ》）[1]で長らく暮らしているこの身体《からだ》である。なにげない動作、ちょっとした仕草の数々に、きっと「日本臭さ」が漂っていることであろう。そんなふうに思うとき、自分のまぶたが心なしか厚ぼったく感じられないでもない。ああ、いっそのこと、カメレオンの「擬態」（mimetismo《ミメティスモ》）のように、「ペルー色」に染まって風景のなかに溶け込んでしまいたい。が、しかし……。

その際、なんといっても障害となるのは、やはりスペイン語である。簡単なやりとりならまだしも、長い会話となれば外国人であることはバレバレである（そこにいるのはわかっているのだよ、カメレオン君！）。ネイティヴと同じような自然さを持つことは望むべくもないが、しばらく間隔が空いてしまうと、かつて身についたはずのレベルからも後退することを、訪問のたびに痛感させられる。おまけに、ペルーにはペルーなりの語彙や言い回しがあり、それもまた思い出さなければならない。

そんなわけで、滞在中はせっせとスペイン語のリハビリに励むのだが、そんななかで、改めてスペイン語の「多様さ」について考えてみたりするのである。

スペイン語いろいろ、語彙もいろいろ

日本のスペイン語教育はもっぱらスペインのスペイン語に準拠していると言っていいだろう。教科書もおおよそスペイン式で作られている。そうした環境でスペイン語を学ぶものだから、たとえばペルーに行ったりすると、はじめはなにかと戸惑うことも多い。

まず語彙の面では、スペイン式では「お金」は dinero《ディネロ》と習う。ところが、ペルーの日常会話では plata《プラタ》が普通である（plata はもともと「銀」の意味である）。コンピューターもまたしかりで、スペイン式では ordenador《オルデナドール》だが、ペルーではもっぱら computadora《コンプタドーラ》である。それから、車（自動車）も coche《コチェ》と習うが、これもペルーなら carro《カロ》である。さらに車関連でいえば、ハンドルは volante《ボランテ》、駐車場は aparcamiento《アパルカミエント》とスペイン式には習うのだが、ペルーではそれぞれ timón《ティモン》、playa《プラヤ》である（playa は第一義的には「浜辺」である）。

これらの語彙差は、僕がペルーで実際に確認しているが、あるいはラテンアメリカの他の国にも該当するかもしれない。もっとも、ペルー国内とてけっして一枚岩とは言えないし、ましてやラテンアメリカ全般となれば国ごとのちがいも当然ある。たとえば、ガソリンスタンドなどはその格好の例で、ペルーではこれを grifo《グリフォ》と言うのだが、隣国のチリではなんと bomba《ボンバ》だった。bomba と聞いてまず思い浮かべてしまうのは「爆弾」なので、ずいぶんと物騒な単語を当てたものだと、勝手に考えたこと

を思い出す。ほかの国でもそれぞれに呼び名があって興味深かったのだが、正確に記憶してなくて残念だ。

ガソリンスタンドの標準名がどれだかはわからないが、ペルーのgrifoでないことは確かだろう。grifoは通常「蛇口」なのだが、ペルーで「蛇口」はcaña《カニャ》と言っている。ところがこのcaña、スペインでは「ビール・ジョッキ」の意でもあるらしい（cañaの本来の意味は「茎」である）。そんなわけだから、スペイン式の例文¡Vamos a tomar unas cañas!《バモス・ア・トマール・ウナス・カニャス》は、「スペインに行ったことのないスペイン語教師」（「嗚呼、君の名はスペイン語！」参照）としては、「ビールでも飲もうよ！」であるとにわかにはわからなかったりするのである（これは逃げ口実）。

「特殊」ってなんだろう？

基本的な言い回しなどでも、ときに国の差は大きい。たとえば電話の作法である。スペイン式では「もしもし」をdígame《ディガメ》（受け手側）/óigame《オイガメ》（かけ手側）とやる（らしい）が、ラテンアメリカではあまり馴染みがない。ペルーならば「もしもし」は通常aló《アロ》だけで事足りる。alóはラテンアメリカ内でかなり使用頻度が高いと思うが、メキシコに行くとこれがbueno《ブエノ》となる。僕はalóのあとに時間帯に応じた挨拶を入れる言い回しに慣れているので（aló, buenos días《アロ・ブエノス・ディアス》）、buenoと言ったあとで二の句に同じbuenoで始まる挨拶を継ぐに継げず、メキシコに着いて当初の電話のやりとりではつい絶句（フリーズ！）してしまうことがある。

語彙や言い回しもさることながら、発音や文法に関わるさらに大きな差異も存在する。たとえば、スペインでは ce・ci・z は［θ］と発音され s［s］と区別されるが、ラテンアメリカでは ce・ci・z も s もすべて［s］である。これはよく知られて（教えられて）いるだろう。ちなみに、「ce・ci・z を［s］で発音する」ことは seseo と呼ばれる。なんだかスペインと比べてその「特殊」さが殊更強調されているみたいで、これはどうかと思う。確かにスペインのスペイン語が元祖にはちがいないが、現在のスペイン語人口比で見れば、ce・ci・z は［s］で発音するラテンアメリカ人口のほうが圧倒的に多いのである。「特殊」なのはいまではスペインのほうだと言ってもおかしくない。

また、これも周知のことだろうが、主格代名詞二人称単数の tú、すなわち近しい間柄の相手である「君は」の複数形は vosotros（-as）と習うが、ラテンアメリカでは基本的にこれを使わない。「君たちは」には ustedes が当てられる。ustedes はスペインでは間柄の近しくない相手「あなたがた」としてのみに用いられるが、ラテンアメリカではその限りではないのである。当然、vosotros（-as）に対する動詞活用も使われない。というわけで、僕が教室で vosotros（-as）の活用をついど忘れしてしまうのも、ゆえなきことではないのだ（おっと、これも逃げ口実）。

「郷に入っては郷に従え」

スペイン語の「多様さ」について考えると称してなにやら検討してきたけれど、ともすれば、またまたスペインに対するコンプレックスをぶちまけているようにも見えますね（笑）。だから皆さんは、いまきっとこう僕に尋ねたいのではないか？――「日本のスペイン語教育がスペイン中心に偏向しているのが問題だとして、ではどうすればいいのか？」。あるとき流行っていた某通信販売会社のＣＭ

「もういや！　こんな生活」「じゃあどんな生活がいいの?」に倣えば、「もういや！　こんなスペイン語」という僕に対して、「じゃあどんなスペイン語がいいの?」、と。

CMのようにずばり「○○生活！」と高らかに宣言はしないが、僕の答えはじつは「スペインのスペイン語！」である（拍子抜けしちゃいますかね?）。やはりそうでしかないと思う。スペインのスペイン語をたとえばメキシコのそれに代えたところで、問題はなにも解決しないからである。

これまで見てきたことからわかるように、スペインのスペイン語はいわば過剰である。それはたとえば、日本語にはない［θ］の発音があったり、ラテンアメリカでは使われないvosotros（-as）があるという意味合いにおいてである。そして、過剰な部分は簡単に消去できるのである。［θ］の発音もvosotros（-as）に対する動詞活用も、ラテンアメリカに行けば自然に使わなくなる。もし必要があればまた思い出せば良い。語彙についても同様である。要は、Cuando a Roma fueres haz lo que vieres《クアンド・ア・ロマ・フエレス・アス・ロ・ケ・ビエレス》（郷に入っては郷に従え）である。大事なのは、スペインであれどこであれ、特定のスペイン語を絶対視して後生大事に抱えていることはしない、開かれた心構えであろう(2)。僕はペルーとの関わりがどうしても深いが、他国で過ごす機会にはその国のスペイン語に一定程度染まる用意はあるつもりだ。たとえそれが、下手なカメレオンのものまねであるにしても。

虹色のカメレオンのごとく

カメレオンのように「ペルー色」に、はたまたどの国の色にでも染まりたいと書いた。しかし、カメレオンは確かに背景に合わせて自分の色を変えるが、合わせる先の背景が単色（monocolor《モノコロール》）であることはまずありえない。むしろ虹のごとく多色（multicolor《ムルティコロール》）なのが普通だろう。これは言語についても、ひいては文化全般についても言えるのではないか。単一で完結したスペイン語やスペイン文化あるいはペルー文化、はたまた日本語・日本文化などというものは存在しないにちがいない。ある国の色に染まって溶け込むとは、その国の本来の虹色の「多様さ」を感知することにほかならないのではないかと、いまでは思えるのである。

注

（1）スペイン語圏でも日本は「日出づる国」なんて呼ばれているが、アメリカ大陸から見ればどちらかと言うと「日没する国」（país del sol poniente《パイス・デル・ソル・ポニエンテ》）なんだけど。地球は丸いのだから、太陽がどこから先に昇るかなんてそもそもナンセンス？

（2）遅ればせながら、某メーカーのスペイン語辞典搭載の電子辞書を買ったときに気がついたこと。各国語を表すために国旗のロゴシールが貼ってあるのだが、無理からぬ（？）こととはいえ、スペイン語のそれは……スペインのものであった。だいたいスペイン語に限らず、言語を国家単位で考えることに、そもそも無理があるはずなのだが。

スペイン語文法のトリビアを制する――英語とのちがいについて

かつて「トリビアの泉」というテレビ番組があった（じつは、なにを隠そう、一度も見たことがないのだけど）。なんでも世の中のどうでも良さそうな事柄・知識を取り上げて、そのどうでも良さの程度を競う番組らしい。ちなみに、*trivia* は「些末なこと」の意味の英語複数形、スペイン語なら trivialidades《トリビアリダデス》となる。たとえば、「スペイン語で食堂のことは taberna《タベルナ》（＝食べるな！）という」などは、もはやトリビアと言えないほどに常識化しているだろうか。ならばここで一挙お届けしましょう、スペイン語文法のトリビアの数々！……って、もちろん、別の意図があってのことですが。

トリビアその１・大きいことはいいことだ？

El próximo Lunes voy al concierto《エル・プロキシモ・ルネス・ボイ・アル・コンシエルト》（来週月曜日に私はコンサートに行く）。さて、この文章の誤りを指摘してください。なになに、すべて正しく見える？　そいつはたいへんだ、あなたは英語ウィルスに感染しています。大文字熱の下がる薬を処方いたしましょう。でも、快方に向かうかどうかはあくまでもあなた次第ですけど。

そうなのである、この文章の誤りは、曜日名である lunes が大文字になっている点にある。曜日名は文頭でなくても必ず大文字で始めるのではなかったか？――そう考えたあなた、それはあくまでも英語でのこと。「英語の常識、スペイン語の非常識」である。スペイン語でも、固有名詞なら当然常に大文字で始めるが、普通名詞の場合は、文頭に来る場合を除き、大文字で始めることはしない。これは極めてわかりやすいルールである。よって、普通名詞である曜日名・月名などは小文字で始めるべきだし、言語名・国民名もまたそうだ。英語では確かに *Do you speak Spanish?/There are many Japanese* だったとしても、スペイン語で正しいのは ¿Hablas español?《アブラス・エスパニョル》（君はスペイン語を話す?）/Hay muchos japoneses《アイ・ムチョス・ハポネス》（大勢の日本人がいる）である。

要するに、英語では、固有名詞以外にもある種の単語を例外的に大文字で始めているのである。その最たるものが主格代名詞の「私」（*I*）であろう。しかし、スペイン語などをやっていると、英語のこの大文字の「私」がときに不遜に見えてきたりする（笑）。「大きいこと（大文字）はいいことだ」は必ずしも普遍的な法則ではない。英語だって、ときには等身大の「私」（*i*）に立ち戻ることがあったっていいのではないか？　言語と直接関係あるわけではないが、国際舞台での米国の立ち居振る舞いを見るにつけ、そのように思うのである。

トリビアその2・その定冠詞、勇気を持って置くべし！

むかーしむかーし（Érase una vez《エラセ・ウナ・ベス》）……というほどでもなくて、たかだか一〇年ほど前のことだけど、いまとは別の大学に勤務し、豊かな緑と引き換えに交通の便のすこぶる悪い郊外キャンパスまで通っていたことがある（ちなみに、そのキャンパスはのちに結局廃止されてしまったのだが）。

その大学では、某スペイン語テキストを長年にわたり（二〇年以上！）全学共通で使用していた。

テキストの好みは教師によって千差万別であり、だれにも好かれるテキストなどまず存在しない。だから、共通テキストならこまめに変更するのが無難だと思う。たいへん残念なことに、僕はどうしてもそのテキストが好きになれなかった。ぜひ別のテキストも使ってほしかったけど、いろいろわけあってそうもいかなかった。そうこうしているうちに、僕のほうがそもそも大学を変わってしまった。

さて、そんな相性の悪いテキストだったけど、唯一評価できる点があった。それが敬称 señor/señora/señorita に定冠詞を付けることについての説明である。たとえば英語では、***the*** *Mr. Smith* とすることはありえない。ところが、スペイン語ではそれが正しい。El señor Pérez es mexicnao《エル・セニョール・ペレス・エス・メヒカーノ》（ペレスさんはメキシコ人です）は、Señor Pérez... と書き出したのではむしろ誤りである。[1] この手の例文はどんなテキストにも当然のように出てくるが、それが英語での用法と食いちがっていることに注意を促しているテキストは意外とまれである。その結果、教室でどういうことが起こるかというと、上記例文を一応受け入れつつも英語との差異にその時点では気づいていないため、いざ自分で作文してみると見事に冠詞が落ちるというパターンである（なんだかんだいって、皆さん、英語がじつによく染みついているのである）。上記テキストはこの点についての配慮がきちんとなされており、僕はいまでも頭の片隅で参考にし続けていることを正直に告白したいと思う。もっとも、テキストそのものをふたたび使うことは絶対にないけれど（笑）。

トリビアその3・たかがa、されどa

井上陽水の隠れた名曲「はーばーらいと」（アルバム『9・5カラット』所収）に「昨日まで見飽き

たはずの君が、他人の顔で振り向いた♪」というフレーズがある。すったもんだの恋愛の果てにだけでなく、英語からスペイン語への移行でも起こることだ。「あれ？　君、昨日まで不定冠詞だったのに、今日はどうしてそんな前置詞顔してるわけ?」——そう、それはaのことである。

この英語不定冠詞aからスペイン語前置詞aへの変化は劇的だ。ゆえに、なかなか馴染めない。もっともごくまれに逆のケースもある。僕は大学学部時代、スペイン語が専攻語だったので、英語は第二外国語として選択した。そんな英語のとある授業中、クラスメートの女の子が先生にこう質問した——「このaの意味がよくわかりません」。きっと彼女はスペイン語に入れ込みすぎたのであろう、英語テキスト中のaがスペイン語に見えてきてしまったのだ（素晴らしい！）。無論、先生が呆然としていたことはいうまでもない（笑）。

さて、そのスペイン語前置詞としてのaの用法だが、基本的には英語前置詞*to*に相当する。しかし、*to*にはない用法もある。Escribo una carta a María《エスクリボ・ウナ・カルタ・ア・マリーア》（僕はマリーア**に**手紙を書く）のaは英語の*write to*から十分理解可能だろうが、Conozco a María《コノスコ・ア・マリーア》（僕はマリーア**を**知っている）のa、これが英語の感覚ではわからない。だって、*I know* ***to*** *Mary*と書いているようなものなのだから。スペイン語では、間接目的語（〜に）だけでなく直接目的語（〜を）の場合でも、もし特定の人が目的語である場合には前置詞aを置かなければならない（ただし、ものであれば不要。また不特定の人の場合も不要）[2]。しかし、このaがどうしてどうして、なかなか身につかない。ここでも英語の影響（干渉?）恐るべし、である。

というわけで、たった一文字の単語aがスペイン語と英語では品詞もちがえば用法まで異なるのだが、そうであればどうしたって学習上後発のスペイン語のほうが不利だ。うっかりaの抜けたConozco María くらい大目に見てあげたいと、僕だって思う。しかし、である。このa抜きはけっこうネイティヴに直される。僕たちの話すスペイン語に間違いは付きものだ。聞いているほうのネイティヴだって、いちいち訂正などしていられない。でも、このa抜きは気になるようなのだ。おそらく、人をもの扱いしているように響くからではないかと、僕は勝手に想像している。

教養としてのトリビア

このほか、英語の現在分詞とはちがって、スペイン語の現在分詞は形容詞として使えないなど、[3] スペイン語文法のトリビアはまだまだたくさんあるだろう。しかし、一見些末なことがじつはとても重要であることをわかってもらうには、もうこれで十分だろうか。「神は細部に宿る」のである。

trivia は「些末なこと」とされているが、そもそもその単数形である *trivium* は、ヨーロッパの中世大学の自由七科のうちの、じつに「言語」に関わる文法（gramática《グラマティカ》）・修辞学（retórica《レトリカ》）・論理学（lógica《ロヒカ》）の三科（trivio《トリビオ》）のことなのだ。参考までに、残りの四科（cuadrivio《クアドリビオ》）は、「数」に関わる算術（aritmética《アリトメティカ》）・幾何学（geometría《ヘオメトリーア》）・音楽（música《ムシカ》）・天文学（astronomía《アストロノミーア》）だ。

別にヨーロッパの古《こし》きゆかしき伝統から「お墨付き」をもらおうというわけではない。上記三科および四科は、いまでいえば「教養」科目に相当するだろう。各学問領域の専門化・細分化が進むなかで、大学ではここしばらく教養科目は不遇であった。しかし、専門化・細分化の果てにたどり着いたのは、「総合性」の欠如という事態であった。教養とはだれもが最低限踏まえるべきものであり、そのようにあまねく共有されてはじめて、教養は「些末なこと」＝トリビアと呼ばれるのだろう。トリビアを制するとはじつに、教養を身につけることにほかならないのである。

注

（1）ただし、これは当該人物が文中でトピック（主語・目的語・補語など）になっている場合で、本人に直接呼びかける際には冠詞なしで良い：¡Buenas tardes, señor Pérez!《ブエナス・タルデス・セニョール・ペレス》（こんにちは、ペレスさん！）。

（2）たとえば、Conozco esa ciudad《コノスコ・エサ・シウダ》（私はその町のことを知っている）、Buscamos una secretaria《ブスカモス・ウナ・セクレタリア》（私たちは女性秘書一名を募集している）。

（3）*The singing boy is Luis*（歌を歌っている男の子はルイスです）に習って、El chico cantando es Luis とはできない。正しくは関係詞を使い、El chico que está cantando es Luis《エル・チコ・ケ・エスタ・カンタンド・エス・ルイス》とする。もっとも、ヒスパニック（ラテンアメリカ系米国人）の話すスペイン語には、英語の圧倒的影響力のもと、現在分詞を形容詞として使っている用例が見られるようになっている。それはそれで、ヒスパニックの創造力として評価すべきであろう。

se を斬る！――代名詞 se の多様な用法について

関西の某大学にお勤めのM氏とはペルー留学時代からの付き合いだ。フジモリ日系大統領が就任して間もないころのことである。首都リマはかなりシビアな環境にあった。経済はハイパーインフレ状態で、電気や水道はしばしば止まり、ときに爆弾テロもあった。そんな時代をともに過ごしたふたりは、いわば「戦友」である。

「se を斬る！」と題して、スペイン語文法のそこかしこに出没する敵＝ se に立ち向かおうと考えたとき、真っ先に思い浮かんだのがそんな「戦友」の顔である。「彼の力を借りればなにかうまい戦略が立てられるにちがいない」……なんていうのはキレイゴト（笑）。要は「やつを巻き込んでしまえ！」と考えたのである。というわけでできたのが、以下の架空の対談です(1)。

「スペイン語の気まぐれ」

M氏：こんなとこ引きずり出しよってからに、怒るでほんま。そもそもなんで対談なんや？

後藤：じつは最近、斎藤兆史・野崎歓《かん》『英語のたくらみ、フランス語のたわむれ』（東京大学出版会、二〇〇四年）という対談形式の本を読んで、語学を新たな形で「教養」として復権させようとする取り組みに啓発されちゃって。でもこの本、けっこう高尚なんで、スペイン語の立場から崩したパロディをやってみようと、ふと思い付いたわけ。「たくらみ」・「たわむれ」ならぬ、「スペイン語のきまぐれ」ってとこかな。さて、のっけから興味本位の質問でなんだけど（笑）、関西弁がスペイン語の発話に影響するってホント？

M氏：せやな、gracias の語末に母音 u が付いているみたいに「グラシアスぅ」って発音するやつがなかにはおるわな。

後藤：M さんの授業ではやっぱりボケとかツッコミとかするの？

M氏：そらもう、ネタは欠かさへんわ。最近ひとつとっておきのネタがあったんやけど、ど忘れしてもうた。なんやったかな……？

後藤：それはおいおい思い出してもらうとして、そろそろ本題に入らないと。そう、se なんだけど、いろんなところに顔を出している。まずは目的格代名詞の se、それから再帰代名詞の se、無人称文の se……と、じつにさまざま。学習者は戸惑うよね。

目的格代名詞の se

M氏：そら、どれがどの se か混乱するわな。ひとつ整理しとこか。まず目的格代名詞は、間接目的格（～に）と直接目的格（～を）からなるけど、これらは基本的に①動詞に「前置」される。(2) ときにはふたつの目的語を代名詞で持つ文があるけど、その場合の語順は②「間接目的格＋直接目的格」になる（逆は不可）。さらに、②のうちどちらも人称が三人称のとき、③「間接目的格のほうは一律 se に変換」【表1】されるわけや。

後藤：たとえば、¿Le das este libro?（君はこの本を彼にあげるの？）という質問への答えは、プロセスとしては、este libro（男性単数）が lo に置き換えられ動詞の前に出る（ルール①）、le lo の順に並べられる（ルール②）、le は se に変わり（ルール③）、そして最終的に Sí, se lo doy（うん、彼にそれをあげるよ）となるんだけど、これが学生にはなかなかピンとこないらしい。自分で教えていても詐欺師になった気分がするよ。第一、se になると単複の区別もつかなくなってしまうからね。そんなわけだから、学生には「文句があったら規範文法の元締めのスペイン王立アカデミーに言ってくれ！」とかわしている。

M氏：こっちは学生にこういうとるで。「le と lo がそのまま並んどったら呂律《ろれつ》（lo- le- つ）が回らなくなるからや」って。このジョーク、ちゃんと核心ついてんねんけどな（笑）。

表1　ルール③

目的格代名詞		
間接目的格（〜に）		直接目的格（〜を）
~~le~~		lo/los
se	＋	
~~les~~		la/las

再帰代名詞の se

後藤：お次は再帰代名詞の se だけど、まずは再帰動詞についた原形としてある（例：levantar**se**）。英語でいえば *oneself*、つまり人称が与えられていないニュートラルな状態だ。これが人称変化していくと、一人称・二人称は通常の目的格代名詞と同じ、三人称は原形と同じ

seのままになってるから、話はいささかややこしくなる。英語ならそれぞれ互いに形が異なるので、とてもわかりやすいのに。そもそも、再帰動詞なんて特別扱いするけど、主語と目的語がたまたま一致したに過ぎないって考えてもいいと思うんだよね【表2】。

表２

再帰代名詞	
se（=*onself*）	
me（=*myself*）	nos（=*ourselves*）
te（=*yourself*）	os（=*yourselves*）
se（=*himself/herself/itself*）	se（=*themselves*）

M氏：Mi madre **me** levanta《ミ・マドレ・メ・レバンタ》とYo **me** levanto《ヨ・メ・レバント》、おかんが起こすmeはわし（=*me*）、わしが起こすmeはわし自身（=*myself*）。おかんは妹（la）も起こすんでMi madre **la** levanta《ミ・マドレ・ラ・レバンタ》、ほんでおかんは自分で起きるからMi madre **se** levanta《ミ・マドレ・セ・レバンタ》（彼女自身を起こす）、ここではじめてla（=*her*）ではなくse（=*herself*）になる、と。

後藤：この「自分自身を〜する」という意味合いの用法は、再帰代名詞が直接目的格であることから「直接再帰」と呼ばれるね。一方で、再帰代名詞が間接目的格となる「間接再帰」という用法があって、たとえばその例文はElla **se** lava la cara《エンジャ・セ・ラバ・ラ・カラ》（彼女は顔を洗う）。これは直訳すると「彼女は彼女自身に顔を洗う」だけど、学生はこの「自分自身に（対して）〜する」という表現に違和感を持つみたいだ。

M氏：まあ、「私は顔を洗う」と言っても、だれも「洗うって、それ、だれの顔のことですかぁ？」ってツッコミ入れてこない、日本語ネイティヴとしては当然やで（笑）。

後藤：日本語はコンテクストで理解してあえて「だれの顔」かを明示しない、英語は所有形容詞で処

郵便はがき

お手数ですが切手をお貼り下さい。

102-0072
東京都千代田区飯田橋3-2-5
㈱ 現 代 書 館
「読者通信」係行

ご購入ありがとうございました。今後の刊行計画の参考とさせていただきますので、ご記入のうえご投函ください。なお、ご記入いただいたデータは、小社での出版及びご案内の発送資料以外には絶対、使用致しません。

お名前《ふりがな》	年齢 女　男
ご住所　都道府県　市区郡町 〒　TEL　FAX	
ご職業（または学校·学年をくわしくお書き下さい）	E-mail.
ご購読の新聞・雑誌	

□ご注文申込書（小社刊行物のご注文にご利用ください。その際、書店名を必ずご記入ください。）

書名　冊	書名　冊
書名　冊	書名　冊

ご指定書店名	住所　都道府県　市区郡町
■図書目録ご希望の方は御記入下さい。	■新刊DMのご希望　□ある　□ない ■このカードを送ったこと　□ある　□ない

書名	

●本書のご感想をお書きください。

●以下のアンケートへのご記入をお願いします。

① 本書をお買い求めになった書店名（　　　　）

② 本書を何でお知りになりましたか

1．新聞·雑誌広告（　　　　）　2．書評（　　　　）

3．人に勧められて　4．小社のDM　5．実物を書店で見て

6．その他（　　　　）

③ 本書をお買い求めになった動機

1．テーマに興味　2．著者に興味　3．資料として　4．広告を見て

5．書評·記事を読んで　6．タイトルに興味　7．帯のコピーに興味

8．その他（　　　　）

④ 本書の定価はどうですか

1．高すぎる　2．高い　3．適切　4．安い　5．気にとめなかった

⑤ 本書の装幀はどうですか

1．とても良い　2．良い　3．普通　4．悪い　5．気にとめなかった

⑥ 本書のタイトルはどうですか

1．とても良い　2．良い　3．普通　4．悪い　5，何ともいえない

⑦ 本書をお読みになって

1．むずかしい　2．普通　3．やさしい

4．おもしろい　5．参考になった　6．つまらない

⑧ 今後お読みになりたい企画がありましたらお聞かせ下さい。

理する（*I wash my face*）、でもスペイン語はまた異なる発想を持っているということを、ぜひ理解してもらいたいよね。

「受身」か、「無人称文」か？

M氏：再帰動詞の用法には、本来の再帰である「直接再帰」や「間接再帰」とは別に、「相互」や「強意」、それに「受身」まであるんが厄介や。

後藤：「相互」には Nos queremos mucho《ノス・ケレモス・ムーチョ》（私たちはとても愛し合っている）、「強意」には Ella se fue《エジャ・セ・フェ》（彼女は行ってしまった）などの例文があるね。

M氏：「受身」は主語が三人称のものに限られた用法で、たとえば Se vende el periódico《セ・ベンデ・エル・パリオディコ》（新聞が売られている）や。せやけど、同じ「se ＋三人称（単数）」でも Se come bien en este restaurante《セ・コメ・ビエン・エン・エステ・レスタウランテ》、これは「無人称文」ってことになる。だいたい、主語が見あたらへん。つまり、主語は任意のだれでもええっちゅうこっちゃ。se 自体は主語ではないけど、まあ英語でいえば一般的な *you* みたいなもんやな。要するに訳は「このレストランの食事は（だれが食っても）うまい」になるわけや。

きまじめなスペイン語？

後藤：そうそう、そういう細かいちがいをきちんと教えたいんだよね。スペイン語って「陽気なラテン系」ってことで「おおらか」なイメージが持たれているようだけど、それを文法まで「大雑把」とはきちがえて、そのきめ細かさに面食らう学生も多い。スペイン人の先生で地道に文法を教えてくれる人がいるんだけど、例の学生による授業評価誌（「『水曜日の少年』とはだれか?」参照）で「陰気なラテン系」(!?) って評されたりする。これはひどい。「陰気」じゃなくて「きまじめ」なだけ。だいたい「きまじめなラテン系」がいたっていいじゃない、この世の中！（怒）。

M氏：まあまあ、そう興奮せんと。「スペイン語のきまじめ」、おおいにけっこう。わしも「きまじめ」で律儀やから、ずーっと考えてたんやけど、とうとう思い出したわ、例のとっておきのネタ。なんかのテレビCMで「順調の『順』は、純粋の『純』ではありません。小春日和は、春の天気ではありません……」ってのがあったやろ？ あれに習って、「vaca《バカ》（牛）は『馬鹿』ではありません。ajo《アホ》（ニンニク）は『阿呆』ではありません」。どや、おもろいやろ？

後藤：こらあかん（関西弁は容易に伝染する）。「きまじめ」どころか、やっぱり「スペイン語のおちゃらけ」が関の山や……。

注

（1）M氏から多くの示唆を受けているのは事実だが、対談自体は僕の手による完全な創作である。よって、ここに登場するM氏と実在の人物はまったく別人格（笑）であることをお断りしておく。しかし、内容に見るべきものがあるとすればそれはまさにM氏のおかげであり、なにか問題があるとすればそれはすべて僕に帰せられる。

（2）例外は動詞が不定詞（原形）・現在分詞・肯定命令形のときで、こうした場合、目的格代名詞は動詞の後ろに付けて書かれる（例：¡Levántate!《レバンタテ》［起きろ！］）。

至高の命令 ¡Ten!――命令表現について、あるいはスペイン語映画の密かな愉しみ

スペイン語を学んでいて、あるときこう思ったことはないだろうか。「なんでいつまでたっても命令表現を勉強しないのだろう？　『ここへ来て！』のひとつも言えないではないか」、と。

通常、スペイン語で命令表現を文法として学ぶのは最終盤である。もちろん、それにはわけがある。スペイン語には「命令法」（imperativo《インペラティーボ》）という命令表現のためのシステムがあるが、じつはこれだけでは事足りなくて、「接続法」（subjuntivo《スブフンティーボ》）、すなわち、基本である「直説法」（indicativo《インディカティーボ》）を終えたのちに登場する、いささか高度なシステムが絡んでくるからなのである。そのあたりを簡単に見てみよう。

一筋縄ではいかない命令表現

思えば英語の命令は楽であった。*you*（単複共通）が当然主語であることを前提に主語は省略され、単に動詞現在形の二人称（というか、三人称単数以外は無変化だから、要は動詞原形のままってこと）にすれば良かった。「ここへ来て！」はずばり *Come here!*、へい一丁上がりぃ！　しかし、スペイン語の場合はそう簡単にいかないのである。理由はおもにふたつ。

ひとつは、スペイン語には親しい間柄で用いられる①tú・vosotros/-as（君・君たち）と、必ずしも

表１　命令法の規則活用

動詞／主語	hablar	comer	vivir
tú	habl**a**	com**e**	viv**e**
vosotros（-as）	habl**ad**	com**ed**	viv**id**

親しくはない相手に対する②usted・ustedes（あなた・あなたがた）の二系統の二人称が存在するからである。英語の*you*のようにひとまとめに、というわけにはいかないのだ。先に紹介した命令法は、①に対する肯定命令だけに使われる（ちなみにその規則活用は、túは直説法の現在三人称単数に等しく、vosotros/-asは動詞語末の-rを-dに置き換える）【表1】。では②はどうかというと、これには接続法の現在（の三人称）が当てがわれる。よって、英語ならすべて*Speak Spanish!*（スペイン語を話して！）で済むところ、スペイン語ではじつに¡Habla español!/¡Hablad español!、¡Hable español!/¡Hablen español! となってしまう。

もうひとつには、肯定命令と否定命令が明確に区別されるというスペイン語の事情がある（ちなみに、英語の否定命令は*Don't*～で始めればいい、ただそれだけのことでした）。肯定命令は前段落で述べたとおりだが、否定命令の場合はすべて接続法の現在が使われる。命令法は「①に対する肯定命令だけに使われる」と強調しておいたのはそのためだ。というわけで、たとえば「英語を話さないで！」は、すべて接続法現在で、¡No hables inglés!/No habléis inglés!、No hable inglés!/No hablen inglés! となる次第。

これだけでも十分めげますよね。でもまだまだあるんです、困ったことが（笑）。命令がいわば動詞原形で済む英語には原理的に不規則が存在しないの対

表2　命令法の不規則活用（túが主語の場合のみ）

主語＼動詞	decir	hacer	ir	poner	salir	ser	tener	venir
tú	di	haz	ve	pon	sal	sé	ten	ven

して、スペイン語の命令法には不規則活用する動詞があり（ただしtúが主語の場合だけで、vosotros/-asはすべて規則的なのは不幸中の幸いだ）【表2】、接続法が使われる場合には、接続法現在の活用が不規則であれば当然不規則ということになる。ってことは、「ここへ来て！」は、①なら¡Ven aquí!/¡Venid aquí!、②なら¡Venga aquí!/¡Vengan aquí!、「ここへ来ないで！」は①なら¡No vengas aquí!/¡No vengáis aquí!、②なら¡No venga aquí!/¡No vengan aquí!……キャ～、お助けー！

文法は教師のためならず……

どうです、おわかりでしょう？　スペイン語で命令がなかなか出てこないのも仕方がないんですよ……なんて、開き直ってる場合ではなかった。日常生活に欠かせない命令表現の学習を後回しにせざるをえないとは、スペイン語教育にとって由々しき事態といわねばなるまい。とりあえずの解決法としては、頻度の高い動詞の命令形について文法云々とは別に暗記してもらう手がある。ネイティヴ講師との授業ならそれもいいだろうし、欠かせないとも言える。しかし、「習うより慣れろ」批判をした手前（「嵐を呼ぶ活用！」参照）、僕としては多少忸怩《じくじ》たるものがないわけでもない。

現在、ほとんどすべてのテキストは直説法に始まり、順次時制をこなしていったあとで、満を持して接続法に移るという手順になっている。しかし、直説法現在が終わったあとに、たとえば命令の用法に限って接続法現在を教えてみたらどうだろう？ 接続法を後回しにするのはいわば文法書上の配置の問題に過ぎない。もし学習効果・効率が上がるのなら、前倒しにしてもいいのではないか。

僕は文法をとても大切だと思っているが、「文法至上主義者」でもない。文法は教師のためにあるわけではない。学習者に役立ってこそ、だ。その意味で、「研究者以外は文法の習得を自己目的化すべきではない」と喝破する神尾達之・林真帆『離陸のためのドイツ文法』（三修社、二〇〇〇年）は、ドイツ語の教科書ながら参考になる。

映画に学ぶ命令表現

別に命令表現に限ったことではないが、学習したことが定着するもしないも、どれくらい実感を持てるかどうかにかかっているといえる。とはいえ、スペイン語環境に暮らしていない以上、授業や語学講座以外でスペイン語にじかに触れる機会は少ない。そこで活用したいのが映画だ。音楽でもいいけれど、映画ならスペイン語が映像とともにリアルに迫ってくる。

「tener の tú に対する命令形は不規則なの？ 覚えられないよ、そんなのー！ だいたい tener（持つ）の命令って、どういうことよー?」——そんなあなたにお薦めの映画はビクトル・エリセ（Víctor Erice）監督の『ミツバチのささやき』（El espíritu de la colmena《エル・エスピリトゥ・デ・ラ・コルメナ》、一九七三年）。静謐な暮らしのなかに潜むスペイン内戦の傷跡を、いわば「描かないことで描き出した」傑作だ。この作品で天才子役の名を欲しいままにしたのがアナ・トレント（Ana Torrent）だ。彼女が廃屋に隠れている逃亡者の空腹を思って、こっそりりんごの差し入れを持ってくるシーンがある。それを逃亡者に差し出すときに口にしたのが、〝¡Ten!〟（あげる！）である。たった一言ながらじつに印象的なセリフとなっている。これを至高の命令（orden supremo《オルデン・スプレモ》）と言わずしてなんと言おう！　ぜひ一度ご覧あれ。

　スペイン語映画を眺め渡すと、命令表現をタイトルに持つものがある。たとえば、スペインの新鋭アレハンドロ・アメナーバル（Alejandro Amenábar）監督の『オープン・ユア・アイズ』（Abre los ojos《アブレ・ロス・オホス》、一九九七年）。abre は動詞 abrir《アブリール》（開ける）の tú に対する命令形だ。トム・クルーズ主演のリメイク版『バニラ・スカイ』（二〇〇一年）のほうが一般には知られているだろうが、出来は元祖のほうがいい（と、少なくとも僕は思う）。裕福でなに不自由なく暮らしていたハンサムな青年が交通事故に遭い、醜く変わり果てた容姿に苦悩しながら、夢と現実のあいだを彷徨《さまよ》う。物語のなかで、青年は何度となく〝¡Abre los ojos!〟と呼びかけられ、目を覚ます。それぞれがいつからいつへの目覚めなのか、考えながら鑑賞するのがいいだろう。

　お次は、『オール・アバウト・マイ・マザー』（Todo sobre mi madre《トド・ソブレ・ミ・マドレ》、一九九九年）の成功でもはや大御所の貫禄漂う、ペドロ・アルモドバル（Pedro Almodóvar）監督の『アタメ！』（Átame、一九八九年）。Átame の ata は atar《アタール》（縛る）の tú に対する命令形、me は目的格代名詞の「私を」である（「se を斬る！」の注（2）参照）。いささか「危ない」タイトルではある（笑）。ある女優に一方的に熱を上げた青年が、彼女を誘拐・監禁する。自由を奪われた彼女は必死に逃げようと試みるが、「狂気のなかのやさしさ」とでもいうべき青年の態度に接しているうちに、ついには彼女のほうから身体の拘束を求め、「私を縛って!」(¡Átame!) と彼に懇願する。見ている僕たちも、それなりに納得させられてしまうから不思議なものだ。

あの人はかつて……

こんなふうに、映画のなかに命令表現を拾ってゆくことは、スペインの巨匠ルイス・ブニュエル(Luis Buñuel) 監督の『ブルジョアジーの密かな愉しみ』(一九七二年。ただし、この作品はフランス語だが)ならぬ、「スペイン語映画の密かな愉しみ」となりうるだろう。もっとも、「密かな愉しみ」はこれに留まらない。ついでに、あの人の意外な姿を見ることだってできるのである。

たとえば、『アタメ!』で女優を監禁した青年は、よーく見れば、なんとアントニオ・バンデラス(Antonio Banderas)ではありませんか! ハリウッドでシルベスター・スタローンの向こうを張り、いまやマッチョな肉体派で知られるバンデラスも、かつてスペイン時代には、ちょっとアブノーマルな役が妙にはまってる、アルモドバル監督御用達の俳優でありました。『神経衰弱ぎりぎりの女たち』(Mujeres al borde de un ataque de nervios《ムヘーレス・アル・ボルデ・デ・ウン・アターケ・デ・ネルビオス》、一九八七年)のバンデラスのナヨナヨぶりなんかもう必見。僕はかつてのほうが断然好きだな。

女優に目を転じれば、やはりいまをときめくペネロペ・クルス(Penélope Cruz)も、スペイン時代にすでに数々の実績を持っている。そして『オープン・ユア・アイズ』・『オール・アバウト・マイ・マザー』出演の成功により、彼女もまたハリウッドへと旅立ってしまったのであった。トム・クルーズに抜擢され、『バニラ・スカイ』では『オープン・ユア・アイズ』とまったく同じ役柄を演じ(ただし英語で、だ）、おまけに競演した彼と一時恋仲になってしまって……。おい、トム・クルーズ！

それはないだろう（笑）！

¡Hasta siempre!《アスタ・シエンプレ》――語学継続の意味について

桜咲く頃になにか新しいことを始め、やがて季節はめぐり、水ぬるむ予感の到来とともにその取り組みがひとつの区切りを迎える……。スペイン語の学習についても一年のサイクルが過ぎたとする。さて、いまの心境やいかに？　なになに、すっかりスペイン語にはまってしまい、今度はラジオ講座にも挑戦する？　それは素晴らしいことです！　えっ、スペイン語はもう見るのもうんざりなのに、大学で単位を落として再履修になってしまったって？　それは困りましたねー（笑）。

さて、語学であれなんであれ、自分が取り組んできたことの成果を知りたいと思うのは当然の心理だ。スペイン語と取り組むなかで、僕たちはどんな成果を手にしたのか、あるいはこれから先、さらに手に入れることができるのか？　こうした問いは、そもそも語学はなんのために学ぶのかという、究極の問題にもつながるだろう。最後にひとつ、この aporía《アポリーア》（難題）に挑むとしよう。

「変わる」ということ

そもそも、なぜ僕たちはスペイン語を始めたのだったか？　それは人それぞれにちがいない。仕事の関係で必要に迫られて始めた人もいるだろう。スペイン語圏の芸術文化、はたまたスポーツを明確に意識して選択したという人も少なからずいよう。しかし多くの人は、「なんとなく興味があって」

という漠然とした関心から始めたのではないだろうか。

じつはなにを隠そう、僕自身がその手合いだ。まがりなりにも大学でスペイン語を専門に勉強する道を選んだのだが、その動機はまさに「なんとなくラテンアメリカに興味があって」程度であった。ところで当時（高校時代）、僕はラテンアメリカについてなにを知っていたのか？――じつになにも知らなかったのである（スペイン語自体については、お恥ずかしながら、Adiós《アディオス》すら知らなかった！）。ただ、当時はスペイン語をかなり「実用主義」的にとらえていた。スペイン語は貿易用語として有望だと言われていて、ならばスペイン語を身につけて将来は商社マンにでもなるのかなと、漠然と考えていたように記憶している。「実用主義」に対する考えはこのあと述べるが、結果的に、僕はこの点に関して大きく考え方が変わった。じつはこの「変わる」ということ、変わった自分に気づくということこそが、語学を、ひいてはなにかを学ぶという行為を通じて得られる成果のひとつだと僕は思っている。「変わる」こと、それはほんの些細なことだっていい。たとえば、僕に対してスペイン旅行のアドバイスをけっして求めなくなったこと（笑）（スペイン語＝スペインの呪縛から逃れられましたか？　くどいようですが、僕は「スペインに行ったことのないスペイン語教師」、よろしく！／「嗚呼、君の名はスペイン語！」参照）。あるいは、あれほど苦手だった巻き舌ができるようになったこと（「とろろ」メソッド、試してもらえたでしょうか？／「スペイン語、画竜点睛す」参照）。はたまた、スペイン語圏ではもっぱら人は父母双方の姓を受け継いで生まれ、婚姻によっても生涯姓が変わることがないのを知るに及び、「なーんだ、日本の夫婦同姓制度ってそれほどフツーってわけでもないし、夫婦別姓を唱える人にしても、夫婦の姓はひとつ、っていう枠組みから逃れられてないのね」と思えること。さあ、その勢いで夫婦同姓にやたらこだわる保守派の政治家を論破したまえ！――「別姓になると家族の絆が薄れるなんておっしゃいますけど、あなたがいわゆる『お嫁』に出したところの娘とは絆が薄れちゃったの？　あるいは娘のことはどうでもいいわけ⁉」（このことについては、第三部「G・Aあるいは／かつT・Aへ」参照）。

「実用主義」を超えて

ところで僕は、スペイン語を始めてかれこれ四半世紀近くになる……となにげなく書いてみて、一番驚いているのはじつは自分自身だ。ひゃー、もうそんなに経っちまったのかぁ。やれやれEl tiempo《エル・ティエンポ》 pasa volando《パサ・ボラント》（光陰矢のごとし）。でもおかげさまで、こうしてスペイン語教師として暮らしているわけだ。「そんなおまえはいい」、と言われるかもしれない。「なにしろ職業としてスペイン語に取り組んでいるのだから、これからいくらでもやりがいがあるだろう。それにひきかえ自分は、先々スペイン語に関わっていくかどうか必ずしもわからない。いや、まず関わることはないだろう。だから、変わった自分に気づくのもいいけれど、むしろいまここで『目に見える形の成果』がほしい。つまり……しゃべりたいのだ」、と。

その気持ちはわからないでもない。でもそれって、語学だけに妙に「即効性」を求めすぎじゃありません？　昨今、学んだことの当然の成果として、「使えてなんぼ」を求めるプレッシャーが確かに強い。でも、たとえば大学でそれこそ法学を専門で学んだ卒業生が、その後、弁護士になることもなく、法律と縁遠い生活をしているからといってクヨクヨしてるって話はあまり聞かない。これはおかしい、法学こそ語学以上に「実学」であってもおかしくないはずなのに(笑)。とにかく、語学となると話は別なのだ。語学に対する「使えてなんぼ」の期待値は当人も周囲もともにやたら大きい。そして語学の場合、「使えてなんぼ」はなぜか「話せてなんぼ」に自動的に置き換えられてしまうことが多い。これを語学に向けられる「実用主義」と呼ぼう。どうしてこうなってしまうのか？

もちろんそれは、言語が人と人とをつなぐもっとも基本的なコミュニケーション手段だからだろう。だからこそ「話せる」という実感を持ちたい。それは当然だ。しかし、いささか極端な「実用主義」が蔓延《はびこ》るいまだからこそあえて言おう。語学の成果はそれだけではないはずだ。たとえば、会話が実用に耐えるようになったとしよう。それで、いったい「だれ」と「なに」について話したいのですか？海外旅行が満喫できたとして、それでもう「おしまい」ですか？　その「あと」はどうするの？

コミュニケーションは相手あって、そしてなによりも中身あってのものである。しかし、コミュニケーションの相手は必ずしも生身の人間でなくても、つまり、たとえば本だっていいはずだ。コミュニケーションの概念はもっと広くとらえられるべきだ。中身は、もちろん会話自体から育まれもするが、読書を通じて得られることは計り知れない。フランス文学者の野崎歓は次のように指摘している。

会話のみが前景化して、外国語で書かれた書物に必死にとりついて読み解こうとすることの意義が忘れられるとしたらとんでもない話だし、何とももったいないではないか。……「会話」の練習を通して相手にできるのは、現在生きている人間だけだけれども、書かれた言葉を通して会話するならばその相手は何十年、何百年昔の人間にまで広がっていく。

（『われわれはみな外国人である――翻訳文学という日本文学――』五柳書院、二〇〇七年／傍点強調後藤）

「内省的」で「継続的」な語学とは？

結論的に言うならば、語学にとって、いわば「目に見える形の成果」としての「会話」はもちろん大事だけど、それと同じくらい重要なことがあると思う。それは意外にも、「内省的」（reflexivo《レフレクシーボ》）で「継続的」（continuativo《コンティヌアティーボ》）な態度の涵養《かんよう》だといえる。

野崎によれば、会話は「『反射的』なコミュニケーション」に属する。「内省的」であるとは、およそその対極に位置するコミュニケーション形態で、たとえば文学を読むことや翻訳することがこれに相当する。文学・翻訳は所詮「プロの領域」であって、自分とは関係ないと思われるかもしれない。しかし　ちょっと待ってほしい。この場合、文学・翻訳はたとえであって、ものごとをじっくり考えるための「構え」のようなものととらえてみてはどうだろう。ここで、比較文学者の管啓《すが》次郎の言葉に耳を傾けてみよう。

> 語られる言葉の内容、言葉の使用法がもっとも鋭く問われるのは、「文学」という、定義上われわれが生きる現実からは一歩引いた地平にひろがる言語的吟味の領域でのことだ。そこでは絶えず新たな問いが問われ、新たな答えが探られる。それは現実の直接性（ただちに反応しなくてはならないという必要）を欠くだけの多くの時間を費やして、ある行為や言葉の意味と射程をよ

く考えてみることができる。

（『コヨーテ読書』青土社、二〇〇三年）

「継続的」とは、一般に「語学は継続性が必要だ」といわれる以上の意味を持つ。それは、管のいうような「現実の直接性（ただちに反応しなくてはならないという必要）を欠くだけの多くの時間を費やして、ある行為や言葉の意味と射程をよく考えてみる」こと自体に価値を見出す、すなわち、語学にあえて「即効性」を求めないことだ。

それもまた、これからまだいくらでもスペイン語と関わる機会のある「プロの領域」のことだと言われてしまうかもしれない。しかし、そんなことはない。仮にテレビ講座から離れてしまったとしても、たとえ大学で授業を取らなくなったとしても、スペイン語に一度でも触れたという事実は、けっして消えはしない。そしてそのことは、有形無形に、あなたになんらかの影響を与えるだろう。どこかであなたを立ち止まらせ、なにかを考えさせるだろう。そしていつか、思いがけない形でふたたびめぐり会うかもしれない……。そう、スペイン語との付き合いは「続く」のだ。

二〇〇四年には、チェ・ゲバラの青春時代の南米放浪を描いた映画『モーターサイクル・ダイアリーズ』（ウォルター・サレス監督）が大ヒットした。そのゲバラに対して、かつてキューバの詩人カルロス・プエブラ（Carlos Puebla）は、片時も忘れることがないという思いを込めて一曲の歌を捧げた。僕もまた、はからずもスペイン語と関わることになった皆さんに親愛の念を込めて、Adiós ではなく、その歌のタイトルを別れの言葉として贈ろう――¡Hasta siempre!《アスタ・シエンプレ》（いついかなるときも！）

【コラム1】

新しい外国語への旅立ちの前に

南米アルゼンチンの若き医学生チェ・ゲバラが、友人とともにバイクに跨《またが》り、首都ブエノスアイレスから南米放浪へと旅立ったのは一九五二年のことだ。それから半世紀のときを経て、ゲバラが旅行中に綴った日記を編纂した『モーターサイクル・ダイアリーズ』（現代企画室／角川文庫、二〇〇四年）が日本のバイク愛好家たちのあいだで密かにバイブルとなり、その後、この日記を原作とした映画（ウォルター・サレス監督、二〇〇四年）が大々的にヒットしたことは、いまも記憶に新しい。

出発を前に、ゲバラは次のような旅の見通しを描いていた——「行き当たりばったりに……四カ月で八千キロを走破。目的は本でしか知らない南米大陸を探検すること」。じつはこれが、新しい外国語を学び始めるにあたってなにかと参考になる。

いま皆さんはどの外国語を選ぼうかと迷っている。でも、決め手はあまりないだろう。だからこの選択は、ある程度「行き当たりばったり」にならざるをえない。そんなとき、少しでも参考にしてほしいのが新入生向けのこの冊子。先輩や教員のアピールに耳を傾けてみよう。なにか君にピンと来るものがあるかもしれない。ちなみに、ゲバラはいったい何語をしゃべっていたのだろうと気になった人のために言うと、それはなにを隠そう、スペイン語だ。

さて、人はひとたび選択語を決めるや否や、もう次の瞬間にはその言葉を流ちょうに操っている自分の姿をつい想像してしまいがちなもの。しかしそれは遙か遠い道のり。ゲバラも「四カ月で八千キロを走破」などという途方もない計画を立てて、そして案の定、その通りにはいかなかった。これはむしろ、「目標はあくまでも控えめに」という教訓になる。だから最初は、たとえば「本」はスペイン語で“libro《リブロ》”と言うことを知るだけでも、ささやかだけど大事な一歩を踏み出したのだと考えることにしよう。英語の“book”と“library”のあいだに直接の関係は見出せないけれど、“libro”を知ると、“library”が「図書館」であることに納得がいくだろう（ついでながら、スペイン語で「図書館」は“biblioteca”《ビブリオテカ》。こちらは“biblia”《ビブリア》、つまり「聖書」と結びついている）。言語は相互に密接に結びついてる。それが複数の外国語を知ることの面白さ、醍醐味というものだ。

ところで、ゲバラってそもそも誰？ なんていう人もきっといることだろう。もし興味が湧いてきたのならとりあえず『モーターサイクル・ダイアリーズ』を読んで（鑑て）もらうとして、ここで強調しておきたいのは、米国（英語）中心の現在の世界観においては、あるいはそれを反映した日本（日本語）の教育・メディア環境にごく普通に身を置く限りは、ゲバラのみならず、見えてこないことがこの世には「山ほどある」ということである。

「本でしか知らない南米大陸を探検すること」が旅の目的であると、いみじくもゲバラは述べた。この「本」を、「日本語」や「英語」に置き換えてみればよい。そうすると、日本語や英語だけでは窺い知れない世界を垣間見せてくれる（少なくとも、そのきっかけを作ってくれる）のが、まさに新しい外国語の役割であるということになるだろう。その上で、なにを目標（ゲバラにとっての「南米大陸探検」）とするか——それは皆さんに、これから四年間の大学生活のなかでじっくり考えてもらいたいことである。

【コラム2】

なぜ外国語を学ぶのか?——菅啓次郎『コヨーテ読書』に学びて

「どうしてスペイン語を勉強しなければならないのか?」「しかも第二外国語なんていう中途半端な形で」「おまけに今後使うことはまずないのに」——こんなふうに問いを畳みかけられると、語学教師はたじたじである。ついつい「そうですね、ごもっとも」と答えてしまいそうになるのは、正直なところ否めない部分もある。

なぜ外国語を学ぶのか?——この古くて新しい問いに対する答えの基本はしかし、自分のなかではかなりはっきりしている。それは、使える使えないにかかわらず、教養はすべからく持つべきであるということ、つまり、「ボロは着てても心は教養」・「腐っても外国語」と、おめでたくも信じているのである。

とはいえ、いまどきこんなことをストレートにいうのもおこがましく(なにしろ世間では、学問の実利主義への傾倒が圧倒的趨勢なのだ。以前は粉砕の対象だった産学官協同がいまや当たり前なのだ)、仕方がないので、たいていは側面攻撃でなんとか説得を試みようとしている。たとえばこんなふうに、だ。

「世界のスペイン語人口は三億五千万人強です。日本語人口が一億二千万人程度ですから、皆さんはスペイン語を勉強することによって、これまでのおよそ三倍の人々とコミュニケーションをとれる可能性が開けます、原理的には」

これはわれながら、あまりに内容空疎だなぁと思う。お次は、

「たしかに外国語あるいは大学教育には意味が感じにくいかもしれません。しかし、それはそれで、たとえば村上春樹の『ノルウェイの

森』（講談社、一九八七年）の主人公のように、次のようにやり過ごすという手もあります——「『僕は大学教育というのはまったく無意味だという結論に到達した。そして僕はそれを退屈さに耐える訓練期間として捉えることに決めた』。そう、大学教育はじつに『退屈さに耐える訓練期間』なのです！」

これはあまりにも自虐的なので、これまで授業で使ったことはない。もっとも、実際に使うときには、村上は続けて「あいた時間には図書館で本を読んだり調べものをしたりした」と書いていることも付け加えるつもりだけど。さらには、

「上野千鶴子のエッセイ集に『ミッドナイト・コール』（朝日文芸文庫、一九九三年）というのがありますが、そのなかで上野は、雑用で日々忙殺されているさなかに起こったとある喫茶店でのエピソードを次のように書いています——『そこでたまたま居合わせた女子学生が、一心に読んでいる本を目にした時、私は激しい嫉妬に駆られたことがあった。彼女が読んでいたのは、ラテン語の教科書だった。ラテン語という、今は死にたえた言語。目の前の用には立ちそうもない死語を学ぶというとてつもないぜいたくに、目前の必要に追われてその日暮らしをしていたわたしは青ざめた』（傍点強調後藤。以下同様）。どうですか、皆さん。皆さんが『目の前の用には立ちそうもない』と思っているたとえばスペイン語の学習が、じつは『とてつもないぜいたく』な行為であって、しかも他人の『激しい嫉妬』を呼び起こすんですよ。さあ、がんばって勉強しましょう！」

これは切実な経験である。もっとも、この上野の気持ちがよくわかってしまう学生がいるとすれば、それはそれで老獪に過ぎてどうかと思うが。私自身、最近ようやくわかってきたばかりであるし。いや、じつのところまだ、本当のところはわかっていないかもしれないし……。

さて、そんなふうにクヨクヨしていたところ、手に取ったのが管啓次郎の『コヨーテ読書――翻訳・放浪・批評――』（青土社、二〇〇三年）である。著者は別に教養全般や外国語学習を擁護しているわけではない。サブタイトルにあるように、もっぱら翻訳や批評、そして放浪経験について語っているのだが、それらの魅力を説く言葉はシンプルで力強く、一見自分の外部にあると思われるものこそ大切であることを、たとえば次のように訴えかけている。

結論からいおう。翻訳文学に興味を失った文化とその言語は、はてしない同語反復におちいり、頽廃し、衰弱する。停滞し、腐敗する。唾棄すべき外国語嫌いと偏狭きわまりない自国自文化崇拝がはびこり、閉ざされた黄昏のよどんだ空気の中で、陰湿な相互攻撃ばかりがつづく。あるいは、わずかにでも異質であると感じられる人々への、容赦ない冷酷な排除が牙をむく。これだけ明確に戦うべき相手がいくらでもいる以上、はっきりいわなくてはならない。ぼくらは翻訳文学を読むべきだ。つねに読むべきだ、いくらでも読むべきだ。

そうなのだ、「翻訳文学」について管啓次郎が語るように、僕もまた言わなければならない。「僕たちはスペイン語を学ぶべきだ。つねに学ぶべきだ、いくらでも学ぶべきだ」、と。ん？ちょっと待てよ。「翻訳文学」があまり読まれると、外国語そのものの学習は論理的には不要になってしまうではないか！……といったことは、とりあえずここでの本質的な問題ではない（ということに一応しておこう。少しだけ汗を拭きつつ）。著者が強調しようとしているのは、単に「翻訳文学」に留まらない、「文学」全般の必要性である。では、ここでいう「文学」とはなにか。それは有形無形の「全体主義」に抗する批判精神のための源泉だ。

「部分」をもってただちに「全体」に代えるのはあらゆる全体主義の常套的手段で

あり、そうした全体主義の欲望を暴きだすことは（一見どんなに無力に見えようとも）まず言語という平面で試みられなくてはならない。無意識が下す命令に抵抗することができるのは、忍耐強い意識化の努力だけなのだから。語られる言葉の内容、言葉の使用法がもっとも鋭く問われるのは、「文学」という、定義上われわれが生きる「現実」からは一歩引いた地平にひろがる言語的吟味の領域でのことだ。そこでは絶えず新たな問いが問われ、新たな答えが探られる。それは「現実」の直接性（ただちに反応しなくてはならないという必要）を欠くだけ多くの時間を費やして、ある行為や言葉の意味と射程をよく考えてみることができる。

異質の排除、異端の迫害……。「他なるもの、異なるもの」とされる対象と出会ったときに人間の無意識が発動させる態度は、残念なことに、どちらかというと不寛容な場合のほうが多いようだ。無意識に作動する思考・行為が寛容なものになるために、つまり、「無意識が下す命令に抵抗することができる」ために、「忍耐強い意識化の努力」を培う「『現実』からは一歩引いた地平にひろがる言語的吟味の領域」である「文学」が必要なのである。

ここで「文学」を、教養や外国語に置き換えてみてもいいだろう。それらの習得は「『現実』の直接性（ただちに反応しなくてはならないという必要）を欠くだけ多くの時間を費や」す、つまり「手間ひまがかかる」ことになるが、じつは「即時性・即効性」がないこと自体に、この場合は大きな意味があるのである。

どうです、少しはスペイン語を勉強する気が湧いてきました？［しばしの間］そうですか、まだ湧いてきませんか。まあ、そうでしょうね。この文章もまた、「即時性・即効性」を期待しないで書いていますから（笑）。でもいつか、皆さんも上野千鶴子みたいに嫉妬するときが来るかもしれませんよ。そんなことにならないように、いまから外国語の勉強に励みましょう。

最後に、懐具合は多少寂しくても有り余る自由時間を使って世界各地を旅する学生諸君は、たまたま現在の日本という国に生まれ落ちたことについて、管啓次郎の言う「思わず青ざめるほどの、移動の自由」の持つ意味をぜひとも噛みしめよう。もっともこのことは、良くも悪くもいまでは「先進資本主義国のお気楽な貧乏学生旅行者」でさえない、恵まれた立場にある自分自身への戒めでもあるけれど。

第二部　ラテンアメリカの日々

いざ！　留学――それは肩すかしで始まった

「あいにくとお客様のチケットは見当たらないのですが」。航空会社カウンターの職員のつれない答え。「そんなバカな……！」と、絶句する僕。

ときは一九九×年八月、場所は成田空港。当時大学院生だった僕は、念願の奨学金を得て、ペルー留学に向けてまさに旅立とうとしていた。チケットは奨学金の支給元である某国際財団が指定する米国の旅行代理店が手配し、空港でピックアップできることになっていた……はずであった。ところがそのチケットがない。なぜなんだ？　事前にちゃんとリコンファームだってしたというのに！

航空会社職員は、とにかくないものはない、追ってなにかわかれば連絡をすると言うばかり。ときは刻々と過ぎ去り、もはや空港にいても埒《らち》が明かない。さすがにしばらく日本を留守にするということで、空港には両親がわざわざ見送りに来てくれていた。母は、この暑苦しいなかよせばいいのに、息子の晴れの門出とばかり和服さえ着ていた。その両親ともども、とぼとぼと失意の帰宅である。

その日の夕刻、航空会社より電話があった。「申し訳ありません、お客様のチケットがありました。姓と名が逆に登録されていたので見つかりませんでした」と担当者。「……」と僕。絶句するとはまさにこのことだ。姓と名が逆、たったそれだけのことだったのだ。僕もその可能性に気づくべきだったかもしれない。しかし、僕以前に航空会社職員が当然チェックすべきだったのではないか。さらに言えば、リコンファームをしたときに、「姓と名が逆に登録されているのでご注意ください」と、オペレーターが一言指摘してくれればそれで済んだのではなかったか。チケットはあったのだ、あのカウンターに。予定通り手にすることができればいまごろは機上の人だった。おもわず夕闇迫る空を見上げた……かどうかは、いまとなっては思い出すこともできない。

さすがに航空会社は平謝りで、フライトは早急に再セッティングされたが、それでも一週間後のことであった。この一週間はじつに長かったと言わねばならない。友人たちには盛大に送別会を開いて送り出してもらった手前さすがにきまりが悪く、ごく親しい数人を除いては、この予期せざる「日本滞在延長」について知らせなかった。さながら逃亡犯の潜伏生活のような一週間であった。

このように僕の留学は、そもそもその第一歩を踏み出す前に、みごとなまでの肩すかしを喰ったのであった。ドイツ語教育の第一人者であった関口一郎は、その著書『「学ぶ」から「使う」外国語へ——慶應義塾藤沢キャンパスの実践——』（集英社新書、二〇〇〇年）のなかで、「『留学』とはまさに『夢』であると同時に、実のところ人には知られたくない『恥ずかしい青春のひとこま』でもある」と述べている。異議なし、諸手を挙げて賛成しよう。なにせ僕は、そもそも留学前から「恥ずかしい青春のひとこま」が始まってしまったのだから。

じつをいえば、僕は外国語大学出身であるにもかかわらず、海外旅行に慣れていたわけではなかった。慣れていないどころか、スペイン語圏はおろか、じつにこの留学が文字通りはじめての海外渡航であった。さらに付け加えるなら、それまでの生まれてこのかたおよそ四半世紀、飛行機にさえ乗ったことがなかったのだ。最初の飛行がいきなり太平洋航路なのもどうかと思い、予行演習よろしく留学直前に北海道旅行で一往復するのがせいぜいであった。そして、まるでそれまでの借りをいっきに返すかのように、はじめての海外滞在であるペルー留学は一年四カ月に及ぶことになる。

なぜ僕は、留学以前に、ただの一度も海外に出なかったのか。僕が大学生時代を過ごした一九八〇年代後半は、日本がバブル経済へと突き進んでいく真っ只中にあった（そして、留学から戻ってきたときには、バブル経済は崩壊していたのだが）。外国語大学の学生たちの多くは当然のことながら、円の強大な力にも支えられつつ、旅行に留学にと世界各地を飛び回っていた。なのになぜ、僕は海外旅行のひとつもしなかったのだろう。

ひとつには、どうせ行くなら旅行ではなく、いっそのこと最初から長期滞在がいいと考えていた節がある。それにはかなりまとまったお金が必要だが、自分で稼ぎ出すこともおぼつかず、だからといって親に出してもらうのもどうかと思い、ならば奨学金を得て行ってやろうという魂胆だったのだ。しかし、ことはそううまく運ばない。幾度か奨学金獲得に挑戦してはみたが、失敗を繰り返した。(1)早く行きたかったのは山々だったけど、そうこうしているうちに大学院生になってしまったというのが真実だったと言えるだろう。

しかしそれにしても、ちょっとでも海外に出る機会があっても良かったのではないかと言われれば、確かにそうするべきだったかなと、いまでは思う。中島敦の『山月記』（新潮文庫、一九六九年）には、「臆病な自尊心」を持つがゆえにその才能をあえて試すこともできないまま「虎」に変貌してしまった詩人・李徴《りちょう》の姿が描かれている。李徴のような「博学才穎《さいえい》」ではなかったにしても、「己の珠《たま》に非《あら》ざることを惧《おそ》れるが故に、敢えて刻苦《こっく》して磨《みが》こうともせず、又、己の珠なるべきを半ば信ずるが故に、碌々《ろくろく》として瓦《かわら》に互《ご》することも出来なかった」といった面が、自分のなかにもあったかもしれない。つまり、培った語学力は「次の機会」に試すとしよう、異文化とじかに触れるのは「別の機会」まで取っておくことにしよう、といった「先延ばし」の発想だ。

思うに僕は、これまでの日本における極めて平均的・典型的な、「頭でっかち」の外国語学習者だった。まずはなんといっても「文法」を身につけ実践はそのあと——最近ではつとに評判の良くない学習スタイルである。いわく、より大切なのは「コミュニケーション」である、と。しかし、本当にそうなのだろうか。

先に引用した関口一郎も、「コミュニケーションレベルでのドイツ語をほとんど話せないに近かった」自身の留学体験に基づき、「留学前の私は間違った外国語教師であった。自分自身間違った教育も受けた。留学中の目的であった文学研究をすてて今の道にとびこんだのは、ひとえに同じ若者を作りたくない、ということだけであった」と結論づけている。これにはちょっと違和感を感じる。確かに、それまでの文法中心の外国語教育に問題はあっただろう。でも、しかるべき年齢に達した「若者」(たとえば大学生)に対しては、どうしたって論理的に教えたほうがいい側面がある。なにもすべてを「間違った」ものとする必要はない。関口さんだって、最初こそ「ドイツ語をほとんど話せないに近かった」として、その後の上達はきっとめざましかったんじゃないのかな。それは現地でのトレーニングのみならず、日本での教育による下地があったからこそとは考えられないだろうか。

要は、「文法」と「コミュニケーション」のどちらも否定しないことだ。そして、ふたつを分断するのではなくて、結び合わせようとすることだ。その際、どちらが先かは、ケース・バイ・ケースではないか。コミュニケーションが先だっていい。しかし、どこかで当然文法と結びつくべきだ。僕の場合は文法が先で、「先延ばし」にはしていたけれど、いわゆる「コミュニケーション」も身につけるべく、とにもかくにも、留学のスタートラインまで漕ぎつけた。少なくとも文法に拘泥《こうでい》するあまり、『山月記』の李徴のごとく「虎」になってしまうことはなかった。ただ、そのスタートラインでいきなりコケてしまったのは、すでに述べたとおりだが。

さて、一週間の潜伏生活ののち、僕はついに留学に向けて旅立った。ただ、ペルーに直接行くのではなく、まずはメキシコに向かった。どうせ上空を通過して行くのなら、ちょっとでいいからメキシコに降り立ちたいという希望が通ったのだ。ただ、通ったはいいものの、米国内で何度も乗り換える旅程を手配されてしまった。おいおい、いくらメキシコ行きがエクストラだからといってこんなルートはなかったでしょう、ねえ旅行代理店さん……と、あとでおおいに恨むことになるのだが、悲しいかな、そこははじめての海外旅行。特に疑問に思うことなく、はじめての出国、はじめての米国入国、はじめてのトランジット（の繰り返し）と、どうにかこうにかメキシコにたどり着きましたとさ。たった数日間だったけど、はじめてなまのスペイン語のシャワーを浴び、ラテンアメリカにとにかく足を踏み入れるといういわば通過儀礼《イニシエーション》も済んで、いざペルーへ乗り込んでいった次第。

ペルーの第一印象は、正直なところ、かなり悪かったと言わざるをえない。ペルーの首都リマのホルヘ・チャベス国際空港には、某国際財団のホスト役の方々と、大学の後輩で当時日本大使館に派遣員として勤務していたK君が、わざわざ迎えに来てくれていた。空港から車で都心に向かう途中、道路の両側には、日本からいきなり来た僕の目にはみすぼらしく映じる、埃っぽい居住区が延々と続いていた。空を見上げれば鉛色の雲がたれ込めた曇天……。

ときは八月、北半球の日本は盛夏だったが、南半球のペルーでは当然のごとく冬。しかも、首都のリマ近辺はとりわけ、フンボルト海流のもたらす影響により終始曇りがちで、街はみごとなまでにさえない様相を呈する。これが逆に二〜三月、つまり夏であれば、空もすっきり晴れ上がって気持ち良く、まったく異なる印象を持つことになるのだが。現代ペルーを代表する作家マリオ・バルガス＝ジョサの小説『継母礼讃』（福武書店、一九九〇年）には、主人公がリマの冬空を忌み嫌い、しきりと夏の青空に恋い焦がれる場面がある。冬のリマを一度でも経験すれば、この気持ちは痛いほどよくわかるにちがいない。

K君の住まいで数日お世話になったあと、僕はとあるペルー人家庭を紹介され、そのお宅にホームステイすることになった。ホームステイ先に移り住んだ翌日のこと、近所を散歩してみようと、まだまだ恐る恐る通りに出てみた。すると、なにやらおばあさんが近づいて来るではないか。おばあさんが僕に尋ねていわく、「●×▲※#に行きたいんだけどね、どうすれば●×▲※#で、●×▲※#なの？」。うーむ、どうやら道を尋ねているみたいだけど、どうにもまだ聞き取れない。「アノ、ワタシハガイコクジン、ヨクワカリマセン」と、たどたどしいスペイン語で応じる僕。するとおばあさんはからからと笑い、続けていわく、「悪かった、悪かった。それならゆっくりしゃべってあげるけど、あたしゃさあ、●×▲※#じゃない、それでね、●×▲※#……」。ちょっと待った、こういう場合は「ゆっくりしゃべってあげる」じゃなくて、別の人を探すんじゃないのぉ⁉　おばあさんの●×▲※#談義はしばし続き、しかるのちにようやく僕は無罪放免された。やれやれ、まいった、まいった。

しかし、放免されて僕は、どうやら体から余計な力が抜けていることに気づいた。思えば、チケット・トラブルに始まり、ようやく日本を出発してメキシコを経由しペルーに至るまで、僕はずいぶんと気持ちが張りつめていたにちがいない。そんなとき、僕のスペイン語が怪しげなのもおかまいなし、道なんか当然わかるはずもないのにそんなことはどこ吹く風と、あのおばあさんはまるで「遠くの同国人より近くの外国人」「立ってる者はしゃべれなくても使え」とばかり話しかけ、結果的に、僕の緊張を解きほぐしてくれたのだ。別にそんなつもりもなかっただろうけど、でも¡Muchas gracias!《ムチャス・グラシアス》（どうもありがとう）、名も知らぬおばあさん！　かくして、僕の留学生活は幕を開けたのであった。

注

（1）恥を忍んで失敗の来歴を明かせば、たとえば、日本スペイン協会主催のConcurso de español《コンクルソ・デ・エスパニョール》（スペイン語弁論大会）に出場したのだが、緊張のあまり暗記していた文を一部すっかり飛ばしてしまい、あえなく敗退。優勝者への報奨はスペインへ一年間の留学だった！　万が一優勝していたら、僕もいま頃はもしかしたらスペイン通を気取っていたかもしれない。ちなみに、そのときの優勝者は僕の同級生で、彼はのちにスペイン演劇研究者となった。

「ガセイ南米研修基金」という風変わりな奨学金にもチャレンジした。簡単に説明すると、「お金は出すから南米で一年間好きなことをしてらっしゃい」という、およそ信じがたい奨学金だった。そんな奨学金だから、どうも強者《つわもの》たちが殺到したらしい。僕のような凡庸な学生の出る幕ではなかった。この奨学金のOBには、のちに僕が知り得た範囲でも、比較文学者の管啓次郎、写真家の港千尋、エイズ教育コーディネーターの小貫大輔、小説家の佐川光晴など、それぞれに個性的な錚々《そうそう》たるメンバーが揃っている。

気がつけば「なんとなく」ペルー人——語学はかく上達せり

一九九×年八月、ペルーでの留学生活が始まった。

「留学」——近代日本の開始、明治時代のはじめより、文豪・夏目漱石をはじめ少なからぬ人々が経験してきた、大いなる期待と不安の入り交じる人生の一大イベントのひとつであるにちがいない。一九〇〇年、一九世紀最後の年にロンドンに降り立った漱石にとって、日本はさぞかし遠く感じられたことだろう。

その後、郵便事情は飛躍的に発達し、電話も発明され、あまつさえファックスが文書送信まで可能にしてはくれたが、一九九〇年代前半にあっては、ペルーから臨む日本はそれでも遠かった。首都リマは太平洋に面しているが、海辺に降りたって、このはるか彼方に日本があるのだなぁと、しばしば感慨に耽《ふけ》ったものである。

さて、その僕の留学生活である。なんといってもこれがはじめての海外での暮らし、衣食住のすべてにおいて戸惑うことも多かったが、最大の難問はやはり言葉であった。腐ってもスペイン語学科卒、まあなんとかなるだろうと思っていたのだが、ところがどっこい、これがけっこうたいへんだった。まずはもちろんのことながら、最初はうまくしゃべれない。そしてなによりも、相手の言っていることがよく聞き取れなかったのである。

　一般に言語を運用する能力は「読む」・「書く」・「話す」・「聞く」におおまかに分類されるが、「聞く」よりむずかしいこともない。なにかと異論もあるだろうけど、「読む」・「書く」・「話す」については、極端な話、自分の持てる力以上のことは出しようがないから、その範囲で勝負すれば良い、といおうか、そうするほかはない。しかし、「聞く」となると、相手がなにをしゃべってくるかは千差万別・予測不可能、自分の能力以上のものが降りかかってくるのだから、たまったものではない。「見ざる、言わざる、聞かざる」ならぬ、「見える、まあ言える、でも聞こえない」だ。大学で科目登録をしたときも、事務の人の説明がよく理解できず何度も聞き返していると、痺れを切らして英語で話しかけてきたのだが、“Mucho mejor en castellano《ムーチョ・メホール・エン・カステジャーノ》”「（それでも）スペイン語のほうがずっとましなんですけど」と、どうにか答えるのが精一杯であった。そう、自慢じゃないけど、英語はもっと聞き取れない（笑）。

　さあたいへんだ、どうしよう。と言ったって、にわかにどうなるものでもない。ときが解決してくれるのを待つしかない。よく言われていることなのか、どこで聞いたのか定かではないが、「外国語の上達の目安は三カ月」と、なんとなくイメージしていた。そうだ、なにも焦る必要はない、三カ月後を待っていればいいのだ。

　さて、三カ月が経ちましたとさ。残念ながら、外国語の上達にはやはり個人差があるのでしょう。僕に関していうならば、スペイン語の聞き取り能力は一向に上がらなかった。日常の簡単なやり取りならまだしも、少し込み入った話になると、そのなかでたちまち「迷子」になった。「ここはどこ？

いまの話題はなに?」ってな具合に。相手と一対一で面と向かって、かなり集中して話していてもこのざまだったのである。

三カ月たってもおよそ向上の兆しが見られなかった。スペイン語学科卒としては、これはかなり由々しき事態なのではないか（優秀な諸先輩後輩方、誠に申し訳ございません）。困った、どうしたものか。あれこれ悩んだ末、僕の出した究極の結論は次の通り――「上達云々についてもう考えない！」。もう開き直りもいいところですね（笑）。でも、いまだから笑って書けるけど、当時は泰然《たいぜん》自若《じじゃく》というよりはむしろ、そこをはるかに突き抜けて、とにかくそうする以外に処置なし、相当に「トホホ」な心境だったのである。

聞き取れなくてもいい、会話のなかで当《とう》意《い》即妙《そくみょう》の受け答えができなくてもいい、そうした反射的な能力は取りあえず置いといて、ゆっくりと、たとえ独り言でもいいから、「らしく」発音・発話することを心がけた。いわゆる「猿まね」である。

すでにご存じのとおり、スペイン語の発音体系は日本語との共通部分が多く、僕たちにとって馴染みやすいのだが、個々の発音が似ていることと、全体としてうまく話せることとは、まったく別ものだと考えたほうがいい。個々の発音が良くても、必ずしもスペイン語「らしく」話せるとは限らない。スペイン語独自の抑揚を身につける必要があるのだ。おまけに、どうも発声法もかなり異なっているようなのだ。「いったいどこから声を出してるんだ、こいつは?」と思えるくらい、日本語よりスペイン語のほうがはるかによく「響く」。なにはなくとも僕は、この「らしく」「響く」ことを目標にした。たとえば、¡Qué bueno!（そいつは素晴らしい！）というときに、単に「ケ・ブエノ！」ではなく

——文字面だけで説明するのはちょっとむずかしいのだが——、「ケェー・ブエェェーノォォォー！」と、やってみるのである。ちょっと大げさかなと思うくらいやってみて、じつはそれでちょうどいいくらいなのかもしれない。とにかく、この点については恥ずかしがらずにやることが肝心だと思う[1]。

ことばのトレーニングについては、ホームステイという環境もずいぶん役立った。僕がホームステイしたお宅は、じつにたくさんの人が住んでいて、老若男女じつにさまざまな人たちと日々接し、会話をすることができた（第一部「『水曜日の少年』とはだれか？」参照）。

一家の主であるおじいさんとは、朝食後にコーヒーを飲みながらよく話をした……というより、四《よ》方山《もやま》話に付き合わされた、と言ったほうがいいか。最初のうちは、正直なところあまり理解できず、さながら苦行僧のようにじっと耐えるばかりであった。僕は話にほどほどに相づちを打ちつつ、そのじつ、おじいさんがコーヒーに入れる砂糖の杯数を数えたりしていた。一杯、二杯、三杯、ん？　四杯、え？　五杯、おいおい？　六杯！——そんなに溶けるわけないじゃん（笑）。

じつは、おじいさんには謝らなければならないことがある。ときは日系人大統領アルベルト・フジモリ政権下、緊縮経済政策により庶民の暮らしはかなりきびしい状況にあった。おじいさんは僕に向かっていわく、「わしはフジモリの政策に賛成できない。まあ、フジモリの同国人（paisano《パイサノ》）のおまえの前でこんなことというのはなんだが」。僕の答えていわく、「いえいえ、フジモリはおじいさんと同じペルー人じゃないですか。僕の同国人じゃないですよ」。のちにフジモリは失脚して日本に亡命、その際、日本国籍も有する二重国籍者であることが判明した（ならば「亡命」ではなく、「帰国」と書くべきか）。フジモリはペルー人であることに間違いはなかったが、同時に日本人、確かに僕の同国人でもあったのだ！「おじいさん、ごめんなさい。あなたは正しかった」と直接伝えたいのだけど、たいへん残念なことに、おじいさんはもうこの世にはいない。

おじいさんには息子が何人かいたが、そのうちのひとりは某キリスト教系新宗教の布教活動家だった。「ユースケ、おまえは神を信じないのか？」——ありていにいえば、彼は僕にも信心させようとしていたのである。そのため、わざわざペルーで日本語訳の聖書を入手してプレゼントさえしてくれた（その聖書はいまでも大切に「保管」してある。「読んでいる」と言えないのが、相変わらず不信心で申し訳ないのだが）。彼との宗教問答も難儀であったが、恐れ多くも論争を挑んだこともあった。彼いわく、「おまえは永遠の命がほしくないのか？」。「別にほしいとは思わない。だいたい、永遠に生きるということを、本当に真剣に想像したことがあるのか？」と僕。僕のスペイン語が拙い拙くないにかかわらず、彼の宗教家としての信念が揺らぐことはなかっただろう。でも、死ぬのは確かに怖いけど、永遠に生き続ける（つまり、永遠に「終わり」が訪れない）のも——身心は常に健康であることが前提だったとしても——それはそれでかなり恐ろしいことじゃないかと、いまでも思うんだけどな。

外国語にあって最大の強敵はなんといっても若者・子供のしゃべりである。ホームステイ先にはおじいさんの孫である、二十歳前後の女の子が二人、中学生相当の年齢の男の子に、そして三歳の幼児がいた。二人の女の子のところには男女取り混ぜ多くの友人たちがやって来た。彼らのあいだで取り交わされる若者スラングが最初はわからなかったが、これはとてもいい学習になった。中学生の男の子は思春期に入り少し崩れた感じのしゃべり方をしていたので、これもわかりにくかった。彼に「ねえ、ユースケのスペイン語ってさー、変だよね」と無邪気に言われ、グサっとくることも度々であった。さて、三歳の男の子である。これはまだ幼児語でスペイン語「以前」だからもうたまらない。家族は彼がなにを言いたいのかもちろんわかるのだが、悲しいかな、僕にはわからないことが多い。そして彼も、僕がどうしてわからないのかが理解できない。彼は不機嫌になって泣いてしまう。当たり前だ、幼児に外国人や外国語という概念はまだないのだから。しかし、幼児の言葉の上達は日進月歩である。たちまちのうちに、僕の使えないような言い回しができるようになっていった。うらやましかった。幼児のめざましい言語発達を見るのはなかなか複雑な心境であった。今度はこっちが泣きたい番である。

そうこうして、留学生活も一年が過ぎたころのこと。大学で友人たちと話していて——友人たちとの会話もだいぶスムーズになってきていたのだが——、周囲で話している関係ない人たちの会話までおおよそ聞き取れている自分に気づいたのである。それはまぎれもない上達の証《あかし》であった。まさに、No hay mal que dure cien años《ノ・アイ・マル・ケ・ドゥーレ・シエン・アニョス》（待てば海路の日和あり）である。上達には個人差があるのだろう。要はやはり焦らないことだ。

さあ、そうと気づいてからの僕は万事順調であった。というより、調子良くなってきたことを遅まきながら自覚したと言うべきか。そういえば、道で見知らぬ人から道やバスの乗り方を訊かれれば、それなりに答えることもできるようになっていた。リマの街にもずいぶんと詳しくなったものである。

日本への帰国を数カ月後に控えたころ、チリ・アルゼンチン・ボリビアとめぐる旅に出た。スペイン語の上達は旅先でもそこそこ証明されたと言える。なんと（！）ペルー人だと思われることがしばしばあったのである。ペルーにはペルーなりのスペイン語の話し方・語彙がある。そのようにスペイン語が身についているとすれば、まさに「らしく」「響く」ようにしてきたかいもあるというものだが、さてその真相やいかに。

まずはチリの首都サンティアゴで、立ち寄った観光案内所のガイドさんに「ペルー人でしょ」と確信をもって言われた（ちなみに、ペルーにはアジア系の住民が少なからずいるので、僕のような顔をしているペルー人がいてもまったく不思議ではない）。「ペルーに住んでいるがペルー人ではない。日本人だ」と答えると、「まあ、そうなの。でも、ペルー人のように話してるわよ」と感心してくれた。お世辞にしてもなんとも嬉しい褒め言葉であった。

お次は、アルゼンチン北部の都市、メンドーサでのこと。カフェに入って休憩していると、ほかに客もなく暇を持てあまし気味の店員が寄ってきた。いろいろ話しているうちに「ペルー人だろ？」と訊かれたので、「ちがう、日本人だ」と答えると、さも驚いた様子。「やっぱりスペイン語がペルー風になってるかな？」と逆に尋ねると、「いやー、それもまあそうなんだけど、顔つきなんかも（fisonómicamente《フィソノミカメンテ》）ペルー人っぽいよ」と言われた。おいおい、僕は顔までペルー化してるのか。このあたりからなんだかちょっとおかしな具合になってきた。

極めつけは、ボリビアのラパスでのことだった。ハンバーガー・ショップに入り、特に店員と話すでもなく、最後に会計を済ませたときのことである。僕が店員と交わした会話は、このときわずかに

「お勘定おねがいします」（La cuenta, por favor《ラ・クエンタ・ポル・ファボール》）だけである。これはペルー風でもなんでもない、ごく普通の決まり文句である。しかし、釣り銭を返しながら彼は僕にこう訊いてきたのである。「で、ペルーはいまどうなの？　あんまりよくないんだろ」。「えっ」と驚き、「僕は確かにペルーに住んでるが、そもそも日本人だ。どうしてペルーから来たとわかるのか」と訊き返す僕。彼の返事は、「いや、ただ、なんとなくね（por algo《ポル・アルゴ》）」。これにはギャフンである。どうもペルー人だと思われるのは必ずしもスペイン語が決め手ではなかったらしい。僕はいつの間にか、「なんとなく」ペルー人になっていたらしい。でもなんなんだ、「なんとなく」ペルー人って！

しかし、考えてみれば、「なんとなく」ペルー人――いいじゃないか。言葉が完璧になったなんて思わないし、第一そんなこと、もともと不可能だ。でも、そうでなくても、言葉も含め、表情、しぐさ、身のこなし、あるいはそこはかとなく漂うオーラ（?）など、トータルとして「なんとなくペルー人」だと思われたのだとしたら、たいへん光栄なことである。語学はかく上達せり。言葉は言葉のみならず。その他もろもろの要素と絡み合ってこそある。

注

（1）「いったいどこから声を出してるんだ、こいつは?」の「こいつ」には、具体的なターゲットとなる人物がいた。大学で同じ授業を履修していたビクトルという学生である。僕は彼のように話したくて「猿まね」をしていたのであった。彼には留学中なにかとお世話になったが、帰国後は特に付き合いはなかった。ところが、じつはビクトルもまた研究者の道を目指し、米国で学位を得てペルーに帰国して大学・研究所に職を得ていた。日本でおこなわれたとあるシンポジウムの機会に来日し、僕は彼の報告のコメンテーターを務めることになり、久しぶりに再会を果たした。コメントはスペイン語でおこなったが、ビクトルは「まるで自分のスペイン語のような響きだったよ！」と思った……かどうかは定かではない（笑）。

身分証拝見！——社会のセキュリティについて

ペルーでの留学生活は、高度経済成長以降の日本で育ってきた僕にいろいろなことを教えてくれた。日本にあってペルーになかったもの——それはなによりもまず、社会の「安定」である（無論、日本の高度経済成長がすべて「バラ色」であったと言いたいのでは、けっしてない）。

テロの脅威に晒され政情不安定だった当時のペルーには、さまざまなものが欠けていた。経済危機下でインフラの整備もままならず、首都リマでは停電や断水も日常茶飯事だった。電灯の明かりが「ふわーり、ふわーり」とはかなげに揺れ出すと、それが停電の合図である。ホームステイ先の家族はそんなとき¡La luz quiere irse!《ラ・ルス・キエレ・イールセ》なんて口にしていたが、直訳すれば「電気が行ってしまいたがっている！」で、電気がいまにも逃げ出しそうな表現がなんだかおかしく、そしてせつなかった。例のおじいさんは、よくこんなふうにひとりごちていたものだ。「やれやれ、電気があるときには水がない、水があるときには電気がないとくらぁ！」（¡Ay, cuando hay luz no hay agua,《アイ、クアンド・アイ・ルス・ノ・アイ・アグア、》 cuando hay agua no hay luz, caray!《クアンド・アイ・アグア・ノ・アイ・ルス、カライ》）。

水が出ないのも死活問題だ。各家庭では、断水したときのため、水が出ているあいだに貯水槽や大きなたるにできるだけ水をためておく。それを小出しにして使うのだ。ちなみに、トイレは都市部ではそれなりに水洗化されている。それはそれで断水は致命的かと思いきや、さにあらず。使用後、トイレ脇に置かれたたるからバケツで水をすくい、高々と掲げたバケツから便器に向けて、勢いよく水を落下させる。そう、原理的にこれで十分流れるのだ。もし日本で突然トイレが断水した場合、この手をすぐに思いついたかどうか、個人的には自信がない。自分の文明化された「ひ弱さ」を感じざるを得ない体験であった。

　そんな、ないないづくしの社会情勢だからというわけでもないが、日本ではあまり重きを置かれていないけれども、ペルーではなくてはならないとても重要なものがある。それが身分証だ。

　日本にだって身分証がないわけではない。まず運転免許証(1)がある。各自それぞれの保険証だってある。でも、これらはけっして完全とはいえない。免許証は、車を運転しない人はそもそも所持していない。保険証はだれでも持っているだろうが、日々持ち歩いている人は多くないだろう。ここでいう身分証とは、国が国民のだれに対しても発行し、その携行が義務づけられているタイプのものだ。日本でもそのような身分証として、「住民基本台帳ネットワーク」（住基ネット）を利用するための「住基カード」の交付が二〇〇三年より開始された。権力による「一望監視」として機能しうる問題をはらんだこの住基ネットは、いまだに普及レベルには至っておらず、僕たちはいまのところカードの携行を義務づけられるような段階ではまったくない(2)。

　さて、ペルーで身分証と言えば、それは「選挙人登録証」（libreta electoral《リブレタ・エレクトラル》）のことであり、一八歳以上のすべてのペルー国民に対して発行されている。これが身分の最大の「証《あかし》」となる。そして、常に肌身離さず持ち歩いていなければならない。不測の事態のときに「選挙人登録証」不携帯の場合は、身元確認ができないとして、権力に身柄を拘束される可能性があるからである。とりわけテロ対策で治安が強化されていた時代には、身分証の携行はまさしく欠かせないものであった。

というわけで、ペルー人はとにかく「選挙人登録証」を携行していなければならない。では、外国人はどうすればいいのか。外国人にとっての最高の身分証――それはもちろん、パスポートである。しかしパスポートは、日々持ち歩くにはあまりにも重要に過ぎる（なくしたりしたらたいへんだ！）。かといって、それにまさる身分証もない。以下は、身分証をめぐる僕の失敗談である。いまなら笑って済ませられるけれど、そのときにはかなり冷や汗をかいたものである。

その日は確か、大学からの帰り道だったのではなかったか。いつものようにバスを乗り継ぎ、ホームステイ先に向かっている途中のこと、あたりはすでに夕闇に包まれていた。突然、バスが止まった。なにごとかと見やっていると、やおら一団の人が乗り込んできた。目出し帽をかぶり、銃を携えている。警察のテロ対策特殊部隊である。抜き打ちの検問だ。すでに何度か経験しているが、やはりドキリとする。心臓にはたいへんよろしくない。

目出し帽の警官たちが、乗客ひとりひとりの身元、つまり「選挙人登録証」を確認していく。所持していればＯＫ、しかし、これがないと万事休す、一巻の終わり、である。バスを降りろと、警官があごをしゃくる。

僕の番になった。僕はもちろん、「選挙人登録証」は持っていない。かといって、長い留学生活のなか、毎日パスポートを持ち歩いているわけにもいかない。代わりに提示したのは、パスポートのコピーだ。コピーなら常に持ち歩いている。これまでの検問でも特に問題なかったので、これで大丈夫だろうと思っていた。ところが——今回はそうはいかなかった。警官が尋ねていわく、「これはなんだ?」。「パスポートのコピーです」と答える僕。しばしコピーに目を通した警官は、しかしこう言い放った。「このコピーは本物とは確認されていない（Esta copia no está legalizada《エスタ・コピア・ノ・エスタ・レガリサーダ》）」。「どうして? これまでこのコピーでなんの問題もなかったのに」と主張してみたが、なしのつぶてである。こうして、僕もまたバスを降ろされるはめになった。

　後日談になるが、パスポートのコピーが本物かどうか確認できないという警官の主張は、正しかったと言わざるをえない。なぜなら、そのコピーが僕のパスポートからのものであるかどうか、ただのコピーでは確かに証明しえないからである。当然と言えば当然だ。のちに教わったのだが（欲を言えば、もっと早く教えてほしかったのだけど）、なんらかの証書のコピーを本物と証明するには「公証人」（notario《ノタリオ》）による公証印が必要だった。これまでに検問をすり抜けることができたのは、警察側のお目こぼしか、もしくは単なる職務怠慢のおかげだったと言うこともできる。

　この事件に懲りた僕は、早速とある公証人事務所に足を運び、パスポートとコピーとを並べて本物であることを確認してもらい、しかるべき料金を払って、コピーに公証印を押してもらった。これで万全である。しかし、世の中とはじつに皮肉なもので、以後僕は、一度として検問にひっかかることはなかったのである。

　話をもとに戻そう。というわけで、僕はバスを降ろされた。少なからぬ人数のペルー人たちとともにである。なかには、欧米人とおぼしきカップルも含まれていた。彼らは、それは納得がいかないだろう（僕だって同感だ）、しきりに抗っていたが、どうにもならなかった。僕たちは護送車に乗せられ、あえなく警察署へと送られた。やれやれ、とんでもないことになったぞ。これからどうなるのか、皆目見当もつかない。ペルーでは一九八〇年代から極左組織によるテロ活動が相次いでいたが、テロを沈静化させる側の軍・警察も人権弾圧を含む過剰な手段で応酬していた。それは「汚れた戦争」（guerra sucia《ゲラ・スシア》）と呼ばれていた。つまり、軍・警察も市民生活にとって大いなる脅威だったのである。

かくして僕たちは、とある警察署へと到着した。大部屋へと連れて行かれ、取り調べを待つことになった。何台ものバスが一斉に検閲を受けたのだろう。大部屋はすでにかなりの人数で埋まっていた。いったい、いつになったら自分の順番が来るのか、それを考えただけでもげんなりした。それはだれしも同じであろうが、欧米人カップルはとりわけ、外国人である自分たちがなぜその他大勢のペルー人と同じ扱いに甘んじなければならないのかといった感じで、なんとか取り調べの順番だけでも繰り上げられないかと主張しているようであった。そして実際、彼らは真っ先に取り調べを受けられることになった。

同じ外国人として、僕にも取り調べの順番を繰り上げてもらうことができただろうか。もしかしたらできたのかもしれない。しかし、僕はあえてそれを潔しとしなかった。自己主張が足りないと言われればそれまでだが、そのときの僕の心情は、そこまでして「特別扱い」を受ける気にはなれなかったのである。

「特別扱い」となった欧米人カップルは、早々と警察署を立ち去ったようである。僕たち――というのは、その他大勢のペルー人と僕のことだが（笑）――はと言えば、待合室でひとしきり政府の悪口や政治のうわさ話に花を咲かせていた。むしろここぞとばかり、日頃のうっぷんを晴らすかのように盛り上がっていたといえる。そうでもしなければやっていられないほどの、待ち時間の長さだったのである。

ようやく僕の番が訪れた。取調官は僕もまた外国人であることを知るといささか意外な表情（というよりも、「なんであらかじめ言わないんだ、アホかおまえは」といった表情）をした。僕は型どおり名前や住所、それに滞在の目的などを訊かれ、そして当然のことではあるが、無罪放免となった。

かれこれどれくらいの時間が経ったのか。警察署を出ると夜はとっぷりと更けていた。僕は、ちょうど僕と同じころに取り調べを終えた若者（僕も当時はまだ若者の範疇に入っていたと思うが）といっしょに、バスに乗るべく大通りに向かった。南米の大国の名前を冠した「ブラジル通り」ではしかし、すでに終バスは終わってしまったのか、停留所で待てども待てどもバスが来そうな気配はなかった（参考までに付け加えると、リマのバス路線には時刻表などというものはおよそ存在しない。いわんや始発や終バスの時間をや、である。さらに付け加えれば、代わりにタクシーに乗ろうなどという考えは、貧乏留学生だった当時はほとんど思いつかないことだった）。

「どうしよう？」と僕。「困ったな」とその若者。しかし、そのうち若者は「こうして待ってても埒が明かねーな。おい、どうせならちょっと走ろうぜ。バスが来たら来たで、そのときにつかまえればいいじゃねーか」と言い出した。リマのバス――一般にラテンアメリカのバスと言ってもいいだろうか——には一応定まった停留所があるものの、どこの道ばたでも、手を挙げればたいてい止まって乗せてくれる。日本とはちがって、停留所にいなければ乗れないということもないのである。さんざん待たされていいかげん体がなまっていたということもあるし、気晴らしにはもってこいかもしれない。彼と僕は、停留所から停留所へと、大通りを実際に走り出したのである。

　走り始めると、彼はやおらこんなことを言い出した。「俺、兵役上がりなんだぜ。訓練ではさあ、こんなかけ声かけながらみんなで走るのさ。いい機会だからおまえにも教えてやるよ」。そう言って彼が教えてくれたかけ声とは、おおよそ次のようなものだった。

Quiero bañarme《キエロ・バニャールメ》（Quiero bañarme）「俺はシャワーを浴びたい」（繰り返し）
en la sangre terrorista《エン・ラ・サングレ・テロリスタ》（en la sangre terrorista）、「テロリストの血で」（繰り返し）
en la sangre comunista《エン・ラ・サングレ・コムニスタ》（en la sangre comunista）、「共産主義者の血で」（繰り返し）

うわー、めちゃめちゃウルトラ反共・反動的なかけ声じゃないか、これじゃあ軍というものが右傾化して暴走するのもあたりまえだよな、などと感心している場合ではなかった。「ほら、おまえもいっしょにやれよ！」と彼が僕に唱和を強いるのだ。ええい、どうにでもなれ、もう破れかぶれである。彼が「俺はシャワーを浴びたい」と歌い、僕も「俺はシャワーを浴びたい」と繰り返した。「テロリストの血で」「テロリストの血で」、「共産主義者の血で」「共産主義者の血で」……。

　話を聞けば、彼は貧しい居住区の出身であった。首都リマの周辺部には、「バリアーダ」（barriada）

あるいは「プエブロ・ホベン」（pueblo joven／「若い町」の意）と称される低所得者居住区が広がっている。もっとも彼は、そんな自分の居住区を、愛着を込めて「バリオ」（barrio）と呼んでいたけれど。

現在、ラテンアメリカを農業国とイメージするのは正しくないと言える。二十世紀後半の大規模な社会構造変容により、農村人口は都市部へと大移動し、ラテンアメリカ諸国の首都をはじめとする主要都市は、軒並みメガ・シティへと変貌を遂げている。リマもその例外ではなく、ペルーの総人口二七〇〇万人のうち、じつに四分の一近くがリマに暮らしている。ただし、都市が急速な人口増大をインフラ的にも労働力としても吸収し切れていないのも、ラテンアメリカに共通の特徴＝課題であると言うことができる。それを象徴するのが、貧しい居住区が都市周辺に広がる光景である。

ペルーではだれもが持っていて、また持ち歩かなければならない身分証。彼は今回、たまたま身分証を忘れて憂き目を見ることになったが、仮に持ち歩いていたとして、では身分証が彼になにか恩恵をもたらしてくれるかといえば、そういうこともない。つまり身分証とは、国家が国民を一元的に管理するためにあるのであって、それ自体が所有者にとって付加価値を与えるものではない。貧しい居住区に住む彼が、国家からなんらかの付加価値を得ようとするならば、それがたとえば、兵役に就くという選択につながったのであろう。

すでに触れたように、やはり幸いと言うべきであろう、日本では身分証の携行義務は定着していない。僕たちは国家から特別に与えられることもないが（むしろ、昨今の新自由主義的構造改革の潮流のなかで、過剰に与えられていない、つまり、福祉や公共サービスについては奪われてさえいると言える）、国家から特別に管理されることもない状態で踏み留まってはいる。ただし、うかうかしていられるわけでもない。住基ネットは実際に稼働し始めているわけだし、治安が相対的に悪化していると言われるなかで（もっとも、それが事実であるかどうかについては、冷静な調査・分析が不可欠であろう）、僕たちの側もある意味で過剰にセキュリティを欲望するようになっており、監視カメラの設置（に対する抵抗感の薄れ）に象徴されるように、国家による「一望監視」を許してしまいそうな土壌が形成されつつある。そのことに対して僕たちは、いま一度自覚を新たにする必要があるだろう。

最後に、話の舞台をふたたびリマへと戻そう。ペルー軍隊式かけ声に合わせて「ブラジル通り」をひたすら走っていると、後方からとうとうバスがやって来た。これが本当に最終便なのかもしれない。バスは超満員で、車内から人が溢れんばかりだった。僕たちふたりもどうにか乗降口にしがみつき、そのままバスは発進した。バスはやがて「ブラジル通り」の行き止まりを左折し、「軍隊通り」（！）へと入っていった。「軍隊通り」は海岸に沿っていて——といっても、海ははるか崖下にあるのだが——、海からの夜風が心地良かったものの、それよりも振り落とされないかが心配なくらい、それほどバスは鈴なりの状態で走っていたのだ。

やがて僕が降りるべき場所が近づいてきた。別れ際、彼は僕にこう言った。「アミーゴ、俺のバリオに一度遊びに来いよ。週末にはみんなで広場に集まって、サッカーをやるんだ。いいやつらばかりだぜ」。ああ、ぜひ行くよと答えて、僕はバスを降りた。やれやれ、ずいぶん長い一日だったな。こんなことになったのも、もとはといえば、検問に引っかかったところから始まったんだっけ、と改めて思いつつ、僕はバスを見送った。バスが彼の住む「バリオ」に到着するにはまだまだ時間がかかる。

彼の長い一日が終わるのは、もう少し先のことだ。

注

(1) 余談ながら、運転免許証はスペイン語では一般にlicencia de conducir《リセンシア・デ・コンドゥシール》もしくはcarnet de conducir《カルネ・デ・コンドゥシール》などという。ところがペルーでは、免許証のことをbrevete《ブレベテ》という。これはかなりめずらしい。ペルー人自身も、他のスペイン語圏ではおよそ通じない、と嘆いていた(笑)。

(2) だからこそというべきか、在日韓国・朝鮮人たちが、「特別永住者」の資格を持っているにもかかわらず、「外国人登録証」の携行を法律で強いられていることの不便・不条理について、想像できる感受性を僕たちは持ちたいと思う。ちなみに、「住基カード」の普及率は一・五パーセントに過ぎない(二〇〇八年三月現在)。

ペルー三都物語——ひとりの作家の足跡をたどって

クスコ

ペルー南部、アンデス山脈の谷間に位置するクスコ。かつてインカ帝国の首都として栄えたこの街に、僕たちはいにしえの文明の面影をいまでもそこかしこに見いだすことができる。石畳の狭い街路、カトリック教会の土台となり果てたかつての神殿、そして、紙一枚挟むことすらできないほどぴったりとはめ込まれた、一二角を数える驚くほど精巧な造りの石壁……。

クスコは「空中楼閣」の異名を持つマチュピチュ遺跡への入り口でもある。かつてマチュピチュを訪れたとき、僕はクスコから朝一番の列車に乗って出発したが、列車がしばらく進むと、眼下に夜明けのクスコを一望にすることができた。朝もやに煙る赤瓦の家並みが、やわらかな朝陽を受けてきらきらと輝いていた。重厚な歴史の街を生きる人々の、新たな一日の始まりだ。

ペルー留学中には、国内の各地を訪ねることもできた。クスコもそのうちのひとつである。しかし、ここでの目的は、クスコを皮切りとした単なる旅行記を綴ってゆくことではない。二〇世紀のペルーに生まれ、この国の抱える深い歴史の亀裂をある意味で体現していた、ひとりの人物の軌跡を重ねて描いてみたいのだ。その人物の名前はホセ・マリーア・アルゲーダス（José María Arguedas）。じつは彼こそ、僕をペルー留学へと、そしてラテンアメリカ研究の道へと誘った、当の人なのである。

アルゲーダスはクスコにほど近いアンダワイラスという町で一九一一年に生まれた。弁護士の父を持つ白人であった。それは、先住民インディオ人口の過密なアンデス南部にあって、紛れもなく特権階級に属することを意味していた。

しかし、アルゲーダスの場合は若干事情を異にしていた。三歳のときに実の母を亡くした彼は、父の後妻に迎えられた地主の未亡人になじめず、彼女の所有する大農園や、共同体村落に暮らすインディオと多くの時間を過ごしている。母のぬくもりの欠落はインディオたちから注がれる「かけがえのない優しさ」で癒され、アルゲーダスは彼らの独自の自然認識・世界観のなかに深く沈潜していった。彼はインディオの感性を兼ね備えた白人の少年となったのである。

アルゲーダスはのちに創作活動に取り組むことになるが、一九五八年に刊行された自伝的小説『深い川』（現代企画室、一九九三年）が彼をペルーを代表する作家の地位にまで押し上げることになった。物語は一九二〇年代のクスコの夜の街角から始まる。そこには、インディオの世界をこよなく愛した作家の片鱗を垣間見ることができる。

主人公の少年エルネストは、父とのアンデスをめぐる旅の途中でクスコに立ち寄る。クスコは父の故郷、幾度となく聞かされていたその街並みが、いまエルネストの目の前にあった。とりわけ少年の心を惹いたのが、あのインカの石壁だった。暗がりのなか、エルネストは石の継ぎ目に手を当ててたどってゆく。そして彼は、石壁もまた「生きている」のだと感じる。それは、「山も、虫も、大きな石も、人間も、生命を持つ存在であるという点ではたいしたちがいはない」とする、インディオの自然認識を反映したものだった。エルネストとはもちろん、少年時代のアルゲーダス自身にほかならない。

ペルーに限らず、インディオ人口の多いラテンアメリカの国々には、インディオの復権を訴える「インディヘニスモ」（indigenismo）という潮流が存在する。文学の領域でのインディヘニスモは、もっぱらリアリズムの手法を採用し、一九二〇〜三〇年代に隆盛を極めたが、以後次第に衰退してゆく。アルゲーダスはそうした趨勢のなかで登場し、従来、白人の視点で外部から描かれていたインディオを、「内側から」（desde dentro《デスデ・デントロ》）の視点でとらえることのできる作家として注目を集めることになった。彼が一般に、インディヘニスモ文学を刷新もしくは克服したと言われる所以はそこにある。

しかし、インディオを「内側から」とらえる、つまり、アルゲーダスがあたかもひとりのインディオであるかのごとく作品を描いたことが、彼に対してなしうる評価のすべてなのだろうか。おそらくそうではないだろう。アルゲーダスの小説は、もちろん『深い川』だけではない。そして、『深い川』のなかにさえ、前述の評価には収まりきらない、いわば苦悩に満ちたアルゲーダスの素顔がちらついている。

たとえば、こんなシーンがある。エルネストはインディオでにぎわう酒場にいるが、宴が盛り上がるにつれて、次第にその輪から外されてゆく。

> 歌声は通りやほかの酒場にいる人々にまで広がった。僕におごってくれた男とその仲間も、高まる熱狂に包まれて踊っていた。もうだれも僕のことをかまってくれるはずもなかった。（拙訳

／傍点強調後藤）

アルゲーダスがインディオを愛して止まなかったことは確かだ。しかし、彼はけっしてインディオの世界に一体化し得たわけではない。その一歩手前で、結局は「他者」の位置に留まらざるを得なかった。また、アルゲーダスは一方で、インディオを蔑み支配する白人の世界に迎合することもできなかった。彼は文字どおり、インディオと白人のあいだで引き裂かれ苦悩していたのである。

アメリカ大陸征服から五〇〇年の歳月が培ってきた、インディオと白人を隔てる深遠な溝。ペルーが、そしてラテンアメリカが抱えることになった歴史の亀裂。それをここで象徴的に、「深い川」と呼んでもいいだろう。二つの乖離した世界を、そのあいだで引き裂かれた自身の自我の分裂を、どうしたら結び合わせることができるか。これこそが、アルゲーダスに課せられた生涯のテーマだった。それは、インディオを「内側から」描いていれば事足りる問題ではなかった。

一九三一年、アルゲーダスはときに二〇歳。インディオの世界に魅せられ、そして苦悩の核を植えつけられた揺籃《ようらん》の時代は終わりを告げようとしていた。彼は、「深い川」に架かる危うげな吊り橋を渡るかのごとく、一路首都のリマへと向かったのである。

リマ

ペルーの首都リマは、征服者フランシスコ・ピサロによって一五三五年に建設された。四三年には副王領が置かれ、南米大陸におけるスペイン植民地支配の中枢であった。

征服の不当性は言うまでもないが、加えてピサロは、もうひとつ重大な過ちを犯した。それはリマを建設した場所だ。太平洋を望むリマック川のほとりに定めたのだが、不幸にもそこは、フンボルト海流の影響で発生する霧のため、冬場にはめったに太陽が顔をのぞかせない天候不良の地であった。リマの冬は、暗い。空には鉛のような雲が垂れ込め、すべてがくすんだ色をしている。リマの人々は冬場となれば、夏の日差しの到来に思いを馳せつつ、霧雨の微粒子の漂う街角を行き交うのである。

アルゲーダスは一九三一年、リマの国立サン・マルコス大学文学部に入学する。リマの曇天を、アルゲーダスはどんな気持ちで見上げただろうか。彼は都市のエリートの子弟たちと交流を持ち、また、前年に夭逝《ようせい》したペルー社会党の創始者ホセ・カルロス・マリアテギの思想的影響を受けつつ、少しずつ首都での生活に馴染んでいった。

当時、リマの雰囲気とアンデスのそれとは明らかに異質のものであった。二〇世紀前半までのペルーは、リマを中心とした近代的な白人社会である海岸部《コスタ》とアンデスの伝統的なインディオ社会である山岳部《シエラ》が地理的にも社会経済的にも乖離した、いわば「二重社会」状態にあったと言われている。アルゲーダスは当時を振り返って、次のように回想する。「[リマでは] 地方出身のインディであれば一目でそれとわかり、好奇と蔑みのまなざしで見られた。かなり奇妙で未知の人間だとみなされ、とても同胞であるとか同国人だとは思われなかった……」。

アルゲーダスがまず取り組んだのは、こうした海岸部の人々のインディオに対する理解を改めさせることであった。彼は、いわゆるインディヘニスモ文学のなかにさえ歪んだインディオの姿が描かれていることに不満を覚え、みずから筆を取ることを決意した。一九三五年、アンデス小村のインディオと地主の対立を描いた短編集『水』で作家デビューを果たしたアルゲーダスは、四一年の中編『ヤワル・フィエスタ（血の祭り）』（現代企画室、一九九八年）では小説舞台を拡大しさまざまな人間関係を織り交ぜ、インディオを「内側から」の視点で描き出そうと試みた。そうした方向性のひとつの帰結が、五八年の出世作『深い川』であった。

こうした一連の作品は、白人読者のあいだでしかるべき評価を得た。しかしながら、インディオと白人の分裂をいかに結ぶことができるかがアルゲーダスの究極の課題だとすれば、『深い川』までの試みは、白人のインディオ理解を促しこそすれ、両者の新たな関係性を提起するには至っていなかった。二つの世界の距離をどのように縮めるか――それが彼の次なるステップであった。だが、こうしたアルゲーダスの思想的な問いかけを待つまでもなく、ペルー社会の現実は大きな転換を迎えようとしていた。

二〇世紀の後半に入ると、第二次産業の発達および農業部門の危機などのため、アンデス山岳部から海岸部への人口移動が増加し、都市化傾向が顕著となった。とりわけ、一九四〇年に六〇万人だった首都リマの人口は、六〇年には三倍の一八〇万人に膨れ上がった。こうして「二重社会」の前提が崩れ去ってゆく。都市の周辺部には広大なバリアーダ（低所得者居住区）が形成され、植民地時代のなごりを残す旧市街にもインディオの露天商が溢れるようになった。のちに「民衆の氾濫」と名づけられることになる、社会大変動の始まりであった。ちなみに二一世紀に入った現在、ペルーの推定総人口二千七〇〇万人のうち、じつに四分の一近くの七〇〇万人がリマに集中している。

こうした社会変動を受けて執筆されたのが、一九六四年の『すべての血』だ。小説舞台はリマではないが、海岸部と山岳部の接近が強調され、ペルー全体社会の行方を模索する野心的な内容になっている。ここでとりわけ注目されているのが「メスティーソ」（mestizo）の存在である。メスティーソとは本来インディオと白人の混血者を指すが、アルゲーダスはそうした人種概念に限定することなく、広く文化的な意味合いを込めて用いようとしている。

作品のなかで具体的にメスティーソ像を体現しているのは、デメトリオ・レンドン・ウィルカというインディオである。彼はインディオ共同体の出身だが、リマで働きながら夜学に通い、さまざまな知識を得てアンデス山岳部に帰って来たという設定になっている。レンドンは、白人のいわゆる「近代化」の発想を身につける一方で、インディオの「友愛」の精神も忘れない、両者を結ぶ登場人物として、つまりはペルーの「すべての血」を担う存在として位置づけられている。非常にナイーヴでやや図式的な役割だが、このレンドンこそがアルゲーダスの精神の反映にほかならない。レンドンは、インディオと白人のあいだに横たわる歴史的亀裂を修復し、かつアルゲーダス自身のアイデンティティの危機を救済するために投じられた、いわば理想郷からの登場人物であった。

『すべての血』は刊行当時から、その構想の現実的有効性をめぐって少なからぬ批判が浴びせられた。そのために神経をすり減らしたのか、アルゲーダスは一九六六年に自殺を図るが、幸いにしてこのときは未遂に終わる。その後、彼はふたたび執筆活動に取りかかるが、『すべての血』の構想をもはや踏襲するわけにはいかなかった。インディオと白人が接近する社会変動のなかで、メスティーソに注目したことはおそらく正しかっただろう。ただ問題は、メスティーソに対してあまりにも一元的な役割しか付与できなかったことだ。現実の多様性を描き出す新たな視座が必要とされていた。次なる小説は、紆余曲折を経て、『上の狐と下の狐』という謎めいたタイトルに落ち着いた。そして、小説舞台として選ばれたのは、意外にもチンボーテという名の港町であった

チンボーテ

ペルー北部の港町チンボーテの名前は日本ではまったく知られていない、ということでもないらしい。高校で世界地理をかじったことのある人なら、一九六〇年代にカタクチイワシの水揚げで一躍世界有数の漁港の仲間入りをした都市として、記憶の片隅に留めているのではないだろうか。

チンボーテの発展は急激だった。一九四〇年の国勢調査では人口わずか四千人ほどに過ぎなかった漁村が、第二次世界大戦中に缶詰の需要をきっかけに成長を開始し、五七年の魚粉生産のブームで決定的な飛躍を遂げた。七二年の国勢調査によると、人口は四〇年のじつに四〇倍の一六万人に達した。それはペルー各地から労働力を引きつけた結果であった。

一九六六年の自殺未遂から回復したアルゲーダスは、初めフォークロアの採録が目的でチンボーテを訪れた（彼は作家の一方で、民族学者でもあった）。しかし、さまざまな地方からの移民たちが繰り広げる波止場の荒々しい雰囲気、大衆市場の雑然としたにぎわい、そして夜の歓楽街の混沌とした情景が、彼の関心を次第に現実の生き生きした動態のほうに向かわせ、新たな小説へとつながる何かを予感させた。アルゲーダスは友人である米国の人類学者ジョン・ムーラに、次のような内容の手紙を書

き送っている。「私はチンボーテについての小説、それもとびきり強烈なスピリッツ、つまり昨今の沸き立つペルーのエキスを飲み干したようなモノを書くことができそうだ」（傍点強調後藤）。この小説こそ、『上の狐と下の狐』にほかならなかった。

『上の狐と下の狐』は、アルゲーダスがはじめて海岸部の都市へ舞台を移して取り組んだ小説だ。しかし、二〇世紀後半に入り都市化傾向で全般的に「沸き立つペルー」にあっても、チンボーテの都市形成過程は特異であった。そもそもがちっぽけな漁村だったチンボーテには、植民地的な白人支配のなごりもなければ、アンデスのインディオ的伝統もなかった。海辺の砂漠に突如として出現した移民の吹き溜まり――それがチンボーテであった。畢竟《ひっきょう》そこでは、アイデンティティは特定の「過去」に求められるものではなく、異なる文化背景を持つ人々が、いま「現在」において繰り広げられる出会いとコミュニケーションのなかでそれぞれに獲得してゆくものであった。アルゲーダスはチンボーテのこうした社会的特徴に、インディオと白人とに乖離したペルーの歴史的亀裂を解消する希望を見出したのである。

『上の狐と下の狐』というタイトルの出所は、アルゲーダス自身がスペイン語に翻訳した『ワロチリの神々と人間』（一九六六年）という一六世紀末に記録されたインディオの神話に求めることができる。この神話のなかに二匹の狐が出会い会話を交わす場面があるが、アルゲーダスにとっては、まさに二つの世界の歩み寄りを象徴するものと思われた。

作品は二匹の神話的な狐に導かれながら、四章からなる第一部と「沸き立ち」と名づけられた諸断片の集まりである第二部より構成され、ところどころにアルゲーダス個人の日記が挿入されている。

全体を通じて一貫したストーリーはなく、これまでの小説のような中心的な主人公も存在しない。描かれているのは、チンボーテに暮らす複数の登場人物の生きざまであった。漁師たちのあいだで揉まれながらも次第にその尊厳を回復してゆくインディオ、肺病を患いながらも必死で生きる元鉱山労働者、貧しい居住区の改善を目指して活動する地区リーダー、そして平和部隊を辞めてペルーに留まることを決意した米国人……。人種やエスニシティの違いはもはや問題ではない。これがアルゲーダスの描く新たな「メスティーソ」のイメージであった。

前作『すべての血』のなかで、アルゲーダスはすでにメスティーソの存在に注目していたが、その役割はインディオと白人の乖離を一点に収斂《しゅうれん》させることに限定されていた。一方、チンボーテの現実を受けて執筆された『上の狐と下の狐』のメスティーソは、社会の変動が織りなすめくるめく多様性を反映した、まさにペルーを生きる混成的な主体と位置づけられた。こうして、インディオと白人のあいだの歴史的分裂は思想的には克服されたのである。

こうした新たなメスティーソ像はアルゲーダス個人の自我の分裂をも救ったのだろうか。残念ながらそうではなかった。チンボーテで生起しつつある現象に彼の「知性」は興奮を覚え、インディオの伝統にも白人の価値観にもとらわれない柔軟な発想を打ち出した。しかし、根元的にインディオをこよなく愛していたアルゲーダスは、インディオの存在が大きく変貌してゆくことに、「感性」のレベルでは耐えられなかったのではないだろうか。作品中に挿入された日記には、じつはそうした内面の壮絶な葛藤が綴られていた。

一九六九年十一月二十八日、アルゲーダスはこめかみに当てた拳銃の引き金を引いた。五日間死線をさまよった挙げ句、十二月二日に息を引き取った。五八年の生涯だった。『上の狐と下の狐』の原稿は自殺の直前に出版社宛に郵送されていた。遺作として出版されたのは七一年のことであった。

アルゲーダスの肉体は滅びたが、彼の思想は今日その多様さをさらに増しつつあるペルー社会解読のヒントになっていると言っても過言ではないだろう。首都のリマは極度の人口集中にその風景を変貌させ、さながら現代のチンボーテと化している。こうした事態の展望を探るべく、アルゲーダスの死から数えて節目の年には、彼への追悼の意味も込めて数々のシンポジウムが開かれ、活発な議論がなされてきた。二〇一一年には生誕百年を迎える。アルゲーダスに対する関心は薄れてゆくどころか、ますます高まりを見せている。

アルゲーダス自身、自分のメッセージが後生の人々に伝わり、かつ力強く引き受けてくれることを予期していたにちがいない。『上の狐と下の狐』中の日記には次のような一節もしたためられていた。「ペルーにおいて、おそらくひとつの円環が私とともに閉じ、新たな円環が開かれようとしている……」。

アルゲーダスの意を受けた「新たな円環」は、はたしてどのような軌跡を描いてゆくのだろうか。僕もまた、彼の歩んできた軌跡をたどり直し、「新たな円環」を開こうとしている多くの者のうちのひとりである。

国境を越える——ペルー北部・エクアドル紀行

国境(frontera《フロンテラ》)。日本に住む僕たちにとって、「国境を越える」とは「地に足が着いていない」行為としてある。日本は四方を海に囲まれているので、外国に行くには飛行機(または船)に乗るほかはなく、てくてくと地続きに歩いて行くわけにはいかないからだ。「出国」から機上の(または船上の)人となって「入国」するまでの時間は、いわば他国とのあいだの「断絶」の象徴となり、ふたつの国が国境を接して隣り合っているという世界的にはかなりフツーの感覚を、僕たちはなかなか持つことができないのである。かくいう僕もまた、そんなまっとうな(?)日本在住者のひとりだったので、地続きの国境越えはラテンアメリカではじめて体験することになった。

はじめて地続きで国境を越えたのは、留学先のペルーから、北に隣接するエクアドルに行ったときのこと。はじめての陸路での国境越えであるのみならず、この旅は、僕にとってはじめてラテンアメリカを巡り歩くひとり旅であった。

その心境たるや、チェ・ゲバラの青春時代の南米放浪を描いた映画『モーターサイクル・ダイアリーズ』(ウォルター・サレス監督、二〇〇四年)のなかで、旅のはじめに「行き当たりばったりに……四カ月で八千キロを走破。目的は本でしか知らない南米大陸を探検すること」と日記に書きつけたチェか、はたまた、『ラテンアメリカ　光と影の詩《うた》』（El viaje《エル・ビアヘ》〔旅〕／フェルナンド・E・ソラナス監督、一九九二年）のなかで、主人公が父を捜し求めて旅立つシーンで流れる、タンゴの調べに乗せた以下の主題歌のごとくであった。

Voy, hacia mi viaje voy《ボイ　アシア・ミ・ビアヘ・ボイ》（僕は向かう、僕の旅へと）
y soñando partiré.《イ・ソニャンド・パルティレ》（夢を抱きながら旅立とう）
……
Sé que un viaje es descubrir《セ・ケ・ウン・ビアヘ・エス・デスクブリル》（僕にはわかっている、旅とはなにか発見することだと）
que no hay viaje sin sufrir.《ケ・ノ・アイ・ビアヘ・シン・スフリル》（そして、苦しみのない旅が存在しないことも）
Sé que busco mi verdad《セ・ケ・ブスコ・ミ・ベルダ》（僕にはわかっている、僕が僕にとっての真実を探していることを）
y que un viaje es soledad《イ・ケ・ウン・ビアヘ・エス・ソレダ》（そして、旅とは孤独であることも）

……なんて書くとかっこいいけど、じつはこれは完全なる「後知恵」。だって、両映画とも公開されたのは僕の旅のあとだ（笑）。もっとも、映画のように洗練されていないにせよ、はじめてのひとり旅＝冒険を前にして、大胆さと心細さ、期待と不安の入り交じった不思議な気持ちであったことだけは確かだ。そしてこの気持ちは、のちの旅立ちに当たっては二度と感じることのない、たった「一度きり」のものだったと言うことができる。はじめての「大いなる旅立ち」の興奮がもたらす、最初で最後の、心のひだの妙なる揺らぎだ。

そんな感慨を胸に抱きつつ、首都リマから夜行バスで出発し、北部の都市（トゥルヒージョ、カハマルカ、チクラーヨなど）を転々としたのちに、僕はついにエクアドルとの国境に達したのだった。

出入国の審査といえば、当時の僕の乏しい経験からは、どうにも空港でのイメージ、すなわち無機質なブースでしかつめらしい審査官が待ち受けている光景しか思い浮かばなかったのだが、トゥンベス（ペルー側）とウアキージャス（エクアドル側）のあいだの国境は、およそそれとは対極に位置するものだった。第一、場の雰囲気は無機質どころか、めちゃめちゃ生活臭が漂っている。だって荷物を担いだ行商人が行き来してるんだもん。いまでは、「これぞ国境！」とまでは言わないものの（一方で、軍事的に極度に緊張した国境もあるので）、これもまた国境の実像であると思えるのだが、はじめて国境を地続きで越えようとしている身にとっては、じつに印象的であった。そしてなによりも、地続きの国境にあっては「出国」は即「入国」である（その間にフライトの時間はない）。ペルー側で出国印をポン！　と押されると、次いでエクアドル側では入国印をポン！　国境越え、これにて完了である。

さあ、エクアドルの地に足を踏み入れた！——といっても、それはあまりにもすぐに、そしてあっけなくなされるので、最初のうちはなかなかピンとこない。国境周辺では、依然としてペルーの通貨（当時はsol《ソル》。ちなみに、「太陽」の意）が使えてしまうのも実感が湧かない理由のひとつだ。そしてなによりも、ペルーでもエクアドルでも話されているのはスペイン語なので、取り立ててなにかが変わった気がしないのである。

しかし、言語が同じことをもって「取り立ててなにかが変わった気がしない」という感覚を持つのは、じつはくせ者である。なぜならこれは、裏を返せば、「国がちがえば、言語も当然変わる」という前提に無意識のうちに立っているからだ。ラテンアメリカの多くの国にとって、スペイン語は共通語である。僕たちはそこに、コロンブスのアメリカ大陸「発見」に始まる、スペインの植民地支配という「共通の歴史」の名残を「聞き取る」ことができる。ラテンアメリカでは「国がちがっても、言語は必ずしも変わらない」のである。もちろんこのことは、なにもラテンアメリカに限らない現象だろう。すなわち、「任意の言語Aを話している国は複数でありうる」のだ。

その意味では、日本と日本語の関係のほうがむしろ特殊である。日本語は確かに日本だけで話されており、日本語を公用語とする他の国は存在しない。よって僕たちは、自分たちが用いる同じ言語を使って、他の国＝国籍の人々もまた同様に生活を、文化を、文学を紡いでいるということについて、想像力をめぐらすのが苦手である。たとえば僕たちは、日本語で書かれた文学をして、すべて「日本文学」または「国文学」と、単独のナショナリティを冠して呼んではばからない。つまり、日本語で書く者は皆「日本人」である。一見支障がなさそうだが、たとえばそこには、在日韓国・朝鮮人作家による文学活動に対する視点が決定的に欠けている。理想をいえば、「日本語文学」の呼称が用いられるべきである。そうすることで、閉鎖的な「日本人」のみならぬ姿も見えてくるはずなのだ[1]。

というわけなので、たとえ同じスペイン語を話していたとしても、ペルーはペルー、エクアドルはエクアドルである。十把《じっぱ》一絡《ひとから》げにしてはいけない。僕たちは諸外国に赴いたとき、日本が中国大陸あるいは朝鮮半島としばしば混同されていることを、不満に思うかもしれない。いわく、「一緒くたにするなよ」と。それと同じことを、ペルー人だってエクアドル人だって思うのである。ペルーとエクアドル（のみならず、ラテンアメリカ全体）には、「共通の歴史」があると言ったではないかと、問われるかもしれない。それに対しては、東アジアにだって「共通の歴史」としての植民地支配が同様にあったではないか、と答えよう。僕たちの東アジアは、植民地支配（日本による）によって、言語のちがいにかかわらず——良くも悪くも——結びついていると同時に、言語のちがいさながらに分断されている。ラテンアメリカは、同じく植民地支配（スペインによる）によって、言語のほか、さまざまな歴史文化を共有しながら結びつきつつも、言語の共通性を越えて分断されているのである。(2)

エクアドル側に渡って徐々に、そして当然のごとく気づかされるのは、ペルーに対する対抗意識である。旅の前に、エクアドルを旅行してくるとホームステイ先のおじいさん（おじさんについては、第二部「気がつけば『なんとなく』ペルー人」参照）に言ったところ、「おい、やつらはバナナばっかり食ってるmono《モノ》（猿）だぞ」とのたまっていた。さて、そのエクアドルに来てみると今度は、「お前はペルーなんかから来たのか。ペルー人はgallina《ガジーナ》（雌鶏）みたいなやつらだろ、ガハハ！」と嗤《わら》われる。つまり、ペルー人とエクアドル人は、「猿」・「雌鶏」と呼び合って、互いに侮蔑し合っているのである（ときには冗談で、ときには真剣に）。

いずこも同じ、隣国同士の悲しい関係といえよう。そして、これもいずこも同じように、こうした両国関係はどこか非対称的である。エクアドルは明らかにペルーに対してライバル心を燃やしているが、ペルーはどこ吹く風、といった感じである。そのわけは、一九四二年の国境紛争において、大幅に領土を喪失（それ以前の三分の二に縮小）したのはエクアドルのほうだからである。ペルーの視線はむしろ、南で国境を接するチリのほうに向けられている。なぜなら、十九世紀後半の戦争（「太平洋戦争」と呼ばれている）において、ペルーはチリに領土を奪われているからである。そして当然のことながら、チリはそんなペルーを相手にはしていない。チリが意識しているのは、東側で長き国境を挟んで接している大国アルゼンチンである。アルゼンチンはアルゼンチンで、もちろんチリのことなど眼中にないという顔をしている。そう、大国アルゼンチンのライバルはあくまでも、同じく大国のブラジルなのだ（ブラジルはきっと、自分のライバルは米国だと思っているにちがいない）――という話はあまりにも大雑把に過ぎるが、南米での隣国同士の関係はかように旋回しているととらえると、多少なりともイメージが湧くだろう。

　さて、そんなふうにエクアドルがペルーに対してライバル意識を持っている手前、僕はこれまでの経緯からどうしたってペルーにもっとも馴染んでいるとはいえ、ここはやはり、「郷に入っては郷に従え」ってな感じで、エクアドル人がペルーの悪口を言ってきたら、それになんとなく歩調を合わせてしまう始末。「そうなんだよ、ペルー人ときたらまったくさぁー……」とかなんとか言っちゃって。はぁー、自己嫌悪。やはりAl pan, pan y al vino, vino《アル・パン・パン・イ・アル・ビノ・ビノ》（是々非々主義）でいかなくちゃいけないよね、本当は。だいたい、どの国を訪れても、「この国が好きか？」って訊かれるほど困ることもない。だって、「好きなところは好きだし、嫌いなところは嫌いだ」としか答えようがない。そんなこと言ってると、日本でも「お前には愛国心というものがないのか？」と、難詰されそうな雰囲気が強まってきているようなので、この際はっきり答えておきましょう。そんなもの（愛国心）、これっぽっちもありませーん！「国を愛せよ！」なんて言われても、無条件にすべてを愛するなんて――少し考えてもみなさいな。同じ国でも嫌いなところ（人）、いくらでもある（いる）でしょ？――、とてもできない相談なのである。

ときに僕は、長いバス旅行の途上で、ひとりのペルー人と知り合った。彼は敬虔なカトリック信者で、名をエルネストといった。Ernestoという名はhonesto《オネスト》（誠実な）に由来していると、彼は教えてくれた。そうか、僕が研究しているペルーの作家ホセ・マリーア・アルゲーダスの代表作『深い川』の主人公＝語り手の名は、じつにエルネストであった。白人と先住民のあいだで引き裂かれて生きる、作者の分身のごとき繊細な少年である。小説における名付けはおそらくだてではないだろう（アルゲーダスについては、「ペルー三都物語」参照）。

エルネストは、エクアドルの首都キトにある、教会の寄宿舎に向かっていた。そこで彼は、カトリックの教理について、仲間とともに寝食を共にしながら学ぶ予定であった。じつをいえば、僕は彼の好意に甘えて、キトに滞在中、その寄宿舎でお世話になった。その間僕は、彼らと「寝食だけ」は共にしつつも、キリスト教について特に学ぶでもなく、もっぱら市街をふらふらと散策するだけだった。

そんな不信心な僕ではあったが、いろいろと考えさせられることもあった。そのひとつは、宗教の「寛容」さは容易に国境＝境界を越えるということ。(3) その寄宿舎においては、ペルー人もエクアドル人もなかった。そこにいるのは皆、敬虔な信者であって、国籍はまったく無関係であった。ただし、宗教は無用な境界を越える力になる一方で、ときに自己中心的に、暴力的に、つまりは「不寛容」に、破るべからず境界をも侵食する力となり得たことは、アメリカ大陸の植民地化＝先住民のキリスト教化の歴史がなによりも如実に物語っている。僕はそこに、「寛容」さと「不寛容」さとを併せ持つ、宗教の大いなるパラドックスを見ないわけにはいかなかった。

さて、キトの街を歩いている途中で、僕は一枚のエクアドルの地図を買い求めた。開いてみて、あることに目が釘付けになった。

現状のペルー＝エクアドル国境は、一九四二年の国境紛争後の協定によって定められたものである。その国境線は、ペルー側の地図にはもちろん、世界のごく普通の世界地図にも描かれている。ところがエクアドルの地図では、現状の国境線は点線で細く書かれ、代わって、実線で太く目立つように引かれていたのは、じつに一八三〇年の協定に基づく境界線であった！　それは現ペルーの領土側に深く張り出していた。このように、国境をめぐっては、現在の事実と過去の歴史＝記憶とが複雑にもつれ合っているのである。それはなにも、ペルーとエクアドルの国境のみに限ったことではあるまい（日本については、北方領土・尖閣諸島・竹島問題を思い起こせばよい）。

僕は旅のある時点で、ペルー＝エクアドル国境を「すでに越えた」はずであったが、エクアドル人の心象風景としては、じつはそれ以前のどこかの地点で「とっくに越えていた」というべきか、あるいは、両国の思惑が今後も容易に交わらないのだとすれば、いつまで経っても「超えようがない」ものなのだろうか。

注

（1）英語はどうかといえば、英語による文学活動が英米の旧植民地でもあまねく、そして豊かに展開されているのは紛れもない現実であるが、日本では「英語文学」または「英語圏文学」という包括的な呼称はなかなか定着しそうにない。大学の学科・専攻名からして、相も変わらず「英文学」・「米文学」だもんね。

（2）ラテンアメリカ地域の共通性を認めつつ、その差異について敏感であらねばならないのは、じつは研究者にとってより切実な問題である。僕たち（この場合は研究者）は、通常「ラテンアメリカ研究者」を名乗らなければならない。なぜなら、「ドイツ研究者」や「フランス研究者」ならいざしらず、「ペルー研究者」や「エクアドル研究者」では、少なくとも日本では、「個別」的に過ぎて「認知されない」からである。僕たちはあらかじめ、ラテンアメリカの「総体」について語ることが期待されているのであり、それはそれで必要なことであるが、同時に、ラテンアメリカ内のちがいもまた提示する使命も持たなければならないのである。ただし、このことは他方で、「ドイツ研究者」や「フランス研究者」、はたまた「日本研究者」が、これまで「自明」とされてきた境界のなかに自己閉塞的に留まっていて果たしていいものだろうか、「ヨーロッパ」や「東アジア」という広い枠組みのなかで思考すべきではないかという、別の問いにもつながっていると言えるだろう。

（3）国境を容易に越えるのがもし宗教だとすれば、一国のなかでのみ排他的に信仰される日本の「神道」とはいったいなんであるかと、改めて考えざるをえない。

わが良き友よ——ある日系人との出会い

考えてみれば、僕はペルーの首都リマでは、ホテルというものに泊まったことがない。それというのも、リマに行くときはいつも、友人宅に居候《いそうろう》として転がり込んでしまうからだ。「今度行くからよろしく」と国際電話（あるいはメール）を一本入れさえすれば、それだけで滞在先が確保できてしまう。こんなありがたい話もない。

友人は日系人の画家である。しかし、「日系」といっても、[1]以下で述べるように、彼には、あるいは彼の家族関係には、いわゆる日系という枠には到底収まり切らない広がりがある。しかし彼は、日系というルーツに「こだわり」を持っている。というよりも、彼のみならず、日系人である以上、好むと好まざるとにかかわらず、日系であることについて考えざるをえない、と言うべきか。

僕は、ひとつには彼という「窓」を通じて、ペルーという国を理解してきたような気がする。かくもありがたき友人、オズワルド（Oswaldo）と、僕はどうして知り合うことになったのか、話はやはり留学時代にさかのぼる。

僕がオズワルドと知り合ったのは、ペルーについてまだ一週間とたたない頃だった。留学に先立って、かつて隣国チリに留学していた大学の先輩から、チリで知り合ったペルー人・セサルがいまはリマに戻っているので、彼に届けてほしいものがあると頼まれた。セサルは在野のフォークロア研究家で、預かってきたのは一冊の日本の民話集であった。そのセサルが僕に会いに来たとき、セサルの友人ということで、いっしょに付いてきたのがオズワルドだった。

さて、余談になるが、そのあとはけっこうたいへんだった。セサルが先輩と交わした約束では、その民話集をスペイン語に訳して出版することになっていた。先輩が下訳をこしらえていたが、まだ推敲の余地があった。そこに「飛んで火に入る夏の虫」（スペイン語ではなににたとえるのだろう？　恥ずかしながら知らない）ごとく現れたのが、この僕というわけである。セサルは僕に、日本語原文とスペイン語訳の突き合わせをさせるのに打ってつけと白羽の矢を立て、哀れ僕は、まだ右も左もよくわからないうちに、週末のたびにセサルのまた別の友人・ラウルのリマ郊外の家に缶詰にさせられ、スペイン語訳を推敲する作業にしばらく付き合わされたのだった（もっともこのことで、ある意味ではより早く環境に馴染んだと言えなくもないが）。

ラウルはドイツ系ペルー人で、(2) 詩や短編小説をものしている作家だった。というわけで彼は、スペイン語の文体を整える役回りで、セサルに担ぎ出されたのであった。オズワルドもまた、偶然僕に引き合わされたわけではない。彼は画家であるが、ペルーの芸術家の御多分に漏れず、絵を描いているだけで食べているわけもなかった。彼は別途印刷屋を経営していた。出版物の印刷はゆくゆくはオズワルドの印刷屋でというのが、セサルの目論見《もくろみ》だった。どうにもみんながセサルに振り回されている感じだったが、セサルのおかげで僕はオズワルドほか多くの友人と知り合うことができたのだから、彼には感謝しなければなるまい。

その後その出版の話がどうなったのか、そういえばしばらくのあいだすっかり忘れていたのだけど（笑）、かれこれ十年経った一九九九年、つまり「ペルー日系移民百周年」の年に、日系団体から助成金を得ることでようやく刊行の日の目を見た。印刷はやはりオズワルドの印刷屋が請け負っていた。そして、大学の先輩分の相当部数をよいこらしょっ！と日本に持ち帰ったのは、……もちろん僕である（涙）。

さて、肝心のオズワルドと僕の関係だが、セサルにはじめて引き合わされてからしばらくは会う機会がなかったが、その年の暮れの年越しfiesta《フィエスタ》（パーティ）で再会し、それからは折に触れて自宅に誘ってくれるようになり、彼の家族も交えたつき合いが深まっていった。

スペイン語の授業では常日頃、二人称のtú《トゥ》（君）とusted《ウステ》（あなた）の使い分けについて、「ustedを〈年上の人に対して用いられる丁寧な呼びかけ〉とする説明はあまり適切ではなく、たとえ年長者でも「親しい」と感じるならばtúが呼びかけに用いられる」と教えている。つまり、日本（語）の文脈においては、年齢差を越えたamistad《アミスタ》（友情）というものが言葉の真の意味で成立していると認識するのはなかなかむずかしいことだが、スペイン語圏においては当たり前のようにあり得る、ということである。そのことを僕は、オズワルドが僕より一五歳以上も年上であるにもかかわらず、「親友」と呼ぶほかに形容のしようがないことから、深く再確認するのである。

そろそろ奨学金も尽きようかとしていたころ、オズワルドが「俺の家に引っ越してこないか」と声をかけてくれた。僕はありがたくその申し出を受け入れ、こうして僕は彼の家の居候になったのである（そしてそれが、いまでも続いているというわけである）。

ここで、オズワルドとその家族について述べておきたい。彼は一九四八年生まれの、日系三世である。一世である祖父母、二世である両親の世代までは、父方・母方を含めすべて日系人であり、典型的な「日系一族」であった。しかし、オズワルドほか三世の世代より、日系のなかでいわば「閉じて」いた家族関係が大きく開いていったといえる。

絵を描く才能に恵まれていたオズワルドは、やがて国立芸術学校（日本でいえば東京芸術大学に相当）に進学し、そこで生涯の伴侶となるララ（Lala）と知り合う。ララは日系人ではなく、いわゆる西欧系の家系であった。のちに結婚したふたりは四人の子供をもうける。父親似のアジア顔だったり、母親ゆずりの色白の肌をしていたり、双方のみごとな融合だったりと、四人はそれぞれに個性的な容貌をしている。はじめてオズワルドの家に招かれて昼食をともにしたとき、ララをはじめ子供たちまでもが、器用に箸を使って食事をしていたのが印象的だった（いつもというわけではない、念のため。ただ、箸で食事をする習慣も身に付いているということだ）。

彼ら四世もいまではすっかり成長した。長女は米国のマイアミ(3)へと移住し、次女はキューバ人画家と恋に落ちて結婚し、すでに三児の母となった。いまは夫妻でキューバ風のバル（bar）を新市街で切り盛りしている。三女も同じ職業ダンサーとして働く先住民系の色濃い混血の青年とのあいだに女の子をもうけた。一番下の長男だけはまだ海のものとも山のものともつかず、付き合っている女の子も僕がペルーに行くたびに変わっていたりするが（笑）、なんでもストリート・グラフィティの描き手としてスペインくんだりまで足を運んだこともあるらしい。

というわけで、すでにオズワルドには都合四人の孫までいるわけだが、五世にあたる孫たちの顔つきを見ただけでは、彼らの祖父が日系人であるとは、もはやだれにもわからないにちがいない。このように多様化・拡散した日系家族もまた、先住民インディオと白人の混血という基本的な人種・エスニシティの多様性に加えてなお複雑な、現代のペルーを生きる混成的な主体、すなわち、ペルーの「すべての血」の一部をなしているのだ。

もっとも、ペルーを「すべての血」の理想的な融合としてみなすことがたぶんに楽観的であることは、別箇所で指摘したとおりである（「ペルー三都物語」参照）。

ペルーに最初の日本人が渡航した一八九九年から月日が流れることすでに百年以上、日系人は確実にペルー社会の一部として溶け込んでいる。百万人を優に超えるブラジルの日系人社会[4]と比して規模の小さいペルーでは（せいぜい一〇万人前後である）、その溶け具合はより進んでいると言えるかもしれない。

またペルーには、日系より早く中国系の人々も多く入り込んでいる。だから、少なくとも首都リマにおいては、街をアジア人顔が行き交っているのはごく日常的な光景である。僕も無言で歩いていればアジア系ペルー人とみなされ（しゃべるとバレバレだけど）、あからさまに「外国人」として「見られる」ことは少なかった[5]。

とはいえ、日系が良くも悪くもペルーのなかで「括《くく》り出され」るときがあるのも事実である。それはフジモリ大統領の登場において顕著であった。フジモリとともに政治のメインストリームへ積極的に飛び込む日系人もいたが、第二次世界大戦時の経験（日系人は米国の「敵性外国人」として、ペルーでも財産没収・強制収容の憂き目に遭った）から目立つことを極力回避しようとする者がむしろ多かった。しかし、それにもかかわらず、日系あるいは日本は十把一絡げに「括り出され」、フジモリ政権打倒を目指すテロ組織の標的とされた。その結果が、僕の留学中に起こった、あの痛ましいＪＩＣＡ専門家三名の暗殺事件である。

日系社会に戦慄が走ったことは言うまでもない。事件後、ある日系人の友人と会ったとき、彼はこんなことを言っていた。もし「アジア顔」だという理由だけで狙われるなら、「（この細い目を）手術するしかねーだろう！」（¡Hay que operarnos, pues!《アイ・ケ・オペラールノス・プエース》）、と。これは悪い冗談にしても、個人にはどうすることもできないある属性（人種・民族）によって選別・差別されることの恐怖・不条理を感じるとは、つまりはこういうことである。

そんなペルーの日系社会の「一員」として、画家オズワルドはなにを描いてきたのか。彼の作風は日系という出自について多くを語らない。そもそも、ペルーという国籍すら感じさせない無国籍な風情すら漂っている。

素人である僕に絵画のなんたるかはよくわからないが、オズワルドが目指しているのはおそらく人間存在の真理を表現するような、美の普遍性であろう。美の普遍性を描くことによって、彼は人種や民族・国籍の呪縛・閉鎖性を無言のままに問うてきたのではないか。

「でも」、とあるときオズワルドは僕に言った。彼の生まれ故郷はリマではなく中央アンデスのハウハ（Jauja）という農村だったのだが、農作業を終えたあと、「じいさんをはじめ、大勢の日系人が車座になって日本の歌を歌い飲み食いしていた、あの輪のなかに幼い自分もまた包まれていた想い出は、忘れようにも忘れがたい」、と。

オズワルドは、それでもおそらく、日系人としての自分を「結果」として示すことはしない。しいて挙げるなら、最近の個展（二〇〇八年三月）のプログラムのなかで、「われわれはみな移民である」と述べるのみである。もちろん、この場合の「われわれ」とは、日系人のみを指すのではない。

彼にとって日系人であるとは、たしかな「根源」（raíz《ライス》）であると同時に、普遍性へと至る数ある「拠り所」のひとつに過ぎない。たとえば音楽に関して、クラシックはすべからく普遍的であるべきと考える人がいるかもしれないが、いわばそれは西欧的なひとつの見解（偏見）に過ぎない。オズワルドはクラシックを聴きながら絵を描くが、クラシックが彼の作品を普遍性へと至らしめるのではない。彼はクラシックと同時に、ジャズを、ロックを、ペルーのフォルクローレを、そして日本の演歌を聴きながら描き、それぞれに「ローカル」な音楽が渾然一体となって、最終的に普遍的な絵画として結実するのである。

とは言いながらも、美空ひばりや都はるみ、八代亜紀に石川さゆりを聴きながら筆を走らせるさまは、最初は不思議な光景に映って仕方なかったというのが偽らざるところだけれども（笑）。

ところで、なにゆえオズワルドは、これまでかくも僕と親しくしてくれたのか。あるとき率直に尋ねてみたことがある。返ってきた答えは、「最初に会ったとき、おまえはアルゲーダスについて勉強したいと言っていた。それが気に入ったからだ」というものだった。

僕がホセ・マリーア・アルゲーダスという作家の思想について知りたくてペルーを留学先に選んだことはすでに触れた。オズワルドが「絵画」によって普遍性に至ったのならば、僕は僕なりに「文字」(研究)によって、アルゲーダスというひとつの「ローカル」な存在を通してなんらかの普遍性を描きたいと考えている。表現手段は異なるが、すでに一定の名をなした画家(そう、オズワルドはペルーではそれなりに有名なのである)にいわば「同志」として評価され受け入れられたのは、とても光栄なことである。

オズワルドは集団展で一度来日を果たしているが、パートナーのララはまだ日本を訪れたことがない。彼女は陶芸家で、日系人ではないが日本の陶芸にとても興味を持っており、僕が彼女のために日本陶芸の材料や資料を持っていくこともしばしばである。いつの日か日本にやって来たふたりを案内して回るのが、僕の夢である。否、夢というより、札付きの居候(笑)としては、いわば当然の義務と言うべきか。その日が来るのが待ち遠しい。

注

(1) ちなみに、「日系」(nikkei)という単語は、ペルーでは十分に外来語として浸透し、“descendiente《デセンディエンテ》・japoné”《ハポネス》(日本人移民の子孫)として理解される。しかしながら、他方で移民第二世代の「二世」(nisei)という言葉もかなり流通しているが、さすがに「日系」と「二世」の区別は日系人以外のあいだではあまりついておらず、同義に理解されているようである。

（2）ドイツ系というのはペルーではめずらしいが、いつどうしてそういうことになったのか知らないが、ラウルは日本発の新宗教のひとつ、人に手をかざしてお清めをする行為で有名な信仰の信者だった（信者どころか、地区支部長かなんかまで務めていた）。彼は「おまえを清めたい」と何度となく手をかざしたがったが、丁重にお断りした（笑）。ペルーでは僕の身の回りにはなぜか新宗教信者が多かった。ラウルしかり、ホームステイ先の息子しかり（「気がつけば『なんとなく』ペルー人」参照）。また大学には、日蓮宗系某新宗教に信心する友人がいた。彼女から「会長（当時）の某を心から崇拝するわ」と言われて、なんと答えていいか、困ったものである。

（3）マイアミは、キューバ革命（一九五九年）後に亡命してきたキューバ人を中心に、さながらスペイン語圏のような様相を呈した都市であることはよく知られている。そして実際、ラテンアメリカ各国から多くの人々が集結・離散する拠点になっている。たとえてみるならば、マイアミは米国であるにもかかわらず、架空の「ラテンアメリカ連邦」の首都といったところか。

（4）しかしながら、ブラジルへの日系移民の開始は、ペルーに遅れること九年後の一九〇八年である。

（5）その意味では、ペルーは過ごしやすかったのだろうと思う。チリやアルゼンチンに行ったときは少し事情がちがった。白人系がより多くアジア系の少ない両国では、ペルーにいるときよりも、やはり「見られている」とのプレッシャーを感じた。自国ではけっして感じることのないこの「視線」の洗礼を浴びることは、それはそれで必要な経験であろう。

日本から遠く離れて――ラテンアメリカへの留学とは何であったか

一九九×年の暮れ、僕は一年四カ月に及ぶ留学生活を終えて日本に帰国した。「優雅」（ではけっしてなかったけど）な外国暮らしはどこへやら、ふたたび貧乏大学院生となり、修士論文を書くという大義名分上あまりアルバイトに励むわけにもいかず、埼玉県の片田舎の実家でしばしまた世話になることになった。

荒川の広々とした河川敷からほど近く、田畑に囲まれた、相も変わらずののどかなわが実家よ！　そのあまりの退屈さに耐えかねて、かつて僕は、大学二年のときに家を飛び出したが――といっても、もらうものはもらってのことだから、すねかじりの穀潰しもいいところである（両親には頭が上がらない）――、またしばらくここが僕の居場所である。

勉強に飽きると、ほかにすることもないので、彼方に浮かぶ秩父連山を眺めながら河川敷を散歩した。あるときから捨て犬を拾って飼い始めたので、散歩はそれなりに張り合いのあるものになった。その雑種のメス犬には、留学の想い出にちなんで「リマ」と名付けた。しかし、四半世紀以上生きたいい大人が「ちゃんと面倒見るから～」なんて子供みたいなこと言って犬は拾ってくるわ、日も高いうちからフラフラしてるわ、まったくもっていいご身分である。

愛犬を傍らに侍《はべ》らせ土手に寝そべり、青い空を流れゆく雲を眺めながら、しかしふと考えたものである。「こんなふうにしていると、ペルーに留学していたのがまるで嘘のようだ。ラテンアメリカは日本からあまりに遠い。なんで僕はそんなところに関わるのか。そもそも、自分にとって留学ってなんだったのだろう？」、と。「なあ、おまえはどう思う？」とふと愛犬リマに問いかけてみる。もちろん犬は、しっぽを振りながらただ「ワン！」と吠えるのみで、残念ながらいっしょに考えてはくれなかった（当たり前か）。

これはいまでもときに脳裏をかすめる思いである。ラテンアメリカへの留学は自分の人生にとってはたして「必然」だったのか、それともただの「偶然」だったのだろうか。それがわかれば苦労はないし、仮に「あなたのこれまでの人生は間違っていました」と言われても、いまさらどうしようもない（笑）。ここはひとつ、過去の経験をそれなりに繙《ひもと》きながら、自分が留学したことの意義を考えてみることにしよう。

「隔絶」を感じる

僕がリマで最初にホームステイしていた家は海からほど近く、海なし県の埼玉で生まれ育った僕はそのことだけでワクワクし（単細胞なのである）、しばしば海岸通りを散歩したものである。のちに短期で訪れる機会があったときにも、滞在中に一度は必ず海岸通りに足が向く。

リマの海岸は陸地からなだらかに続くのではなく、切り立った崖で隔てられている。その崖の上から眼下を眺めると、太平洋の広大な海原が広がっている。この太洋のはるか彼方に日本があるのかと思うと、それなりに感傷的な気分になった。

日本ではおよそだれも知らないであろう、ペルーのロック歌手ペドロ・スアレス・ベルティス（Pedro Suárez Vértiz）のバラード曲に「恋だとは知らず」（No pensé que era amor《ノ・ペンセ・ケ・エラ・アモール》）というのがある。時系列的には留学時代よりあとのヒット曲なのだが、そのせつないメロディーラインと歌詞は留学当時に海を眺めていた気分に妙にフィットするものがある。

Y el mar《イ・エル・マール》,（そして海は）
que antes miraba estando solo《ケ・アンテス・ミラーバ・エスタンド・ソロ》,（以前はひとりで眺めていたのに）
hoy vale nada sin ti《オイ・バレ・ナダ・シン・ティ》.（いまでは君がいなければなんの意味もない）

ありがちな恋愛歌の一節ではあるが、たとえば「君」を「日本」に置き換えてみれば、太平洋を挟んでの日本からの「隔絶」感を言い当てているような気がする。そう、ペルーへの留学は僕にとって、第一にこの隔絶感をもたらしたものとしてある。

隔絶感なんて当然だろう、と言われるかもしれない。留学であれ駐在であれなんであれ、異国にいる人間ならだれしも隔絶感くらい感じるだろう、と。そうかもしれない。ただ、いまの海外滞在と僕の留学とが決定的にちがうと思われるのは、僕の留学がインターネット全盛時代の「以前」だったということだ。

インターネットはいまでこそだれもが気軽に利用することができて、それこそ生活の欠かせない一部になっているが、それは一九九〇年代後半のテクノロジーの進化が可能にしてくれた状況である。

インターネットのおかげで、いまでは僕たちは、海外にいながらにして、日本のおよそあらゆる情報をリアルタイムで入手することができる。

ところが、僕が留学していたのは、インターネットが一般に普及するまであとわずかの頃だった。ただ、この「わずか」の差が決定的であった。海・国境を隔てての情報収集はなお容易ではなかった。留学準備にしたところで、その基本は電子メールではなく郵便であり、いつ届くともしれない入学許可を待ちわびて郵便受けを覗いていたものだ（いまならメールで、「あの件はどうなっていますか？」と簡単に確認もできるというものだ）。国際電話はもちろん存在していたが、それが高価な手段であることは言うまでもないし、なんといっても電話は、多くの情報を一時に網羅的に引き出すには不向きである。

思うに、海外にいて母国との隔絶を感じるのは、主たる重要な出来事の情報もさることながら、その周囲をいわばしっくいのように固めているところの、さまざまなる些末な出来事に関する情報を欠いてしまうということがじつは大きいのではないか。これらは「些末」であるがゆえに海外では容易に知りえず、短波の日本語放送をラジオにかじりついて聞いたり、日本からわざわざ雑誌を送ってもらってもなお得がたく、まさに隔《かっ》靴《か》掻痒《そうよう》の思いであった。

しかしご存じの通り、インターネットはこうした「もどかしさ」をほぼ解決し、隔絶感はあらかた解消してしまった。「してしまった」と、いささかネガティブな書き方をしたのは、これが最善なのか、じつはよくわからないからなのである。

留学とはもしかしたら、母国との「隔絶感」を味わうためにこそあるのではないか。その意味で一九九〇年代前半までに留学した僕（たち）は、隔絶感と共にあった「最後」の留学世代なのではないかと思うのである。そのほうが良かったなどと、言うつもりはない（現に僕は、隔絶感にもどかしさを感じていたのだから）。ただ、今後留学する人々が、インターネットと関わらず、かつてのような隔絶感を体験することは二度とないであろうことだけは確かである。

「不在」を生きる

隔絶感と並んで——というよりも、隔絶感の裏返しということになろうか——、留学においては、日本にいないという、いわば「不在」を生きることになる。しかし、たとえ自分が日本にいなくても、日本の歴史はそのこととは関係なく進んでいく。取りあえずは関係しないが、しかし自分の今後にとって日本はもちろん無縁ではありえない。気になりつつも彼方の地で暮らすという、いわばパラレル・ワールドを生きているというべきか。

そのとき僕は、留学先の大学の休暇を生かした旅の途中で、留学中もっとも贅沢をして、エクアドル領ガラパゴス諸島まで足を伸ばしていた。贅沢とは言ったものの、ガラパゴス往復の飛行機代を捻出するのが精一杯で、島々をめぐるクルージングに参加して驚異の動植物を満喫するなんて夢のまた夢、ひとつの島に留まってちまちまと過ごすのが関の山であった（もっともその島にも、ゾウガメやリクイグアナなら見飽きるほどいたけれど）。それでも、宿は飛行機のなかで偶然知り合ったペンションのご主人に破格の値段で泊めてもらい、同じペンションに泊まり合わせたエクアドル人親子とも親しくなり、好きなときに好きなだけ浜辺で寝転がって過ごすガラパゴスでの日々は、僕にとってはじつに贅沢なリゾート・ライフであった。

そんなのどかな時間の流れのなか、それは起こった。行きつけとなった食堂で夕食を食べていたときのことである。ラジオがなにやら緊迫したニュースを伝え始めた。よく聞き取れない。すっかり顔なじみになっていたフロア係の青年が教えてくれた――「アミーゴ、とうとう戦争が始まったよ」。そう、湾岸戦争の勃発を伝えていたのである。

戦争という事態は、ガラパゴスの雰囲気とおよそ対極に位置し、リアリティをもって受け止めるのはむずかしかった。それはさながら、村上春樹の小説『世界の終わりとハードボイルド・ワンダーランド』(新潮社、一九八五年)のなかで、主人公が「世界の終わり」と「ハードボイルド・ワンダーランド」というパラレル・ワールドの双方に属しているにもかかわらず、周囲を壁に囲まれた「世界の終わり」の静謐な空間と、騒々しい喧噪の「ハードボイルド・ワンダーランド」とが容易には重ねがたいことにも似ている。

しかし、主人公は最後に悟る。「ここは僕自身の世界なんだ。壁は僕自身を囲む壁で、川は僕自身の中を流れる川で、煙は僕自身を焼く煙なんだ」、と。平和なガラパゴスも現実なら、米国が仕掛けたペルシャ湾岸の戦禍も現実であり、日米同盟関係が存在する以上、日本がこの戦争になんらかの形で巻き込まれることもまた現実である。(1)

僕がたとえ日本にいたところで、なにがどう変わったわけではない。ここでの教訓は、僕は湾岸戦争のときたまたま日本に「不在」で、はるかエクアドルから日本と戦争の結びつきについて思いをめぐらすことになったが、この世界のなかで、ある個人はつねにどこかには「在って」、別のどこかには必然的に「不在」であらざるを得ないが、「不在」であったどこかについても、いかに想像力豊か

に「僕自身の世界」としてとらえることができるかということである。(2)

日本を「再構築」する

海外にいると、日本にいるときとは比べものにならないくらい、日本について、それもとりわけ日本の「伝統」について説明を求められることになる。当然といえば当然の話だが、日本にいる限りはおよそ訊かれることはないが、しかしいざ訊かれるとじつはよくわかっていないことも多く、戸惑うことも少なくない。

これは余談になるが、ガラパゴスに滞在中、あるエクアドル人が「日本のSONYは素晴らしい!!」と絶賛してくれたあとに、やおら真顔で、「ところで、日本にはいまでもサムライはいるんだろ?」と訊いてきた。「サムライはとっくの昔にいなくなった」と答えると、彼はさも残念そうにしていたが、ふと気を取り直したように、「でもニンジャはまだいるんだよな」と訊き返してきた。うーむ、彼の頭のなかはいったいどうなっているのだろう? 日本ではいまだに、笠張り浪人が貧乏長屋で内職よろしく、SONYの製品を作り出しているとでも言いたいのだろうか(笑)。

要は、日本人だからといって土台日本についてすべて答えられるはずもないのだが、どうかすると人はここで、「自分はなんと日本のことを知らなかったことか。とても恥ずかしい。これからは日本の伝統について大いに勉強しなければ」と、にわかジャパノロジストになってしまったりする。恥を忍んで告白すれば、かくいう僕自身も、帰国報告会かなにかの折に、「日本の伝統をもっと勉強しなければ」などとついつい口走ってしまった記憶が……。痛恨の過去の汚点である。嗚呼、穴があったら入りたい。穴がなければ、穴を掘ってでも入ってしまいたい。

よくよく考えてみれば、他者の欲望する形で自文化を「再認識」・「再発見」してしまうことほど、植民地主義的なこともない。西洋がいかに東洋（オリエント）を「構築」してきたかを論じたかの有名なエドワード・サイードの『オリエンタリズム』（平凡社、一九八六年）によれば、「オリエントがオリエント化されたのは、一九世紀の平均的なヨーロッパ人から見て、オリエントがあらゆる常識に照らして「オリエント的」だと認知されたからだけでなく、オリエントがオリエント的なものに仕立て上げられることが可能だった——つまりそうなることを甘受した——からでもある」（傍点強調後藤）。ここで言う「オリエント」を「日本」と置き換えてみればよりわかりやすいだろう。

人はどうかすると、他者のまなざしに過剰に反応して、日本を過剰に「再認識」・「再発見」してしまい、どうかするとそれこそ「日本至上主義者」になってしまう。(3) いわく、「日本は安全だ、便利だ、繊細だ、とにかくなにもかもがいい」、と。その行き着くなれの果てが、あのナルシスティックにして偏狭な「美しい日本」というフレーズだ。(4)

しかし、僕が留学して学んだことは、それとはまったく異なる。むしろ、ペルーというひとつの参照系を得て、それを手がかりに日本を相対化し、「再構築」もしくは「脱構築」することだ。例を挙げるなら、国の「伝統」を象徴しているとされる人物が、さまざまな儀式に「洋装」で登場しても「伝統」からの逸脱だとはもはやみなされず、つまりは「伝統」なるものが「近代」的なものにほかならず、かつ、そのことに無自覚に「伝統」をいたずらに称揚することがいかに底の浅いことであるかを、他者に対しても、また自分自身に対しても納得させることが大切なのではないか。

「……てな具合に、自分のラテンアメリカへの留学体験の意義を位置づけてみたんだけど、どう？　少しは説得力あったかな？」と、傍らの愛犬にいま一度問いかけてみる。しかし、犬は相変わらずしっぽを振りながら「ワン！」と吠えるだけである。

まあ良い。少なくとも彼女は目に見える留学の賜物だ。僕がペルーに留学していなければ、あるいは拾われることもなかったかもしれないし、リマと名付けられることもなかったのだから。そんな愛犬も、いまでは一五歳以上（推定年齢。捨て犬だったので）、人間にたとえれば米寿をも越えようかという老犬である。まもなく彼女は、市から長寿で表彰されることになっている。

しかし、僕の留学もずいぶんと昔のことになったものである。留学という「貯金」ももうこれで使い果たしたようだ。そろそろ新しい「貯蓄」に励まなければ。

注

（1）　実際日本は、資金援助という形で貢献することになるのだが、後手に回ったその対応は、多大なる援助総額にもかかわらず批判を浴びた。政府は、今後はもっと「具体的な貢献」（自衛隊の派遣）ができるようにと「反省」し、「テロに断じて屈しない」と馬鹿のひとつ覚えのように繰り返す某首相をはじめ、今日まで着実にそのための路線を敷いてきた。しかし、真に「反省」すべきことは、平和憲法に照らせば、まったく別の次元のことだったのではないか。

（2）僕はよくよく肝心なときに日本に「不在」の運命にあるようだ。地下鉄サリン事件（一九九五年）のときは、たまたまメキシコに立ち寄っていた。路上で救助を求める人々と防毒服姿の部隊が都心に出現したその光景は衝撃的だった。これが日本にいたのであれば、さらに大きな衝撃を受けたにちがいない。そして実際、その後日本は「反オウム」の言説で塗りつぶされていく。とはいえ、僕の場合は事件「海外映像」として知ることとなったせいか、どこかリアリティを持てない面もあった。そのせい（おかげ?）か、帰国後、「反オウム」一色の雰囲気にどこか違和感を覚えた。その違和感を自分でうまく説明することができなかったが、それを見事に表現してくれたと思ったのが、ドキュメンタリー『A』をもとに書かれた森達也の『「A」――マスコミが報道しなかったオウムの素顔――』（角川文庫、二〇〇二年）である。以来僕は、『放送禁止歌』（知恵の森文庫、二〇〇三年）をはじめ、森の熱心な読者である。

（3）逆に、海外体験を経て日本を過剰に忌避してしまう人もまま見かけるが、これはこれで、「日本至上主義者」の裏返しに過ぎないだろう。総じて、なにかを全面肯定したり全面否定することは、あまり理性的なこととはいえない。

（4）かくも麗しい（?）「美しい日本」を提唱した某首相は、その後、じつはひ弱でへなちょこなお坊ちゃまぶりを遺憾なく発揮し、政権を途中で放り出してしまいましたけどね。川端康成のノーベル文学賞受賞記念講演のタイトルは「美しい日本の私」だったけど、某首相は差し詰め「美しい日本のぼくちゃん」だな（笑）。そうそう、次の某首相まで、「あなたとはちがうんです」とかなんとか言って、同じく一年足らずでお辞めになってしまいましたが。

【コラム3】

愛しのペルー料理!

僕が訪れたことのあるラテンアメリカの国々は、ペルーを筆頭に、メキシコ・ニカラグア・エクアドル・ボリビア・チリ・アルゼンチンと、計七カ国。ラテンアメリカニストとしてはけっして多い数とは言えないし、また、最初の留学こそ一年以上に及んだが、その後は短期滞在の繰り返しで、渡航回数・滞在期間ともたいしたものではない。

そんな限られた経験の範囲でこんなことを書くのもどうかと思うが、あえて断言したいことがある。それは、「食の豊かさはペルー料理が一番!」。なにを根拠にと訊かれれば、食材・調理法の豊富さということに尽きる。嗚呼、わが愛しのペルー料理!

僕は留学時代の後半、チリ・アルゼンチン・ボリビアとめぐっているのだが、旅行中なにが物足りなかったかと言えば、それは食事である。メニューを選ぼうにも肉(基本的に牛肉)しかないのである。それはアルゼンチンにおいてとりわけ際だっていた(でもアルゼンチンの名誉のために断っておけば、asado《アサード》と呼ばれるバーベキューはそれはそれで豪快でうまかった)。チリは肉だけでなく海産物も多いが(実際、首都サンティアゴの市場では、日本人と見れば「ウニ! ヤスイ!!」と日本語で声をかけられること必至である)、やはり調理法のバラエティにおいてペルーがまさるだろう。ボリビアは悲しいかな、海がないので海産物を決定的に欠く〔しかし、ボリビアのempanada《エンパナーダ》(ミートパイ)——現地ではもっぱらsalteña《サルテーニャ》と呼ばれている——は絶品で、他国の追随を許さないと僕は思う〕。

さて、ペルーである。食材の豊富さは国土の多様性によるところが大きい。ペルーは地理的に海岸部《コスタ》・山岳部《シエラ》・密林部《セルバ》の三つに大別される。それぞれが豊かな恵みをもたらす。とうもろこし・じゃがいも・トマト・とうがらしは、そもそもアンデスが原産地である。特にとうもろこし・じゃがいもの種類の多さには目を見張るばかりだ。アメリカ大陸「発見」のなかりせば、ドイツのじゃがいも料理も、イタリアのトマト料理も、朝鮮半島の辛いキムチ料理も存在し得なかったのである。

調理法もさまざまで、手が込んでいる。肉をただ焼くだけとはちがうのである（失礼！）。もっとも、こればかりは慣れと好みの問題だから一概には言えないのだろうけど、たとえば、ペルーを代表する cebiche《セビーチェ》 は半生の魚介をとうがらしソースであえたマリネ風（ただし油は入らない）の料理なので、魚介を生で食べることの多い日本人には好まれる。牛のハツ（心臓）を串焼きにした anticucho《アンティクーチョ》 はさながら焼き鳥のようだし、papa rellena《パパ・レジェーナ》 はまさにペルー風コロッケだ。aji de gallina《アヒ・デ・カジーナ》 はそもそもは異なる料理であるが、どこか日本風のカレーを彷彿《ほうふつ》とさせる。また、lomo saltado《ロモ・サルタード》（牛ヒレと野菜の炒めもの）の味付けの決め手は醤油である。これは日系移民というよりも中国系移民がもたらした影響である。中国系移民がペルー料理にもたらした影響は大きい。なぜとなれば、パンももちろん食べるが、都市部での主食はいまやお米だからである。

郷土食も豊かで（これはどこの国でも言えることだろうけど）、僕はなかでも、ペルー第二の都市である南部アンデスのアレキーパの、rocoto relleno《ロコト・レジェーノ》（赤ピーマンにも似たとうがらしの肉詰め）や chupe de camarones《チュペ・デ・カマロネス》（川エビの牛乳風味スープ、とでも言ったらいいだろうか）が大の好物である。またアンデス全般では、cui《クイ》 と呼ばれる小動物が食されるが、ネズミもしくはモルモットの一種なので、これには抵抗がある人も多いかもしれない。アマゾンに行けば、paiche《パイチェ》 と呼ばれる巨大淡水魚を味わうこともできる。

お酒についても少々。ペルーは、ワインについてはチリ・アルゼンチン（の名声）にもはや到底かなわないが、pisco《ピスコ》 と呼ばれるブドウの蒸留酒（イタリアのグラッパみたいなもの、と言えばわかってもらえるだろうか）は世界に誇るべきものであり、もっともっと知られてほしいと思う。

　ところが、このピスコについて、隣国のチリが「起源はわがチリにあり！」と、たびたび論争をしかけている。ピスコという名前がそもそもペルー国内の地名に由来するのだから、この論争はあらかじめ決着がついているじゃないか！……と、やはりついついペルーの肩を持ちたくなる。こと食に関しては、どうやら僕も立派な「ペルー・ナショナリスト」である（笑）。ほどほどにしておかないと。

　こうして書いてくると、料理を思い浮かべるだけで僕はよだれが出てくるのだが、字面《じづら》だけ読んでいる皆さんはそうはいきませんよね。すいません。東京および関東近県であればペルー料理レストランがそこそこありますので、ぜひ一度ご賞味を。いえいえ、それに留まらず、ぜひ実際にペルーを訪れて、本場で味わってみてください。

【コラム4】
リマの異次元日本空間潜入記？

以下は、留学時代のほほえましい（?）思い出のひとつである。

＊　＊　＊

三月×日金曜日、リマの日本人創設の博物館として有名なA博物館のS氏（この方には留学中たいへんお世話になった）に連れられて、われわれ貧乏「留学生」組は、自分の財布ではおいそれとは行けない深夜のカラオケ・スナック潜入に成功した。

　ドアを開けると、そこにはいるわいるわ、日本人の一群。その晩はおおむね「大使館」組・「商社」組・「青年海外協力隊」組の三グループが陣取っていた[1]。われわれもそそくさと席に陣取る。すでに一件目の日本料理屋で相当に飲んでいる大阪の某大学のY君にむかって、ペルー人の女性給仕係が「モウグデングデンデスカ?」と優しくニホンゴで声をかける。カラオケには日本の最新の流行歌まで装備されている。いったい、われわれはどこの国にいるというのだ⁉

カウンターに鈴なりになった「大使館」組が一番盛り上がっている。「ダブルHに気をつけろー!」とかなんとか、意味不明なことを叫んでいる。もしかしたら、下々《しもじも》の者には理解できない外交官の特殊専門用語なのかもしれない。「協力隊」組の女の子がカラオケを歌い終わると、どこからともなく花をもって現れ、こちらの習慣宜しく頰にキスをする。この方々のおかげでわれわれは無事に在留生活を送ることができている……のか?

さて、だれかが某栄養補給飲料――商品名はスペイン語の recuperar《レクペラール》(回復する)に相当する英語動詞であった――の当時一世を風靡したCMソングを選曲し歌い始めると、スナック中が一体化しての大合唱となった(われわれもその例外ではない)。「黄色と黒は勇気のしるし、二十四時間戦えますか?……ビジネスマーン! ビジネスマーン! ジャパニーズ・ビジネスマーン♪」。このマゾヒスティクな歌詞内容を、ある種の悲哀の裏返しからか、あるいは底抜けの明るさからか、みんなが高らかに歌い上げる。ちなみに、二番の歌詞は海外雄飛編で、ジャパニーズ・ビジネスマンが「北京、モスクワ、パリ、ニューヨーク♪」と世界の主要都市を股にかけてゆく。が、悲しいかなそこには、われらが愛すべきリマの名前はない。

そうこうしているうちに、リマの名物板前T氏が、弟子のI氏を引き連れて着流しにはちまき姿で颯爽とご登場。噂によれば、T氏は「×××ラサール高校首席中退」、そしてI氏が「△△大学イスパニア語学科中退」。T氏いわく、「俺は中退した奴しか雇わねえ」。

T氏の乱入で宴はいよいよ盛り上がる。そろそろと退散しようとする「大使館」組のひとりが「協力隊」組にネクタイを奪われて困っている。そんなことは露とも知らず、他の「大使館」組はギャハハ！　と歌い踊り狂っている。T氏の威勢のいい声が響き渡る。「さあ、今晩は俺の奢りだぁ!!」。

われわれは程なくしてこのカラオケ・スナック＝「異次元日本空間」を後にした。外は静まり返った夜の街。そうだ、ここはリマなのだ。帰国間近の大使館派遣員（にして大学の後輩）・K君の運転する車に送られて三々五々家路についた。

その夜、かの饗宴がいつまで続いたのか、残念ながらわれわれは知る術をもたない。

（注）これがリマの日本人の生活のすべてだと思ってはならない（笑）。

注

（1）協力隊の人々は、のちにＪＩＣＡ専門家暗殺事件（「わが良き友よ」参照）を受けて、ペルーから一時撤退を余儀なくされた。撤退か否かの判断が下される直前に、リマのＪＩＣＡ本部にペルー全土から集められたメンバーと話をする機会があったが、彼らの無念さは察するに余りあるものだった。

第三部　〈日本〉の日々

喧噪の車内・静寂の車内、それぞれの闘争――「公共の場」をめぐって

ラテンアメリカから日本に戻ってきたときにいつも感じるのは、日本社会のなんともいえない「静けさ」である。それは最初の留学から帰ってきたときがもっとも印象的であった。

一年数カ月に及ぶペルー留学生活を終え、長旅の末「さあ、久しぶりの日本だ！」といざ成田空港に降り立ってみると、なんだかとっても無機質でモノトーンな雰囲気。行き交う人々は日本人また日本人、というかアジア顔が圧倒的に多いのは当然として、自分の顔はさておき[1]、みな必要以上に青白く白茶けて（失礼！）見えてしまう。そしてなんといっても、あたりが静か過ぎてどうにも落ち着かない。もちろん、人々はおしゃべりをしているし、場内アナウンスだって流れている（日本のは過剰でうるさいと外国人から批判されることもある、あの場内アナウンスである）。にもかかわらず、そう感じられてしまうのである。「うおー、なんじゃこのえもいわれぬ静けさはー！　俺はこんなところでもう一度やっていけるのかぁ？」と心のなかで絶叫し、いささか不安になりながら家路に着いた次第。……とはいえ、じつはものの数週間で、あっという間にもとの「静けさ」を守る青白い面々の一員に戻りましたとさ（笑）。

ではラテンアメリカはどうなのかというと、人が集まる場所はどこへ行ってもざわついているとの

印象がある。人々はとにかく声高におしゃべりをしている。日本のおしゃべりがそれぞれのグループ単位に「閉じた」あくまでもプライベートなものに思えるのに対して、ラテンアメリカのおしゃべりはどこか集合的で「開かれて」いて、全体的に「うねって」いる感じがする。単なる印象論の域を出ないかもしれないが、なにかにつけ見知らぬ者同士がおしゃべりを始める割合は、日本よりラテンアメリカのほうが明らかに高いだろう。そのことがきっと「うねって」いる感じを与えるのだ。そしてじつにこれが騒々しいのである。

音楽のかけ方も半端ではない。ペルーのリマでは至るところで音楽が鳴り響いていた。ちなみにその音楽の中心は、ペルーといえばアンデス文明よろしく、「コンドルは飛んでゆく」の類《たぐい》のいわゆるfolklore《フォルクローレ》（民俗音楽）……ではけっしてない。(2) 圧倒的にサルサ（salsa）、メレンゲ（merengue）といった現代ラテン音楽であり、そして欧米のロック、ポップスなのだ。これらが四六時中、街角で大音量でかけられているのである。

それは乗りもの、たとえばバスのなかとて例外ではない。一応公共の輸送機関ではあるが、そんなことはおかまいなし、運転手の好みの音楽がガンガン流れていたりする。これについては国がちがっても事情は基本的に同じようで、村上春樹は旅行記『辺境、近境』（新潮社、一九九八年）のなかで、メキシコのバス事情について次のように書いている。

メキシコのバスには静寂というものが存在しない……。そこにはまず間違いなくメキシコ音楽がかかっている。それも生半可な音量ではない。大音量で鳴り響いているのだ。……これは僕にとって大きな誤算だった。……バスによる移動時間に、のんびりと好きな音楽を聴いていようと計画していたからだ。そうすれば長いバスの旅も耐えやすいものになるに違いない、と僕は考えていた。しごく楽観的に。でもそのような目論見はあっというまにこなごなに踏みつぶされてしまった。その五時間だか六時間だかのあいだに僕の耳に入ってくるのは、ちゃんちゃかちゃんちゃかちゃんちゃかちゃんちゃか、テキエーロ、ミアモール、ちゃんちゃかちゃんちゃか、というあの果てしなきメキシコ歌謡曲ということにあいなったのだ。（傍点強調村上）

これには多少なりとも誇張があったとしても、ラテンアメリカに滞在した経験がある人間ならだれしも、かなりのリアリティをもって受け止めることができるにちがいない（ちなみに、「テキエーロ、ミアモール」は Te quiero, mi amor 、「愛してるよ、おまえ」という意味ですね）。僕自身も、夜行バスで移動中ずーっと、殺人的な音量でかかっている音楽で死にそうになったことがある。おいおい、車内は「公共の場」（espacio público《エスパシオ・プブリコ》）じゃないのかよー！　しかし不思議なことに、乗客はこの場合だれひとりとして文句を言わなかった。運転手が居眠り運転をして「事故であの世行きになる」（morir en accidente《モリール・エン・アクシデンテ》）よりも、「大音量で死にそ〜！」（¡morirse de ruido!《モリールセ・デ・ルイード》）ならまだまし、ということか。[3]
ついでながら、この再帰動詞の「転意」用法（morir は文字通り「死ぬ」の意味だが、morirse になると「死ぬほど〜である」に意味が転じる）、この機会に覚えておきましょう。

村上はまた、バスに限らず「メキシコではいろんなものが常に故障している」にもかかわらず、「でもカー・ステレオは絶対に故障していなかった。……この奇妙な国では、あらゆる機械が死んだとしても、あらゆる思想やら革命やらが死んだとしても、何かしらの奇妙な理由によって、カー・ステレオだけは死なないのだ」と書いている。ちょっと筆が走り過ぎているように思うけど、思わず笑ってしまったことも否定できない。実際そんな気にさせられるからだ。

誕生日など、なにかと節目のお祝いに催されるfiesta《フィエスタ》（パーティ）ものすごい。近所でフィエスタがあった日にはたまったものではない。それこそ村上じゃないけど、一晩中「ちゃんちゃかちゃんちゃかちゃんちゃかちゃんちゃか、テキエーロ、ミアモール、ちゃんちゃかちゃんちゃか」で、フィエスタの輪に加わってなくても翌日の寝不足は必至である。しかし、ここでも人々は文句を言わない。なぜなら、いずれ自分たちもフィエスタをするから「お互いさま」なのである。日本在住のラテンアメリカの人々は、つい同じ感覚で「お互いさま」だと思って夜中にフィエスタをやってしまったりするから、ときにはご近所で軋轢《あつれき》を起こしてしまうのかもしれない(4)。

かくも喧噪に満ちたラテンアメリカから見れば、日本は相対的に静かである。そりゃあ日本だって繁華街のパチンコ屋から流れてくる大音量はかなり殺人的だけど、いわゆる「公共の場」における「静けさ」はなかなかどうしてたいしたもので、大量輸送機関、たとえば電車内はまさに静謐の空間で、だれも必要最小限の音・声しか出していない、あるいは無言である（だからこそ、ヘッドフォン・ステレオの音漏れが気になるのである）。もっとも、酔っぱらいだらけの終電間際の電車となると話はまったく別で、これは相当にうるさい。酔っぱらうと途端に節操がなくなるから困る。このギャップの大きさに外国人はまた驚かされたりするのである。

さてしかし、そんな静かな日本の車内で、けっこう熾烈《しれつ》なつばぜり合いが、密やかにしめやかに、そして――こう言っていいなら――「陰湿」に繰り広げられていることを、じつは僕たちのだれもが知っている。あるいは実践している（僕自身、まったく身に覚えのないことではない）。それは「公共の場」の過剰な占有、この場合具体的には、座席の「ひとりじめ」である。そう、オトコならば不必要と思われるほど股を開き、オンナならば手荷物をさりげなく小脇に置いて、隣の席に座りにくくしてしまう、アレである。

足を「ハ」の字形に開脚させたオトコの隣はそもそも近寄りがたい。思い切って座ってみたところで、オトコの開脚の度合いが狭まることはまれである。むしろこちらが足を「逆ハ」の字形に閉じて、窮屈さに耐えなければならない。ああ、一体全体、どうしてこのオトコだけに座席の幅以上に足を開く権利があるというのか。オンナの手荷物が置かれた席も鬼門である。恐る恐る近づくと、一応場所を空けてはくれるが、その顔には「どうしてよりによってここに来なくちゃいけないわけ？」と、不満の色がありありと見える。ご迷惑をおかけして本当にどーもすいません。でも僕には、この席があなたの隣にあるというただそれだけの理由で、なぜほかの席と差別化されなければならないのか、どうしてもよくわからないのです……。

このような「開脚オトコ」・「手荷物オンナ」のさまは、大声こそけっして出さないものの、まるで無言の威嚇・牽制だ。「ちょっとでも近づいたら嚙みつくぞ、がおーっ！」「来たら引っ搔くわよ、キーッ！」と、胸のうちではさながら「猛獣」のように吠えているにちがいない。これはほとんどジャングルやサバンナで繰り広げられる動物の縄張り争いだ。野生動物は「自然」のなかでやるのだからまだしも良い。しかしそれが、人間にとっての「社会」、ましてや「公共の場」とあっては、勝手に縄張りを張られても困る。万人が自分の必要に応じて占め、相手の必要に応じて譲り合う、それが「公共の場」というものであろう。

日本よりラテンアメリカのほうが「公共の場」の観念が発達しているわけではない——むしろそのようなものは軽視されている——ことは、すでに述べたとおりである。しかしそこには、日本には見られない良さもあるのである。

「公共の場」における弱者へのさらなる配慮として、日本では車内に「優先席」なるものがあったりする。僕の経験の範囲では、ラテンアメリカには——少なくともペルーのリマでは——そのような配慮はなかった。配慮はそのような形式としてではなく、むしろ個人の内面に宿っているといえる。満員の車内で、弱者に席を譲るのは「ほとんど義務」（casi obligatorio《カシ・オブリガトリオ》）のようなものである。ただし、譲るのは高齢者というよりもむしろ老若に関係なく女性に対して、すなわち、一般に男性から女性に向けられる行為ではあるが。高齢の男性は残念ながら席を譲られない（男はつらいよ！）。そもそも、高齢とて男性は女性から席を譲られるのを潔しとしない。つまりこれらの行為は、マチスモ（男性優位主義）の裏返しだともいえるのだが、[5] 日本でいい若者がお年寄りを前にして「優先席」にふんぞり返っているよりははるかにましだと言えるだろう。

僕が留学の初期にもっとも驚いたのは、満員の車内に立って大きな荷物を抱えていると、目の前に座っている人から「それ、持ってあげましょうか？」（¿Te lo llevo?《テ・ロ・ジェーボ》）と声をかけられることである。日本では、家族・友人ならいざ知らず、見知らぬ他人からこんなふうに言われるなんてまず経験のないことだ。経験がないがゆえに、失礼ながら僕は最初、このありがたい申し出を断っていた（親切だった皆さん、この場を借りてお詫びします）。しかし、このような場面ではそうするものなのだと慣れてからは、厚意に甘えることにした。無論、僕自身も逆の立場に立ったら、「それ、持ってあげましょうか?」と声をかけるようにしたのは言うまでもない。

「日本には車内に網棚というものがある。荷物はそこに載せればすむのだから、『それ、持ってあげましょうか?』などと声をかけるに及ばない」、という主張はとても正しい。日本――といっても、現代のあくまでも都市部であることが前提となっていますが――で「それ、持ってあげましょうか?」などと話しかけたら、残念ながら怪しまれてしまうかもしれない。むしろここで注目すべきなのは、そのように日本では見知らぬ者のあいだでコミュニケーションが起こりにくいの対して、ラテンアメリカでは見知らぬ者同士でもコミュニケーションが成立しやすいという点である。

確かに、ラテンアメリカでは日本より「公共の場」という観念が相対的に薄いにちがいない。しかし、「公共の場」の欠如がもたらす軋轢はコミュニケーションによって補完されているということもできるだろう。必要とあらば見知らぬ者同士が声をかけ合うことで、たとえ「公共の場」は制度化されていなくても、賑々しく交わされるコミュニケーションの刹那〳〵に公共的な関係が生み出されているのかもしれない。翻って日本では、「公共の場」はかなりの程度制度化されているものの――あるいは制度化されているがゆえに――、見知らぬ者同士がどうにも言葉をかけにくい環境になってしまっていて、実際の利害調整がむずかしくなっている。「座りたいのでちょっとずれてもらえませんか?」――このたった一言がなぜか日本では口にしにくい。日本において息苦しさを感じるのは、まさにそのような場面においてだ。あたかも他人のことなどおかまいなしの「喧噪の車内」と、一見周囲に配慮しているようではある「静寂の車内」。「公共の場」が本当に機能しているのは果たしてどちらなのだろうと、ふと首をかしげてしまうのである。

さてさて、ある日の電車内のことである。向かいの座席にすわった「おっさん」――と、あえて呼ばせてもらう――は、角度九〇度超の大股開き（いったいそこになんの意味があるのかね?）、おまけにカバンを隣に放り出して優に三席分を独占していた。おお、これは「開脚オトコ」の厚顔ぶりに「手荷物オンナ」の手練を加えてパワーアップした、おお!、まさに「公共の場」に君臨する最強の「百獣の王」である（笑）。車内がさほど混んでいないとはいえ、それはないでしょう、それは。

「おっさん」はとある駅で下車した。僕の職場のある駅なので、僕もまた下車した。「おっさん」は僕の行く道の前を歩いてゆく。ずっと歩いてゆく。まだ歩いてゆく。ハハハ、まさか……ね。しかし、その「まさか」なのであった。「おっさん」は僕の職場である大学の門のなかに消えていった。やれやれ、困ったものである。どなたか存じ上げませんが（なにせ千人単位で教職員がいるもので）、これで「公共の場」について得々と講義でもしてたら、ホント、洒落にならないよね。

注

(1) 留学からの帰途、経由したメキシコからの便は日本の航空会社だった。乗客は当然日本人が多かった。フライトアテンダントも日本人、もしくは日本語を話す人ばかり。飛行中、機内前方よりフライトアテンダントが「コーヒーになさいますか、それとも緑茶になさいますか？」と、飲み物の希望を日本語で順次訊いてやって来る。ところが、僕の番に至って突然 *"Coffee or Tea?"* と、なぜか英語に切り替えるんだから摩訶不思議（笑）。僕の顔は思いっきりアジア顔だと思うのだが。アジアのどこか「別の国」の人間だと思われるのかなぁ。その後も機内では、日本語ができるはずのフライトアテンダントに英語で話しかけられることが少なくない。なぜなのだろう？

（2）日本では（日本だけじゃないと思うけど）、ペルーについての番組ではたいがいBGMに「コンドルが飛んでいく」が使われたり、ケーナ（縦笛）の響きが聞こえてきたりするが、これは単なるステレオタイプな思い込みに留まらず、亡命パレスチナ知識人のエドワード・サイードが言うところの、他者を固定化し支配・差別する「オリエンタリズム」の視線ともつながっているだろう。だいたい、バックに尺八やら琴の音が流れる番組のなかで日本の「すべて」が紹介されていたりしたら、おいおいちょっと待てよ、と思うでしょ？

（3）これとはまた別の機会だが、アルゼンチンからボリビアへ国境越えをする夜行列車に乗っていたときのこと、途中から行商のおばちゃんたちが手荷物一杯でどやどやと乗ってきたのだが、夜中に荷物のなかのワイン瓶が割れてあたり一面に散乱したものだからもうたいへん。ワインで床はびしょびしょ、あたりはアルコールの匂いが充満、にわとり（これも荷物のりっぱな一部であった）はけたたましく鳴き、おばちゃんたちはそれはそれは蜂の巣をつついたような大騒ぎ。このときも僕はほとんど眠れず、「ほとんど死にそう」（Casi me muero《カシ・メ・ムエロ》）でありました。

（4）とはいうものの、ラテンアメリカを極端に異質化するのは、必ずしも筆者の意図するところではない。騒がしさの判断にはそれぞれの社会の基準があるのだろう。すでに述べたように、日本の場内アナウンス・車内アナウンスをうるさいと感じる外国人がいるのに僕たちがそうと思わないのは、僕たちにはその「騒音」が自明化し、もはや「騒音」とはみなされていないからである。

このナショナリティをベースとした「僕たち」もまた、当然のことながら一枚岩ではない。留学中、ペルーでは社会資本整備の弱体化により、停電・水不足が相次いだ。「日本ではほとんど経験しなかったことなのでなかなか慣れない」と、僕の留学先に大阪の某大学から客員教員としていらしていた年配の先生に話したことがあった。しかし、先生の答えはこうであった：「そうかなあ、私なんか逆になつかしいけど。戦後の日本では停電なんかざらだった……」。日本もいろいろ、日本人の世代もいろいろ、である（なんだか元某首相の物言いのマネみたいでいやだけど）。

（5）あるときペルーの友人が、「日本では女性が男性から三歩下がって歩かなければならないから、日本はマチスモの国だ」と論難してきた。さすがにいまでは「三歩下がって」ということはないと訂正しつつも、日本にマチスモがあることは認めたうえで、西欧文化圏の「男性が女性の先を行ってドアを開けてやる caballerosidad《カバジェロシダ》（紳士らしさ）もマチスモの一種だと思うけどな」と反論したのだが、その友人はあまり納得がいかなかったらしい。

ケ・ビ～ボ！——ラテンアメリカ・日本対抗、「ずる賢さ」合戦

「ケ・ビ～ボ！」（¡Qué vivo!）——あなたもラテンアメリカに行けばきっと一度は耳にする、あるいはそのなんたるかを思い知るだろうこのフレーズ。「ビ～ボ」は第一義的には「生きている、生き生きした」の意の形容詞で名詞の vida《ビーダ》（生命、人生、生活）に対応するが、この場合の「ビ～ボ」はむしろ名詞「ビベサ」（viveza）と関連する。「ビベサ」とは、良くいえば「才気煥発《かんぱつ》」「抜け目なさ」だが、むしろここでは悪い意味での「狡猾さ」「したたかさ」、さらには「出し抜き」「はったり」「手抜き」「ぼろもうけ」なんでもありぃーの、つまり「ケ・ビ～ボ！」とは、「なんとずる賢い！」といった意味なのである。

日系アルゼンチン人のアルベルト松本は、アルゼンチン人の「ビベサ」について次のように解説している。

このずる賢さは質が悪く、やっていない振りをしながら相手の油断によって利益を得ること、もしくはアンフェアな形で優位に立つことであるのだ。当然ながらその責任を認めようともしないし逆に他人になすり付けるのが「礼儀」である。いわゆる卑怯な行為であるにもかかわらず、当たり前の行動パターンとして美化してしまっている非常にやっかいなものである。（『アルゼンチンを知る

ための54章』明石書店、二〇〇五年）

しかし、ことはなにもアルゼンチン一国の問題に限らないだろう。僕もペルーにおいて、呆れて途方に暮れるというよりは、あまりのあっけらかんさに感嘆してしまうというべきか、思わず「ケ・ビ～ボ！」と、何度もため息混じりにつぶやきたくなったことがある。

僕が留学したころのペルーには、どうにも立ちゆかない国の経済事情というものがあったことは否定しがたい。人々の暮らしぶりは、少数の上層階級を除いては困難を極めていた。公務員も例外ではない。彼らの給与は確かに微々たるものであった。だからといって、地位を利用した不正は本来あってはならないことだ。しかし実際には、日常的に横行していたのが紛れもない現実である。つまり、役所の窓口の人間や警察官が、なにかと難癖をふっかけてお金を巻き上げようとするのである（現在は当時のようではないと思う。そう願っている）。

僕自身の身近な問題としては、ビザの更新があった。観光ビザでペルーに入国した僕は、大学の在学証明書を持って移民局で学生ビザへの切り替えをしなければならなかった。手続きが「袖の下」を使えばどうやら簡単に済むらしいことは、噂には聞いていた。しかし、あえて僕は正攻法で挑むことにした。

噂に偽りはなかった。正規の手順を踏んでいたのでは、手続きは遅々として進まなかった。何度か移民局に足を運んでも、提出した書類が同じところにいつまでも留まっていた。たまりかねてこう尋ねた。¿Para qué vengo tantas veces?《パラ・ケ・ベンゴ・タンタス・ベセス》（なんだってこう何度も足を運ばなければならないのか？）。答えは至って簡単だった。Para avanzar el trámite, pues《パラ・アバンサール・エル・トラミテ・プエース》（手続きを進めるために決まってるじゃないか）。ギャフン！　怒りのあまり、返す刀で「俺は真剣なんだぞ！」というつもりが、つい Soy serio《ソイ・セリオ》と叫んでしまった。相手は一瞬あっけにとられ、次いで「お前はアホか」といった視線を浴びせてきた。無理もない。なんの脈絡もなく突然「俺は正気だぞ！」と口走ったのだから、「アホ」にも見えるだろう。ser 動詞（soy）は本来的に備わった特徴・性質、estar 動詞は一時的な状態。僕は Estoy en serio《エストイ・エン・セリオ》と言いたかったのだった。お恥ずかしい……。冷静さを欠いてしゃべってはいけませんな。

　そうこうしているうちに観光ビザがついに切れそうになった。そのことを訴えると、「ビザ更新手続き中」という証明印を辛うじて期日までにパスポートに押してもらうのが精一杯であった。やがてどうにかこうにか面接官との面接まで漕ぎ着けた。日にちも決まった。これでついに！……と思うのはまだ甘かった。

　面接は午前中で、当日は早くから移民局に行ったのだが、面接待ちの人数はさほど多くないが、これがいっこうに進まない。時間は刻一刻と過ぎてゆく。いいかげんうんざりしたころ、ようやく僕の名が呼ばれた。しかし、いざ対面した面接官は、さらりとこう言ってのけたのだった。「君、それで、来週はいつ来られる？　もう今日はこれで終わりにしようと思うんだけど」。えっ、なんですかぁ？　わが耳を疑った。おいおまえ、俺は今日が来るのを一日千秋の思いで待っていたんだぞ。しかしどうにも埒が明ない。面接官はとにかく今日は終わりの一点張り。あえなく撤退するほかはなかった。

　おかげさまでというべきか、翌週僕はついに学生ビザを手に入れることができた。手続き開始からかれこれ三カ月ほどの時間が流れていた。正攻法の代償はあまりにも大きかった（深くため息）。

あるとき、日本大使館に用事があって出かけたところ、観光地クスコで一切合切を盗まれてしまった哀れな卒業旅行の大学生を「拾って」しまった。日本人ツアー客からお金を借りてどうにかクスコからリマまでたどり着き、大使館でパスポートの再発行は受けたものの、あと移民局でしかるべき手続きをしなければならなかった。帰国の日程は迫っている。成り行き上ほうっておくわけにもいかず、あの忌々しい移民局に付き合うことにした[1]。

案の上、窓口の担当者はいろいろと難癖をつけてきた。今回は自分自身のことではないのでこだわりはなかった。ましてや事は急を要する。僕は担当者に向かって、「彼には時間がない。だから、あなたにすべてお願いしたい」と持ちかけた。担当者はこう答えた。「よろしい。私がすべてなんとかしよう」。その後はじつにあっけなかった。手続きはものの三〇分で済んでしまった（やれやれ、僕のあの三カ月はいったいなんだったのだろう）。あとは金額の交渉である。担当者いわく、「このことについては上司も格別の計らいをしており、ついては○×だけ要る」。まあその額でもいいかと思ったが、哀れな大学生のことを慮《おもんぱか》って僕の答えていわく、「ちょっと高すぎるな。あなたの上司と直接話がしたいんだけど」（僕もなんだかんだいって、けっこうビ〜ボ？）。担当者は致し方なしといった感じで別室に行き（といっても、別室に実際上司がいるはずもない。すべては彼の一人芝居だったはずだ）、戻ってきていわく、「では特別に■△だけでいいと、上司は言っている」。これにて一件落着、である。

こうして大学生は無事ペルーを発つことができた。いまとなっては彼の名前も思い出せない。でも卒業後は確か某有名自動車メーカーに就職したはずだ。元気に働いているだろうか。まさかペルーに駐在してたりしないだろうな（笑）。

このほか、ペルーでの「ケ・ビ～ボ！」なエピソードを挙げていったら、それこそ枚挙に暇がない。しかし、である。ふと考えてしまうことがある。これは本当にラテンアメリカばかりの問題なのかと。僕には、日本だって相当に「ケ・ビ～ボ！」な国に思えるのだ。

これもまずは自分の身近な（身近だった）問題に即して考えてみる。たとえば、不動産の賃貸だ。僕は大学学部時代より長らくアパートで一人暮らしをして、引っ越しも何度となく繰り返してきた。ご存じのとおり、不動産賃貸にはやれ礼金だ敷金だと、なにかとお金がかかるものだが、なにをどこまで払うべきか、あるいはどれだけ回収できるかについては、それなりに勉強したつもりだったが、日本の不動産業界の「ビベサ」はなお僕を鼻で笑うがごときしたたかなものであった。いまでは分譲マンションを買ってしまったがゆえに、僕自身が貸主・不動産屋と直接対決することはもはやできない。さればこそ、現在賃貸物件に住んでいる大学生や読者の方に、これを読んだらぜひ、日本の悪しき商習慣と闘ってほしいのである[2]。

ご存じのとおり、賃貸物件の契約に当たっては（ここではもっぱら東日本の商習慣に沿って話を進めます）、礼金や敷金を含めた家賃数カ月分の相当に高い負担が強いられる。礼金とは文字通り、貸主に「謝礼」として支払われる悪しき商習慣の最たるもので、借主にとっては払い損もいいところである（行政はぜひ対策を講じてほしい）。一方敷金は、広辞苑によれば「不動産賃借の際、借主が貸主に対して借賃滞納・損害賠償の担保として預けておく」いわば「保証金」で、その限りにおいて必要性は認められよう。つまり、借主に瑕疵《かし》がない限り、それは戻ってくる性格のものであるはずだからだ。ところが現実には、「損害賠償の担保」の部分が融通無碍《むげ》に解釈され、敷金の一部または大部が返却されない（ひどい場合には、返却されないどころか、あまつさえ追加請求までされる！）ことが少なくない。

もちろん借主には、物件退去時に「原状回復」をする義務がある。たとえば、誤ってフローリングの床を打ち破ってしまったとする。それについては相応の額が敷金から差し引かれて当然である。なにを大げさな例をと言われるかもしれないが、「原状回復」とは本来、借主に明らかに落ち度がある場合のみに適用されるべきだからである。

国土交通省が旧・建設省時代の一九九八年に作成した「原状回復をめぐるトラブルとガイドライン」（二〇〇四年改訂）は、「原状回復」を「賃借人の居住、使用により発生した建物価値の減少のうち、賃借人の故意・過失、善管注意義務違反、その他通常の使用を越えるような使用による損耗・毀損を復旧すること」と定義し、「賃借人が借りた当時の状態に戻すことではない」と明確に述べている。つまり、壁紙や畳の日焼けなど、生活上だれしも避けがたい劣化については、借主は「原状回復」の義務を負わないのである（最近ではいささか肩身が狭いとはいえ、喫煙者によるたばこのヤニ汚れさえもだ）。にもかかわらず、リフォーム代・クリーニング代と称して、敷金から差し引かれるケースがあとを絶たない。誠に嘆かわしいことである。これを「ビベサ」と言わずして何と言おう？

不動産賃貸をめぐる日本の「ビベサ」はこれに留まらない。物件の契約に当たって不動産業者は通常「仲介手数料」を取る。家賃一カ月分が相場だ。腹立たしいけれども致し方なし、と思っていた。ところが！　である。「宅地建物取引業法」（通称、宅建業法）には、借主および貸主が負担すべき仲介手数料の額は原則として「家賃一カ月分の二分の一以内」と定められているとのこと。考えてみればそりゃそうだ、仲介されているのはなにも借主だけではなく、貸主だって同じことだ。ただし、「いずれか一方が承諾すれば上限の一カ月分まで受領してもかまわない」という「例外規定」が付いているのがミソ。「おいおい、そんなの承諾したおぼえないぞ！」と、だれもが思うだろう。でも、僕たちは「承諾」させられてしまっているのである。不動産屋に「仲介手数料は家賃の一カ月分いただきますが、よろしいですか？」とかなんとか訊かれて、それに対して「いいえ、よろしくありません」（同意しない）という選択肢が借主にあるとはつゆとも知らず、「はい、けっこうです」と答えてしまうことで……。仲介手数料が「承諾」事項だなんて、あらかじめ知らされない限り素人は知る由もない。僕はこの事実を、『毎日新聞』二〇〇三年六月三日付朝刊の「なんだか変！　東京ウォッチング」のコーナーを読んではじめて知った（このコーナーは、日常の些細な疑問に答えてくれる、すばらしい連載であった）。が、時すでに遅し。僕の賃貸生活はすでに終わっていた。そして僕は、「世界の中心で愛」ならぬ、「日本の中心」で「ケ・ビ～ボ！」と叫んだのであった。「おい、不動産屋！　俺がこれまでに払った仲介手数料、半分返しやがれ!!」[3]。

アルベルト松本は「ビベサ」を、「いわゆる卑怯な行為であるにもかかわらず、当たり前の行動パターンとして美化してしまっている非常にやっかいなもの」と位置づけていた。アルゼンチンに限らずラテンアメリカにおいては、「ビベサ」が「自覚」的になされている点に問題がある。しかしそれは、不安定な政治経済、制度化の不十分な社会機構が生み落とした「鬼子」であり、一種の必要悪として存在しているのかもしれない。

翻って日本はどうだろうか。相対的に安定している政治経済、十分に制度化された社会機構のなかで、「ビベサ」など「われわれ日本人」とは無縁のものと思っているのかもしれない。しかし、おそらくそこが問題であるにちがいない。欺いていても、欺かれていても、互いに「無自覚」であること。罪の意識が薄いと思われるのは、「ぼったくり」を「ぼったくり」と認識できない、制度の完成度がなせる技だろうか。被害者意識が起きにくいのも、過度の同質性を強調するナショナリズムに凝り固まっているからなのか。ここ数年、「オレオレ詐欺」・「振り込め詐欺」と称される犯罪が横行しているが、これこそ流暢な日本語を駆使しなければできない、「日本人による日本人に対する犯罪」の最たるものであるにもかかわらず、僕たちが相も変わらず必要以上に警戒してしまうのが、「外国人による犯罪」なのはいったいなぜなのだろう。

僕たちはきっと、僕たちのなかの「ビベサ」をあえて見ようとしてこなかっただろう。しかし、敷金問題ならまだしも、近年の薬害エイズ問題、道路公団問題、アスベスト放置問題、マンション強度偽造問題が、果ては現在進行形の社会保険庁による杜撰《ずさん》な年金管理問題が明るみになるに及び、日本の「ビベサ」がついにその馬脚を現したように思えるのは、僕の思い過ごしだろうか。

さてさて、ラテンアメリカ・日本対抗のこの「ずる賢さ」合戦、いったいどちらに軍配は上がるのかしらん？(4)

注

（1）移民局って、結局のところその国の国籍を持っていればまったく縁がないので、どんなところか知る由もない。日本の入国管理局、いわゆる「ニューカン」も、在留外国人にはすこぶる評判が悪いようである。移民局に象徴されるように、ある国のネガティブな部分は、その国に帰属している人間には見えてこないものなのだ。

（2）などと書いているうちに、分譲マンションの所有者になったらなったで、新たに闘うべきさらに「巨大な敵」がいることを認識した。それは「マンション管理会社」である。たとえば、『週刊ダイヤモンド』二〇〇八年二月十六日号の特集〈マンションが危ない！〉を参照されたい。

（3）まだまだあるぞ、不動産屋の悪行三昧（笑）。先の「なんだか変！　東京ウォッチング」によれば、二〇〇〇年三月、業界大手二社が、借主からも貸主からもそれぞれ一カ月分の仲介手数料を取るという違法行為をはたらき、業務停処分を受けている（僕自身も、東京都のウェブサイトの「これまでの報道発表」で確認した。過去五年分しかアップされていないので、いまではウェブ上では閲覧することができないが）。その後、そのうちの一社は借り主が払う仲介手数料を半月分に「値下げしました！」として、どうもそれを「売り」にしているようだが、「転んでもただでは起きない」とはこういうこと？　もうため息が出ちゃうくらい「ケ・ビ〜ボ！」。

（4）二〇〇五年十二月十六日、敷金返還訴訟において画期的な司法判断が下された。「最高裁第二小法廷（中川了滋裁判長）は「修繕費などは本来賃料に含まれる」として貸手負担の原則を最高裁として初めて確認」したのである（『朝日新聞』二〇〇五年十二月十六日夕刊）。不動産業界は恥じて猛省すべし！

車が真っ赤に染まった日!?——スペイン語教師、損保と闘うの巻

日本ではできてもラテンアメリカではしたくない、それだけは勘弁して、ということをひとつ挙げよと訊かれれば、それはmanejar el carro《マネハール・エル・カロ》[1]、すなわち、「車の運転」と答えるだろう。僕は過去にもしたことがないし、これからもするつもりはない。

車の運転は、まず基本からしてちがってくる。日本が左側通行=右ハンドルであるのに対して、ラテンアメリカではもっぱら右側通行=左ハンドルだ。これはまったく正反対。まあ、「慣れ」の問題なのだろうけど、とっさのときの自分の反応がやはり心配だ。ミッション(変速機)——スペイン語ではシンプルにcambio《カンビオ》(英語の*change*相当)と言っていた——の位置・操作も左手から右手へ。これにもかなり違和感がある。そして、クラッチ(embrague《エンブラゲ》)・ブレーキ(freno《フレノ》)・アクセル(acelerador《アセレラドール》)の位置も左右対称に変わる!?……って、それだけはさすがになくて、平行移動しているだけだった。ちょっとだけ安心。

以上の交通法規やメカのちがいもさることながら、周囲の運転マナーも日本と比べると格段に荒っぽくて、とてもではないがやっていける自信がない。車線変更は思いつくまま気の向くまま(頼むからウィンカーを出してくれ!)、「幅寄せ」はギリギリまでしてくるわ(ていうか、いま接触しなかった?)、クラクションはもう鳴らし放題(そんなに鳴らしたら肝心なときに警告にならないっちゅーの!)、まさ

に修羅場はたまた混沌《カオス》、これはQuien ama el peligro, en él perece《キエン・アマ・エル・ペリグロ、エン・エル・ペレセ》（触らぬ神に祟りなし）である。

そしてなによりも、まさかのとき、つまり、交通事故に遭ってしまった、起こしてしまったときのことがとても心配だ。残念ながらラテンアメリカでは——少なくとも僕がもっともよく知るペルーでは——、交通事故補償が十分に「制度化」されているとは言いがたい。保険（seguro《セグーロ》）をかけていない車もさぞかし多いことだろう。そんななかで、交通事故被害者にでもなったらたいへんなことだ。ここはやはり、車に乗らずに済ますことができるなら、それに越したことはない。

その点、日本は安心だ。なんてったって、格段に「制度」が整っている。すべての車は自賠責保険に加入することが義務づけられているし、加えて任意保険に入っている運転者の割合も高い。万が一交通事故に遭ってしまったとしても（もっとも、死んでしまっては元も子もないが）、これら保険によって十分な補償がなされるのだ——と、天真爛漫というほどではないにせよ、僕はおおよそ信じて疑わなかった。そう、あの日が訪れるまでは……。

それは忘れもしない、二〇〇×年十二月二十三日のことであった。僕はその日、「運命の分かれ道」というものを感じないわけにはいかなかった。

「クリスマス・イブ・イブ」の祝日、もとい、天皇誕生日だというその日、僕は研究室の書籍を入れ替えるべく車で大学へ、妻は子どもを連れて都内の友人宅で開かれたクリスマス・パーティに行っていた。もともとの予定では、妻と子どもがその後友人宅から大学に回り、大学からいっしょに帰宅する予定であった。ところが、妻のパーティが長引き、僕はと言えば、研究室での作業が思いのほか早く片づいたので、僕のほうがふたりを迎えに行くことにした。思えばこれが、第一の「運命の分かれ道」であった。

妻の友人宅に着くと、まだまだパーティは終わる様子もなく、そうこうするうちに、もうこれだけ遅くなっちゃったことだし、ついでに夕食も食べていったらと、妻の友人は親切にも誘ってくれた。ありがたい申し出ではあったが、こんなに遅くなると思っていなかった僕は、正直なところ早く家に帰りたかった。早く帰ってビールが飲みたかった。車で来ているので、自分はここでは飲めない。「たいへん申し訳ないけれど」と言って、いささか不満げな妻と子どもを連れて、僕は友人宅を早めに辞することになった。これが第二の、そして決定的な「運命の分かれ道」になろうとは、もちろん、その時点では知る由もなかった。

僕は首都高速・王子線に乗り、荒川沿いを走る中央環状線に合流すると、一路湾岸方面を目指して走った。辺りはすっかり夕闇に包まれていた。途中、小菅ジャンクションと堀切ジャンクションを抜けていくのだが、ご存じの方も多いと思うけど、この連続ジャンクションは「渋滞が恋しくなったらここにいらっしゃーい！」と言わんばかりの非合理的な構造の合流・分岐地点で、その日もご多分に漏れず車の流れは滞っていた。小菅ジャンクションをどうにか抜け、堀切ジャンクションでの合流もほぼ完了したまさにそのとき、それは起きた。道路はふたたび渋滞となり、前方から一台また一台と、車が停止していった。僕の直前の車も止まった。そして僕も車を止めた。ただ、僕の後ろの車だけが止まってくれなかった。

ドッカーン！　と車体に衝撃が走った。その瞬間の感覚はなんと説明すればいいだろう。なんだか悠長に聞こえるかもしれないけれど、「あーあ、面倒なことになっちまったな」とでもいった感じで、恐怖は特別感じなかったような気がする。車体は前方に押しやられ、前の軽トラックの下にめり込む形になり、ボンネットが大きくめくれ上がって、そして止まった。その間、時間が非常にゆっくりと感じられたのだが実際にはほんの一瞬の出来事だったのだろう。妻と子どもの、そして自分の取りあえずの無事を確認し、「断末魔の悲鳴」のごとき唸りを上げていたエンジンを切って車外に出ると、追突した車は思いのほか後方に止まっていた（バックしたのかもしれない）。ベンツだった。噂にたがわずベンツはタフだ。ほとんど壊れていなかった。乗ってる人間はいいかもしれないが、それが他車＝他者に向かったときは「凶器」と化すということだ。

その後はゆっくりどころか、まさに怒濤の展開。やれ一一〇番だ、保険会社に連絡しなくちゃ、レッカー車を呼べ、現場検証だ事情聴取だと、暮れも押し迫った寒風吹きすさぶ首都高の高架の上で過ごすこと二時間余り（寒かった！　そのせいでその後ひどい風邪をひいてしまい、のちに点滴さえ受けることになるのだが）。興奮・緊張気味に過ごすなかで、でもその一方では、いまごろラジオでは「道路交通情報センターの××さん、お願いしまーす」「はい、お伝えします。首都高速・中央環状線は、堀切ジャンクション付近で追突事故が発生し、その影響で外回りが××キロの渋滞……」なんて流れてるんだろうな、渋滞情報はこれまでいくらでも聞いたことがあるけど、「まさか自分が当事者になって渋滞の原因になろうとは思いもよらなかったぜ」、などと考えている始末。ことの重大さがまだ十分に身にしみてこない。

事故状況としては、これはもう過失割合〇：一〇〇のまがうことなき一方的な追突ということで、その点については加害者もまったく異存はなかった。自走不能となった僕の車はレッカー車に引かれていった。僕が人生で最初に買った車、苦しかった時期をともに疾走し、それなりに愛着の深い車は、僕たち家族をいわば身を挺して守ってくれた結果、「帰らぬ車」となってしまった。合掌。

その後、僕たちは加害者の車に乗せてもらって——というのもなんだか妙なものではあるが——帰宅し、当然のことながら、念のため病院に行って診察を受けた。その結果、子どもは奇跡的になんともなく、妻と僕もごく軽度のむち打ち症で済んだのは不幸中の幸いだった。安堵とともに、もしなにかが一歩でも間違っていたら、と底知れぬ恐怖を覚えたのは、もう床に着く頃のことであった。本当に、本当によかった、三人とも無事で。[2]

さて、本題はむしろここからである。かくして僕は、加害者が加入する損害保険会社（以下、単に損保）と、賠償について示談交渉することとなった。損保の名は「A損保」としておこう。これを便宜的な命名と取ってもらってもいいし、実在の損保のイニシャルではないかと勘ぐっていただいても、どちらでもけっこうです（笑）。

交通事故賠償はまず、大きく「人身」と「物損」に分かれる。今回の僕の場合、「人身」傷害は軽微だったので、特に争うべきこともなかった。問題は「物損」、すなわち、大破した車の補償のほうである。「物損」に集中できるなんて、極めて幸いというべきかもしれない。これが深刻な「人身」傷害を被っていれば、「物損」どころではなかったのだから。

A損保の物損担当者・T女史から早速電話があった。「このたびはたいへんご迷惑をおかけしました。さて、お客様の車ですが、修理ではなく、『全損』扱いとさせていただきます」。これについても、若干説明がいるだろう。損壊した車の補償は、まずは「修理費」によってなされるべきである。ただし、修理が物理的に不可能な場合、および「修理費」が「車両時価」（当該車両が事故前で持っていたとされる価値。わかりやすく言えば、中古車市場価格）を上回ってしまう場合は「全損」とみなされ、「車両時価」が対価として支払われることになる。

A損保のT女史いわわく、「それで、お客様の車の『車両時価』でございますが、○×万円と認定させていただきました」。「へ？　いまなんとおっしゃいまして？」と僕。わが耳を疑った。スペイン語なら ¿Cómo?《コーモ》 もしくは ¿Perdón?《ペルドン》 と、おおげさに訊き返すところだ。だってあまりにも安くないかい？　なぜにそんなに評価が低いのかと問えば、T女史は「お客様の車種・年式は、『レッドブック』でそのように算定されています」と、あっけらかんと答える。

『レッドブック』ってなに？　それは正式名称を『オートガイド自動車価格月報』といい、「車両時価」算出のための基準になっているのだという。しかし、一般人が自分の目で確認したくても、そんじょそこらの図書館には置いてない、まさに「門外不出」の「ギョーカイ誌」なのである。おいおい、そんな一方的な基準があるものか、こちとら腐っても（？）研究者、ならばを証拠を見せよとコピーの送付を要求した。また、もし代わりの車を買うならば、「車両時価」だけではなく、さまざまな諸費用が必要になることは、素人にだっておおよそわかる。そのあたりの費用の補償もぜひよろしく、とお願いして、またの連絡を待つことにした。

数日後、T女史より封書が届いた。開けてみると、出てきたのは『レッドブック』ならぬ『イエローブック』のコピー。¿Qué es esto?《ケー・エス・エスト》（なにこれ?）。こちらの正式名称は『中古車価格ガイドブック』で、『レッドブック』と並んで二大「ギョーカイ誌」なんだそうな。「『レッドブック』とお伝えしたのは間違いで、こちらの『イエローブック』のほうを参照していました」とはT女史の弁。確かに『イエローブック』のコピーには、伝え聞いている「〇×万円」の金額が記されていた。(3) しかし、それよりもなによりも、同封されていた賠償提案を見て唖然とした。「車両時価」は「〇×万円」に多少「色」が付いていたものの、あとは雀の涙ほどの諸費用、合わせて総額「△■万円」なり、「これが当社の最終回答です」、とあった。

損保の「払い渋り」についてまったく知らなかったわけではない。しかし、まさか自分の身に降りかかってこようとは夢にも思わなかった。事故に遭った二〇〇×年に、保険金の大量不払いが発覚した「M生命」が行政処分を喰らっていたことは、ニュースとして押さえていた。ただし、同時にその他の損保各社も、金融庁から軒並み「業務改善命令」を受けていたことは、特に気に留めていなかった（あとで調べて認識した）。そして、実際に相対することになった損保の態度は、聞きしにまさる「払い渋り」であった。(4) まともな交渉もしないうちに「最終回答」だとぉ? 人を見くびるのもたいがいにせーよ! その瞬間、僕の闘争心にスイッチが入った。しかもエンジン全開、フルスロットルで。

僕の研究室には、交通事故賠償関連の一般書・専門書および判例集が堆《うずたか》く積み上げられた。(5) 知らない人が見たら、僕を交通事故賠償の専門家だと思っただろう。ただし、スペイン語教師・ラテンアメリカ研究者としての僕のことを知っている仲間が見たならば、おい、気は確かなのかと（笑）、おでこに手を当てられたにちがいない。交通事故賠償についてはまったくの門外漢だが、対象がなんであれ、ことなにかを調べることについては一応「プロ」のつもりである。これらの資料に首っ引きで取り組むこと約二週間、僕は、交渉者に対して情報を意図的に隠蔽する損保の姿勢を徹底的に批判し、数々の判例を引きつつ、交渉対象たるべき項目とそれぞれについての僕の具体的要求を列挙した、大部の「見解」をまとめた。本来やらずもがなの仕事であるが、正直に告白すれば、じつはかなりの充実感を覚えていた。まったく未知の分野の知識を得て自分を徐々に理論武装していくのは、快感ですらあった。この作業が「損保に目にものを喰らわせてやる！」というある種の「切実さ」に支えられていたからこそだ。ここ数年、果たしてこれだけの情熱を傾けて自分の研究に取り組んだことがあったかしらんと、少し我が身を反省したほどである。

さて、その「見解」の中身だが、なにかのお役に立つこともあるでしょう、かいつまんで説明すると、まず「車両時価」については、最高裁昭和四九（一九七四）年四月十五日判決が「同一の車種・年式・型、同程度の使用状態・走行距離等の自動車を中古車市場において取得しうるに要する価格によって定めるべき」としている。しかし最高裁判決は、具体的な算出方法までは示していない。ということは、『レッドブック』・『イエローブック』が唯一絶対の基準だとする根拠もないのである。「車両時価」は、実際の中古車市場から条件の近い複数の情報をピックアップし、それらをもとに交渉されるべきである。幸いにして、現在ではインターネット上に中古車検索サイトがいくらでもあり、検索はきわめて容易だ。僕もまた、自分の交渉にとって有利な中古車情報を収集して（損保は損保で、僕に不利な情報だけを突き付けてくるのだから、当然であろう)、これを交渉材料とした。

続いては、「車両時価」以外に補償されるべき項目。これがじつは山ほどある。ひとつは「車両購入諸費用」とまとめられ、「重量税」・「自賠責保険料」(ただし、これらは事故車の未経過分のみ)、および「法定手続費用」・「法定手続代行料」・「納車費用」などからなる。僕は自動車販売店の見積もりを根拠に請求をおこなった。これらを払わないと、車を購入しても、実際に公道で走ることはできない。つまり、「全損」車両の「原状回復」にとって必須であり、当然補償されなくてはならない。それは多くの判例が繰り返し認めているところで、「車両購入諸費用」をあらかじめ交渉対象としようとしない損保の姿勢は、厳しく批判されるべきである。このほかにも、「代車費用」・「廃車費用」・「備品関連費用」(たとえば、後付カーナビの付替費用)を、必要に応じて請求することができる。

以上の一切合切を詰め込んだ「見解」を、僕は損保に送り付けた。しかし、相手は相当に手強いと聞いている。「被害者が満足するような高額を提示すれば示談はしやすい。でもそれでは、自分が上司から叱られる。上司は本社のお偉方《えらがた》から怒られる。そんことをするくらいなら、最終的に裁判で高くついたとしても、その方がまし」(加茂隆康『交通事故紛争』)というのが、どうも損保の考えらしい。よろしい、そっちがその気なら、徹底的にやってやろうじゃないか。考えようによっては、これはめったにない機会である。裁判などそう経験できるものではない。また、訴訟までいかずとも、「交通事故紛争処理センター」や「日弁連交通事故相談センター」に、無料で示談斡旋を依頼することもできる(皆さんも不幸にして交通事故に遭われてしまったら、このふたつの機関の名前を必ず思い出してください)。いずれにしても時間と手間のかかることだが、幸いにしてこちらは、可処分時間の相対的に多い大学教師である（だからといって、ひまにしているわけではないのだが）。さあ、来るなら来い！

結果はあっけなかった。損保側はあっさり「折れ」、僕の主張を気味の悪いくらい全面的に認めた。やる気満々なところ、すっかり肩透かしを喰らった感じだ。どうしてなのだろう。ひとつには、この交渉として相前後して、損保各社は前述の「業務改善命令」に応える形で、一斉に「不払い」防止策を発表していた。それと関連しているかもしれない。しかし、それならば問題はいっそう深刻だ。なぜならば、「不払い」防止策を講じると称しつつ、少なくとも僕の場合で言えば、最初はあわよくば最低限の補償で済ませようとしていたのだ。「二枚舌」もはなはだしいではないか。

　真相はたぶんこういうことだろう。「こやつ（僕）は、われわれ（損保各社）なら「百も承知」のことだが、素人にしてはよく調べ上げた。腐っても大学教師だけのことはあるな。しかし、これ以上絡まれても面倒だ、まあたいした金額でもないし（ほっとけ！　安い車で悪かったな）、こやつについては言われたとおりに払ってしまえ」。つまり、「厄介払い」というわけである。僕は人より「声が大きい」から報われたのだろうか。そうかもしれない。しかし、そうであればなおのこと、僕は腹の底から込み上げてくる怒りを抑えることができない。僕は本当に怒っているのである。

　これは「声が大きい者の勝ち」という教訓ではけっしてないし、ましてや「ごね得」などではありえない。これはすべての交通事故被害者の正当な権利である。それを公正に受け止めるのが、損害保険という「制度」のあるべき姿であろう。ところが、この「制度」の内実がじつは「空洞化」していることを、今回まざまざと見せつけられることになった。交渉において、補償の対象となるべき項目についてだんまりを決め込み、要求されれば渋々重い腰を持ち上げるが、首尾良く被害者が諦めるか

泣き寝入りすればしめたもの――これが果たして公正な「制度」と言えるだろうか。(6)

教訓とすべきは、日本もじつは、その見かけほどに「制度化」されていないということだ。それにもかかわらず、昨今は殺伐とした新自由主義的雰囲気のもとで、「競争」原理がやたらともてはやされている。しかし、「制度」の実態が空疎ななかでの「競争」など、弱者切り捨てのための方途に過ぎない。僕たちは、「制度」の中身を常に問おう。そして、中身なき「制度」に対しては、「怒り」を忘れないようにしよう。

ふぅー、これだけ書いてさすがにすっきりしたな。さて、この話はこれにておしまい……ん？　なになに、肝心のことに触れられていない？　ああ、そうでした、タイトルの「車が真っ赤に染まった日」のことですね。事故のときに車が炎上したわけではないのです、思わせぶりで申し訳ない。

じつは、いざ事故車の代わりの中古車を探してみると、なかなか適当なのがない。これはどうだろうと見つけたのが、しかし、真っ赤なボディーの車。僕の車はじつに没個性的なシルバー色だったのでどうかと思ったけど、子供が「〇〇ちゃんの家と同じ赤い車がほしいー」と言っていたのを思い出し、今回は自分の意思で買い替えるわけじゃないし、まあこれでもいいか、と決めた次第。よって「車が真っ赤に染まった日」とは、なんのことはない、車が納車された日のことでした。でも、新しい車の燃えるような「赤色」(rojo)《ローホ》は、僕の心に灯った「怒り」(enojo)《エノーホ》の象徴だとも言えるのである（と、最後にちょっと音韻も踏ませてみちゃったりして）。

注

（1）少なくともペルーではそう言っていたが、一般には（あるいはスペインでは）conducir el coche《コンドゥシール・エル・コチェ》と言うかもしれない。

（2）確かに車は大破したが、のちに自動車販売店で言われてはじめて気がついたのだけど、そういえばエアバックは作動しなかった。つまり、その程度の衝撃で済んだということだ。エアバックがどんな具合に出てくるのか、一度は体験してみたいものだなどと、脳天気なことを考えていた過去の自分のことを恥じようと思う。ここで一句。「エアバック、出ないに越したことはなし」。

（3）あとでわかったことだが、ここにひとつ、「まやかし」があった。念のため自分で『レッドブック』を調べてみたところ、これがなんと！『レッドブック』のほうが『イエローブック』より「車両時価」を高く算定していたのである。たった二つの「ギョーカイ誌」においてさえ、より安いほうを提示してくるとは、損保恐るべし！

（4）支払いの善し悪しは加害者の保険契約内容によるのではないかと、思われるかもしれない。しかし最近は、ほとんどの契約において対人・対物賠償は「無制限」である。むしろ僕たちは、この「無制限」という表現に幻惑されていると言えるかもしれない。「無制限」の実質的な意味は、被保険者が加害者となった場合、賠償額の如何にかかわらず、被保険者にとって支払った掛け金以上の負担がないということであって、被害者が常に必要にして十分なだけ報いられるという意味では、けっしてないのである。

（5）おもなものを列挙するなら、まず一般書としては、交通事故訴訟専門の弁護士・加茂隆康の『交通事故賠償』（中公新書、一九九二年）・『交通事故紛争』（文春新書、二〇〇三年）がある。これらを読むと、損保の傍若無人ぶりにさらに憤りを覚えるとともに、正義に貫かれた弁護活動の存在を知ることができる（交通事故に遭わなければ一生出会うことがなかったかもしれないが、すばらしい本である）。専門書なら、日弁連交通事故相談センター編『交通事故損害額算定基準』（日弁連交通事故相談センター、改訂版が随時刊行中）が欠かせない。不法行為法研究会編『交通事故民事裁判例集』（ぎょうせい、年度ごとに分冊で随時刊行中）には、過去の判例が網羅されている（中小公立図書館には所蔵されていないのが残念だ）。またウェッブ上では、「交通事故110番」（http://www.jiko110.com/）がきわめて有益である（運営者の熱意に脱帽！）。

（6）ちなみに、法律の専門家にとっては当たり前のことなのかもしれないが、交通事故訴訟に至った場合の原告――被告は、あくまでも事故当事者である被害者――加害者であって、加害者と並んで損保の名が被告に連ねられることはない。「影の主役（悪役）」はむしろ損保なのであるから、素人としては、極めて不条理に思えてしまう。その意味で、損保および交渉担当者の説明責任不足を実名で問うた東京地裁平成十三（二〇〇一）年十二月二十六日判決は、画期的と言えるかもしれない。

G・Aあるいは／かつT・Aへ――別姓夫婦の子である君に

二十一世紀になって僕に起こった最大の変化と言えば、それは人の親になったこと、そう、見た目の中年化（白髪が増えた！）だけでなく、言葉の真の意味で「オヤジ」になってしまったことである。

子供はAと名づけられた。Aは八月の猛暑の最中に生まれた。母子ともに一週間ほど産院で過ごしたのち、晴れて退院となったのだが、退院当日はあいにくと台風が接近中で、前途多難を思わせるまさに「嵐のなかの船出」となった。しかし、おかげさまで、子供はこれといった病気もけがもせず、すくすくと成長している。ただ、いまでは彼女自身が、家のなかを散らかして回る「常駐の台風」と化して、ますますその勢力を拡大中なのだが（笑）。

それはまあいいとして、実際、子供が生まれたわが家には、ひとつの難題が待ち受けていた。それは子供の姓をどうするか、ということ。じつは僕たちは、事実婚で通している「夫婦別姓」カップルなのである。

僕たちは結婚する際、現行の法律にしたがって「夫婦同姓」とすることを潔しとしなかった。別に、それぞれの姓に格別の思い入れがあったわけではない。妻の姓を伏せるためTとし、それに合わせて僕の姓もここではGと記すが、ご存じのとおり、僕の姓はじつに凡庸なものである。妻の姓Tはさらに輪をかけてありきたりだったりする。これが「長曽我部《ちょうそかべ》」とか「熊埜御堂《くまのみどう》」だったら、この貴重な姓を守らねばという気も起ころうというものだが、(1)さにはあらず。そうではないにしても、良くも悪くも生まれてこのかた名乗ってきた姓を変えるのは、自分としても、また相手の立場に立っても、好ましいことではないと僕たちには思えたのだ。

民法七五〇条「夫婦の氏」は、「夫婦は、婚姻の際に定めるところに従い、夫又は妻の氏を称する」と定めている。つまり、夫婦はどちらか一方の姓を名乗らなければならない。もちろんその際は、どちらの姓を名乗ってもいいのだが、たいていは夫の姓を名乗ることになる。いわば「家」制度の名残であり、日本の婚姻はいまだ自由な個人と個人のあいだで取りおこなわれるものとなっているとは言えない。夫婦別姓の希望は、こうした拘束から解き放たれたいとの気持ちからも生まれている。

もちろん、夫婦が同姓であることを拘束と感じない、むしろそれを自然と感じる人のほうが多いだろう。それはそれでいいと思う。夫婦別姓を希望する人々は、夫婦同姓を全面的に廃止せよと言っているのではない。夫婦同姓と同様に、夫婦別姓も制度的に認め、お互いに「承認」し合おうと希望しているだけなのである。「まあ、お宅は同姓夫婦でいらっしゃるの。うちは別姓夫婦なんですよ、ホホホ……」、なんてね。しかしながら、保守的な人々はそこのところがどうにも理解できない（したくない）らしい。いわく、「姓が異なると家族の絆が薄れる！」と、頑として譲らないのだ。「家族の絆が薄れる！」、おお、なんと厳かなお言葉！　でも、「余計なおせっかいは結構。お宅が夫婦同姓で家族円満ならそれで十分じゃないですか。他人の家族のことはどうかお構いなく」と申し上げるほかはない。あるいは、こちらも余計な世話を焼くなら、「お宅がいわゆる『嫁』に出した娘さん、姓が変わってお宅との絆は薄れたんですか。それとも、息子ならともかく、娘のことはどうでもいいとでも？」と、逆に尋ねてみたい。

さてしかし、そもそも夫婦同姓は、そんなに普遍的なものなのか。この問題を考えるうえで、スペイン語圏の姓のシステムはとても興味深い。

スペイン語圏では、婚姻時に姓が変わることはない。夫婦が同姓となることがそもそもなく、生まれたときの姓のままに生涯を過ごしていくことになる。その出生時に授けられる姓は、父と母の双方から受け継ぐ。つまり、スペイン語圏では人は常にふたつの姓を持っているのだ。たとえば、ホセ（名）・ガルシア（第一姓＝父方の姓）＝ゴンサレス（第二姓＝母方の姓）とカルメン（名）・ロペス（第一姓＝父方の姓）＝ディアス（第二姓＝母方の姓）夫妻のあいだに生まれた女の子が仮にマリアだとすれば、彼女はマリア・ガルシア＝ロペスとなる。つまり、両親からしてそれぞれ二つの姓を持っているわけだが、双方の「第一姓＝父方の姓」の組み合わせが彼女の姓になるというしくみだ(2)。

婚姻時に姓を変える必要がなく、しかも姓をそもそもふたつ持っているなんて、夫婦別姓問題に悩む人間にとって、こんなうらやましいことはない。婚姻時にハムレット的な悩みを持つこともなければ、両親の姓のいずれも失うことなく、双方を確かな系譜として引き継ぐことができるのだ。もし僕たち夫婦がスペイン語圏に生まれたならば、僕は比較的少ない母方の姓・「那須《なす》」も名乗ることができた。妻に至っては、失った母方の姓はさらに稀少な「本《もと》」である。僕たちの現状の姓の凡庸さは相当に解消されたであろうに、残念無念（笑）。

もし姓がふたつでありうるなら、日本の夫婦別姓推進運動もずいぶんと楽なものになるにちがいない。夫婦別姓制度でしばしば「もっとも問題あり」とやり玉に挙げられるのが、「もし別姓を認めると子の姓と両親いずれかの姓が異なってしまうではないか」ということである。これはそれなりに悩ましい問題だ。ただ、別姓反対派がいうような「家族の絆が薄れる！」などという皮相なことではない（何度も言うけど、お宅の「嫁」に出した娘だって姓は違っても別に絆は薄れてないでしょ）。それは、現行の民法上は両親のいずれかの姓を子に冠さなければならないが、別姓を望むような夫婦の立場からは原理的に「どちらかを選ぶ」積極的な根拠が見出せないのである。

僕たち夫婦にとっても、それは苦渋の選択であった。どちらの職場のほうが扶養手当が高いとか、世間のさまざまな局面で父親と姓が同じほうが残念ながら「通りがいい」とか、いろいろと便宜的な理由を考え、結局子供は、僕の姓を持つG・Aとなった。別に妻の姓を受けてT・Aでも良かった。G・AがT・Aより望ましかったわけではない。また、T・AのほうがG・Aより本来好ましかったというわけでもない。要は、比較のしようなどないのだ。選択などできないし、すべきではないのだ。悩ましいとは、つまりこういうことである。

日本の夫婦別姓推進運動は、ある意味たいへん現実的であるが、夫婦の姓が、ひいては個人の姓がひとつであるという前提の是非は特に問わない。理想をいうならば、本来はこのことから問題化すべきであろう。もっとも、スペイン語圏の制度とて、良いことずくめではない。容易に気がつくように、子供が両親双方の姓を持てるといっても、具体的には、両親双方の「父方の姓」を受け継ぐに過ぎない。すなわち、世代を経るなかで「母方の姓」は消失してしまうのであり、じつは男系優位のシステムとなっている。日本の場合は、法律上はけっして男系優位ではないが、事実上そのように機能する。このように、ベストの姓のシステムなどというものはおそらくありえない。よって、それぞれのシステムにおいて柔軟にかつ寛容に、「選択肢」を増やしていくほかはないだろう。日本で夫婦別姓が承認される日はまだ遠そうだ。でも願わくは、この文章が「過去のこと」として読まれるときが訪れてほしいと思う。

子供をG・Aとするときの手続きについて、少し詳しくお話しすることにしよう。子供の出生届を出すに当たって僕たちが選んだ方法は、婚姻届→出生届→離婚届の順で提出することで、戸籍上では未婚の子供に対していまだになされている差別的な記載を回避しつつ、[3]夫婦別姓の現状に復帰するというものである。この方法自体は、悩める夫婦別姓の人々の常套手段だといえるが、僕たちはさらにそれを、可能な限り短時間で処理することを望んだ。しかし、ことはそう簡単には運ばなかったのである。

婚姻届・離婚届の提出に当たっては、二名の保証人が要る。[4]結婚と離婚の保証人に同時になってくれと頼むのも考えてみれば失礼な話だが、それは妻の職場の同僚ふたりを拝み倒してなんとかお願いした（お二方、その節はたいへんお世話になりました）。書類を準備万端整え、いざ役所の窓口に出向いたのだが、婚姻届と出生届は受理するが、離婚届は同日には受け取れないという。「そんなはずはない、同日に受理された例を知っている」と食い下がると、法務局に電話で確認し、「確かにそのような事例がある」ことを渋々と認めたが、それでも「離婚届だけは同時には受け取れない。それなら婚姻取り消しと判断せざるをえない」と言う。なるほどそれも一理あるかと思いつつ、「ではどれくらい時間が経てば受け付けてくださるのでしょうか」と尋ねると、「それはなんともお答えできない」とのお返事。しばし禅問答のようなやり取りをしたのち（笑）、「昼食でも食べられて戻っていらっしゃる頃には」との回答を引き出した。というわけで、食事を取ったことにして窓口に舞い戻り――というよりも、その他いろいろと手続きがあって、そもそもとても食事どころではなかったのだが――、なんとか離婚届受理まで漕ぎ着けた。婚姻届提出からこの間およそ一時間。ちなみに、ほとんど実質的な意味はないのだが、法律上僕は、「バツイチ」の「子持ち」ということになった。めでたしめでたし？

この話にはまだ続きがある。手続き（具体的には、親子三人の新戸籍が一旦作られ、ペーパー離婚後、僕と子どがその戸籍に残り、妻は別途新たなる単独の戸籍を持った）が無事に済んでから、今度は必要があって住民票を請求することになった。住民票は原則として戸籍ごとに作られるが（つまり僕たちの場合は、同一住所上に二世帯分の住民票があることになる）[5]、望めば「住民票合併」というのができるのだと（じつは、事実婚といった事情のみならず、まったくの他人同士でも合併できるとのこと）、住民課窓口の人が親切に教えてくれた。しかし同時にその人は、ちょっと余計なことまで吹き込んでくれた――「でも、事実婚で住民票合併すると、続柄欄に「ミトドケノツマ」って書かれるので、皆さん嫌がるんですよねぇ」。

「ミトドケノツマ」？　僕は最初、窓口の人のイントネーションが多少風変わりだったこともあって、それが世帯主である男性に対して女性が「内縁の妻」であることを意味する、「未届けの妻」だということがわからなかった。また、わかったあとも、それが別途示唆していることにすぐには気がつかなかった。とにかくその日は、特に住民票を合併すべき必要もなかったので、別々の住民票を取得して帰宅したのであった。

住民票合併はのちに現実的に必要になった。妻を受取人にして生命保険をかけようとしたら、事実婚では認めにくい、せめて生計を一にすることを住民票等で示してくれればと某保険会社が言うので、住民票合併の手続きをすることになった（ちなみに、住民票合併してもなお、某保険会社は契約を認めてくれなかった。(6) やれやれ、である）。それで、そのとき思いついたのである。なにも世帯主が男性である必然性はない。女性が世帯主であっても当然よろしい。そうであれば、世帯主たる女性に対する男性の続柄は「未届けの夫」となるはずだ！　窓口の人はそれを「未届けの妻」に限ったが、そんなことはないのだ。よって僕の結論。「こんな稀少なものをみすみす逃す手はない！」。僕は、小銭を握りしめて浮き〳〵と駄菓子屋に駆け込む小学生よろしく、「未届けの夫、ひとつくださーい」と言わんばかりに（笑）、役所で住民票合併の手続きを済ませたのである。かくして僕は、「バツイチ」の「子持ち」に加えて、「夫（未届）」（住民票では、正式にはこう記載されていた）の身分（？）まで手に入れたのである。

僕はこうしたいきさつを、ことあるごとに友人たちに語って聞かせた。友人たちのなかには、やはり夫婦別姓で共同生活をスタートさせた者もいた。そしてある酒宴の席上、そのカップルの夫のほうが、やおら住民票を取り出してこういった。「じつは僕も『未届けの夫』になったんですよ」。われら「未届けの夫」同盟誕生！――の瞬間である。「未届けの夫」促進運動は、静かに、しかし確実に広がりつつある（というのはじつは嘘で、そのあとは特に続いてないんですけどね）[7]。

さて、わが子Aの話に戻るが、Aは自分と父親の姓は同じなのに、母親の姓はどうもちがうらしいことを確実に認識しつつある。それは我が家では「当たり前」のことである。しかし、あるとき妻に向かって、「お母さんもTじゃなくてGにすれば？」と言っているの聞いて、ちょっとドキッとした。それは先々、Aに対して向けられるかもしれない言葉だからだ。やがて彼女は気がつくだろう。我が家の「当たり前」が、世間では「当たり前」ではないことに。

Aよ、君は確かにG・Aとして届けられている。でも君は同時にT・Aでもあり、そこにはなんら矛盾はない。そのことについては、いずれきちんと説明しなければならないときが来るだろう。僕たちがどうしてこのようなことにこだわっているのか、君に話そう。その上で、それを受け入れようとも受け入れずとも、それは君の自由だ。だけど、世の中にはじつにさまざまな考え方があること認めることができるような寛容な心を、願わくは育んでいってほしいものだ。

注

（1）「長曽我部」は小学校時代の転校生の姓として思い出深い。歴史上の人物と同じ姓の持ち主が本当に存在していることが単純に衝撃的だった。「熊埜御堂」はとある知人の結婚した相手の姓と聞いている。その知人の姓・Kもかなりありふれたものだったから大変貌だ。こういうのは、姓における「玉の輿」というのだろうか（笑）。

（2） このように、確かにふたつの姓を持っているのだが、実生活のうえでどう名乗るか（呼ばれたいか）は、本人の（場合によっては周囲の）意思・選択にもよる。姓をふたつ名乗る者もいれば、ひとつで通している者もいる。また、ひとつで通すならば第一姓である父方を名乗るのが普通だが、母方の姓だけとする場合もある。たとえば、スペインの画家パブロ・ピカソの姓ピカソは母方のもので、父方の姓はルイスである。ピカソは世間に認められるようになってから、パブロ・ルイス＝ピカソではなく単にパブロ・ピカソと作品に署名するようになったということである。同じくスペインの詩人フェデリコ・ガルシア＝ロルカは、通常母方の姓ロルカで人々に親しまれている。ちなみに、ルイスもガルシアも、スペイン語としてはじつにありふれた姓である。

（3） 夫婦別姓は、僕たち夫婦がいわば好きこのんでやっているのであって、子供には関係ない、というか、基本的には関係あるべきではない、つまり、本人の意思の定かでない段階であらかじめ影響を与えることがあってはならない、と考える。よって、戸籍制度の存在そのものには根本的な疑問を抱いており容認するものではまったくないが、子に差別的表記がなされることだけは親の責任においで避けなければならないと判断した上での行動である。

（4） 考えてみれば、それもなんだか変な話だ。成人したら親の同意なしに結婚できるのに、あかの他人の保証は必要だなんて。

（5） ところで、住民票は「戸籍がなければ作成してはならない」という法的規定はどうもないらしい（早尾貴紀・皆川万葉「『戸籍』から見える世界」『前夜』第Ⅰ期四号、二〇〇五年）。早尾と皆川は、戸籍の諸差別表記を拒否し、戸籍なしで住民票を作らせる運動を展開している。

（6）保険のみならず、事実婚にはさまざまな不都合が伴う。まず、扶養手当がもらえない。僕たちは共働きなのでそもそも扶養手当が付かないが、どちらか一方しか働いていないとすればこれは痛手である。それから、あまり先のことは考えたくないが、遺産相続時にも互いに税制面で優遇されない。ほか、些末なことでは、飛行機のチケットなど各種家族割引を利用しようとすると、たいがい最初は「姓がちがっては適用できません！」と言われる。たぶん条件反射のようなものなのだろう。家族割引は単なる名称に過ぎないことも多く、友人同士でも使えたりするのに。

（7）件《くだん》のカップルはしかし、のちに夫の海外赴任に伴い、婚姻届を出さざるを得なくなった。残念ながら「未届けの夫」同盟は貴重なメンバーを失ってしまった……と思っていたら、その妻のほうから「四年後に帰国したらペーパー離婚します！」と、なんとも頼もしいメールが届いた。そうか、その手があったか。そういえば自分もペーパー離婚したんだっけ。一時間後だけじゃなく（笑）、四年後だっていつだってできるのでありました。不謹慎極まりないけど、離婚の「朗報」、お待ちしています。

さらば、GIGANTES《ヒガンテス》――「ポストコロニアル」日本プロ野球

日本でも遅まきながらサッカー人気が高まってきたが、それでも自分は年齢柄、やっぱり野球が、それもプロ野球が好きである。東京の千葉県境に引っ越して以来、千葉ロッテマリーンズのファンとなり、東京湾岸に面した千葉マリンスタジアムにもしばしば足を運んでいる。テレビ観戦はなんといっても手軽で、ソファに寝そべりながらすべてのプレーを最良のアングルで観ることができるが、球場で実際の熱気に包まれながら、生ビール片手に選手の一挙手一投足に歓声を上げるのには、また格別のものがある。(1)

さて、そんなプロ野球が二〇〇四年には大いなる危機に直面した。赤字球団の合併問題に端を発し、一リーグ制への移行が画策されたのであった。その後の経緯はご存じのとおり、選手会の史上初のストライキ（あっぱれ、古田敦也・日本プロ野球選手会長！　礒部公一・近鉄選手会長！）、新規球団の参入争い（ライブドア vs 楽天！）と続き、セ・パ交流試合などの新機軸を導入することとして、引き続き二リーグ制が維持されて現在に至っている。しかし、戦力の均衡を目指したドラフト制度の改革は一定の成果を上げたが、プロ野球の未来はいまだ不透明である。加えて、二〇一二年のロンドン・オリンピックより、野球（およびソフトボール）は競技種目から除外されることが決まっている。日本の

プロ野球のみならず、野球をめぐる状況が世界的に厳しいのである。

ひとたび日本を出てみれば容易にわかることだが（でも、行き先が米国ではだめですよ。勘違いが続くだけです）、野球がそもそも世界的には「マイナー」なスポーツであることを、私たちは知らなければいけないのだろう。米国のメジャー・リーグなんてなんのその、世界でもっとも「メジャー」なスポーツはなんといってもサッカーだ。世界最大のスポーツの祭典は、オリンピックでも、ましてや野球の「ワールド・シリーズ」（所詮は米国内のイベントに過ぎないのになんと不遜な名称！）でもなく、サッカーW杯なのである。日本では、野球とサッカーがたまたま逆転していただけなのだ。確かに、かつて日本リーグ時代のサッカーは閑古鳥が鳴き、それはそれは惨めなものだったが、一九九三年のJリーグ（名称が「日本」から「J」に変わっただけでなんという変わりよう！）の発足後は、多少の浮沈はあるにせよ、とりわけ若者層においてはいまや野球を上回らんばかりの勢いである。

そもそもサッカーが世界的にかくもポピュラーなのは、ひとえにイギリスの植民地主義的・帝国主義的拡張の「功績」のおかげである。そして野球はといえば、日本についてもまさにそうだが、後発帝国主義国である米国の影響力ということに尽きる。

ラテンアメリカを例に挙げてみよう。二〇世紀に入って、アメリカ大陸における政治経済的覇権はイギリスから米国に確実にシフトしていくことになるが、文化的浸透のひとつの尺度であるスポーツ面においては、野球の普及は「後発」であるがゆえに限られ、サッカーの後塵を拝することとなった。しかし、サッカーにしても野球にしても、それがラテンアメリカにとってもともと「外来」のものであることは、名称から知れる。スペイン語でサッカーはfútbol、野球はbéisbolというのだが、いずれも英語の発音のまま、スペイン語の綴りに置き換えただけである。野球ならまだしも、スペイン語にサッカーを意味するオリジナルの単語が存在しないというのは、スペイン語圏でのサッカー人気に照らせば奇異ですらある。(2)

今日野球が盛んなのは、米国がより直接的に「関係」、というよりも「介入」した国に偏っていることがよくわかる。国境を接するメキシコしかり（さるメキシコ大統領は、「哀れメキシコ、かくも神から遠く、かくも米国に近く！」と嘆いたと言われている）、ニカラグア、パナマしかり（中米地峡の運河建設をめぐって暗躍）、キューバ、ドミニカ共和国しかり（傀儡政権が長らく支配）、プエルトリコしかり（そもそもプエルトリコは「自由連合州」といって、独立国ではなくいまでも米国の一部）、である。ただし、ベネズエラはやや例外的で、歴史的に米国の介入といえるほどの出来事がないにもかかわらず、野球が盛んである。これらの国々を除けば、ラテンアメリカでは野球はほとんど普及していないといって差し支えない（僕がよく知るペルーでは、野球はわずかに日系人がたしなむ程度である）。それにしても、野球がもっとも根づいたキューバにおいて反米的革命が成功し（一九五九年）、幾たびの政治危機といまだに続く経済制裁を凌いで、アマチュア野球における「最強国」として君臨しているのは、米国にとってはなんとも皮肉なことだ。ちなみに、フィデル・カストロは無類の野球好きとして知られている（もっとも一方では、キューバ選手の米国への亡命問題もかなり深刻なのだが）。

試しに、ラテンアメリカ出身の選手の名前を思い浮かべてみよう（二〇〇八年シーズン）。元ソフトバンク・ホークスで現在は千葉ロッテマリーンズ所属のフリオ・ズレータ（綴りはZuletaなので、スペイン語としては本来「スレータ」と発音されるべきだ）はパナマの、埼玉西武ライオンズからオリックス・バファローズに移籍したアレックス・カブレラはベネズエラの出身だ。メジャー・リーグはそれこそラテンアメリカ出身者で満ちあふれているが（ほんとに多い。メジャーを目指す日本選手は、英語に加えてスペイン語も勉強しておくべきである）、たとえば、「三冠王に最も近い男」と言われているセントルイス・カージナルスのアルバート・プルホスはドミニカ共和国の、ニューヨーク・メッツのカルロス・デルガドはプエルトリコの出身である。(3)

そう、野球は米国の植民地主義的支配の「落とし子」なのだ。なにも今更そんなことに目くじらを立てなくてもと、といわれるかもしれない。でも、日本プロ野球をめぐるシステムを虚心坦懐《きょしんたんかい》に眺めれば、大手新聞社を経営母体とする在京セ・リーグ球団——直接名指すのもいささか生々しいので、ここでは以下、スペイン語でGIGANTES《ヒガンテス》と呼ぶことにします……なんて、バレバレですか（笑）——があたかも米国かのごとく長らく「中心」（メトロポリス）に君臨し、その他の球団が「周辺」（サテライト）に配置された、さながら植民地支配のような構造が浮かんでくるではないか。さらに問題の根が深いのは、僕たち自身がそうした構造を長きに渡って内面化・身体化してしまっているために、容易に抜け出しがたいことである。話を大げさにするようだが、昨今言われている「ポストコロニアル」（植民地以降）の問題とはまさにこのことだろう。つまり、支配的な規律・作法（植民地文化）が身についてしまっている一個人（被植民者）が、いかに自分の手でその殻を「内破」することができるのか！……なんて、大げさに過ぎるだろうか。まあ、しかし、ちょっと僕の話を聞いてくださいな。

なにを隠そう僕は、長年のあいだGIGANTESのファンであった。そのことに深く恥じ入ることもあれば、公言してはばからないこともあった。とにかく、そんな自分とGIGANTESとの関係を常に「問題」として意識していたことは確かだ。このことが「問題」でなくなる、すなわち、執着するでも無理に忌避するでもなく、GIGANTESが「空気」同然の「気にならない」存在になったのは、それほど昔のことではない。

僕が自覚的にプロ野球を見始めたのは、小学生だった一九七〇年代の半ばごろだった。七四年に引退した長嶋茂雄の現役選手としての印象は皆無に等しい。僕の記憶のなかの長嶋は、七五年のシーズンにGIGANTESが球団史上初の最下位に沈んだときの、じつにさえない監督の姿として刻み込まれている。これが僕とGIGANTESの最初の出会いだ。

僕の父はいわゆる「アンチGIGANTES」だ。しかし、アンチGIGANTESというのは、言ってみればGIGANTESファンの裏返しに過ぎない（親父よ、息子の不遜な言いぐさをどうか許したまえ）。なぜなら、テレビ中継はGIGANTES戦しか観ないし、第一、GIGANTESの選手の名前しかほとんどわからないのだ。これはなにも、僕の父ほかアンチGIGANTES党だけの責任ではなく、むしろ現在にまで至るマスメディアの抱える問題でもある。かつてはそれこそ、テレビではGIGANTES戦しか中継しなかったのだから。

父は「強い者」が嫌いだからアンチGIGANTESなのだと言った。確かに、父にとってGIGANTESは「強い者」だっただろう。しかし、僕にとって、一九七五年シーズンのGIGANTESはあまりにも弱く、監督業一年目の長嶋は「哀れ」ですらあった。打たれても打たれても長嶋に登板を命じられた左腕・新浦寿夫の姿には、悲壮感すら漂っていた（ただし、このときの経験が生きてか、翌シーズン、新浦は大活躍することになるのだが）。父は来る日も来る日もGIGANTES戦だけを観ていた。僕も隣で観戦していた。そして、「強い者」のはずのGIGANTESは負け続けた。かくして僕は、アンチGIGANTESの父のもとで、あろうことかGIGANTESファンになってしまったのである。

僕のなかで強烈に印象に残っている試合がある。それは二年目の長嶋GIGANTESが前年の雪辱を果たして優勝した一九七六年の、田んぼの蛙の鳴き声も騒々しい初夏の夜であったと記憶している（調べてみれば、確かに六月八日のことであった）。対戦相手は阪神タイガース。テレビ中継はすでに終了し、僕は引き続きラジオ中継にかじりついていた。阪神リードのまま迎えた九回裏、GIGANTESの攻撃は二アウト満塁。阪神のマウンドには抑えの切り札の左腕・山本和行。バッターは、長嶋、王貞治の陰で目立たない存在だった五番・末次利光。山本が投じたボールを末次がはじき返した。ラジオから溢れる大歓声で最初はなにが起きたのかわからなかったが、なんと劇的な「逆転サヨナラ満塁ホームラン」だった(4)。まさに身震いのする幕切れだ。僕はおそらく、この瞬間から完全にプロ野球の虜《とりこ》になったと思う。その興奮は深く私の脳裏に、そして身体に刻み込まれた。しかも、GIGANTESと強く結びついた形で……。

自分がどうにもGIGANTESが好きであることはしかし、アンチGIGANTESの父には口が裂けても言えないことであった。また子供なりに、GIGANTESの独善さ・横暴さもそれなりに理解できた。そんなチームを好きであってはいけない、別のチームを好きにならなければいけないと、けなげに

「努力」した時期もあった。そのころ好きになろうとしたチームが、奇しくもマリーンズの前身であるロッテ・オリオンズであった。三塁手の有藤道世も好きだったが、一九七四年のシーズンに日本一に輝いたばかりだったということもあったかもしれない（ただし、当時ロッテが仙台を本拠地としていたことは、なぜかまったく記憶に残っていない）。でも、「人工」的な努力にはどこか無理があった。やはりどうしても、GIGANTESの試合結果のほうが気になって仕方がなかった。そしてGIGANTESの選手のようには、他球団の選手の名前はどうにも自然に覚えられなかったのである。そのことがすべてを物語っていた。

その後も僕は、ときに密かに、ときには開き直って、GIGANTESのファンであり続けてきたといえる。その間も、一九七八年の江川卓の「空白の一日」事件あり、ドラフト制度を形骸化（逆指名、自由獲得枠の導入など）させる一連の「画策」あり、FA選手の「乱獲」あり、そもそも背後に傲慢不遜な「ナベツネ」の存在ありと、GIGANTESがいかにも「えげつない」ことは頭ではもちろんよくわかるのだが、如何せん、心の奥底でGIGANTESに囚われている自分がいることもまた、否定のしようのない事実であった。研究者の端くれとなって「ポストコロニアル」について考えをめぐらすとき、折に触れて思い当たるのは僕自身とGIGANTESの関係であった（あるとき、ある著名で革新的な歴史学者がGIGANTESファンを称するのを見て、僭越ながらわが似姿を見ているようであった）。論理的・知的に乗り越えようとしても心理的・身体的に乗り越えがたい――それが「ポストコロニアル」問題のひとつの大きな課題であり、そのことを正面から見据える必要を感じざるをえなかったのである（なんて、やっぱり大げさかな）。

さてしかし、では僕は、いかにしてこのGIGANTESの呪縛というかコンプレックスから解放されたのか。GIGANTESのやり方についにほとほと愛想が尽きたということもあるが、むしろ、かつて僕を虜にした末次の「逆転満塁サヨナラホームラン」に相当・匹敵するような選手とプレーにめぐり会えたことのほうがたぶん大きいだろう。

その選手の名は、愛称「ジョニー」こと黒木知宏。背番号は「54」[5]。闘志を前面に出した気迫溢れるピッチング・スタイルは言うまでもなく、二枚目の風貌とは裏腹な木訥《ぼくとつ》とした語り（訥り）がなんとも人を惹きつける。白眉は一九九八年のシーズン。マリーンズはプロ野球ワースト記録となる一八連敗を喫したが、タイ記録の一七連敗目となる七月七日・七夕《たなばた》の晩の対オリックス・ブルーウェーブ戦に先発登板したのが黒木。九回には先頭打者・イチローを気迫の投球で空振り三振に打ち取り、連敗脱出まであとアウトひとつまで漕ぎ着けながら、プリアムに同点弾を浴びてマウンド上で崩れ落ちた。「七夕の悲劇」としてあまりにも有名である。あのとき黒木が流した涙には、思わずもらい泣きした。黒木を通じて僕は、「人工」的に無理するまでもなく、ごく「自然」と彼の所属するマリーンズのファンになることができた。そして、じつに四半世紀に及ぶGIGANTESコンプレックスから解き放たれたのである。[6] もっともこのことが、「ポストコロニアル」問題全般の解決のヒントになるとは到底思えないにしても。

黒木は一九九四年のドラフト二位でマリーンズに入団。九六年より先発ローテションの一角を担い、翌九七年から二〇〇一年まで五年連続で一〇勝以上を上げ、「七夕の悲劇」のあった一九九八年には最多勝利と最高勝率の二冠を獲得した。しかしながらこの間、マリーンズ自体は長期低迷時代にあったことは、彼にとって不幸だったとしか言いようがない。

度重なる故障により、黒木は二〇〇二年以降まともに一軍にいたことがない。〇四年四月十七日の北海道日本ハムファイターズ戦に久しぶりに予告先発したときは喜び勇んで東京ドームに駆けつけたが、その後はまた二軍との往復生活が続いた。〇五年にマリーンズはじつに三一年ぶりに日本一に輝いたが、黒木が活躍しての優勝ではなかったことはつくづくも残念であった。

そして二〇〇七年シーズン、黒木は開幕一軍切符を手にして四月二十七日のライオンズ戦で登板したが、好投もむなしく、すぐに二軍落ちしてしまった。よもやそれが現役最後の姿になるとは、その時点ではだれも想像できなかった。もちろん、黒木本人でさえも。シーズン終了後に解雇を通告され、他球団からのオファーもついに舞い込んでくることなく、十二月十二日、黒木知宏は現役引退を表明した。

待ちこがれていた黒木の復活は、ついに叶わなかった。でも、二〇〇八年春のオープン戦では引退セレモニーが予定されている。当日はなにはさておきマリンスタジアムに駆けつけるつもりだ。黒木はきっと、チャック・ベリーの唄う軽快なテーマ曲 *Jonny B. Goode* に合わせて颯爽と最後のマウンドに上がることだろう。僕は、生ビール片手にこう言うだろう。「ありがとう、ジョニー。お疲れさま」。そして小さな声で、こうも付け加えよう。「さらば、GIGANTES」、と。(7)

注

（1）とはいえ、球場に行くと別途不快にさせられることもある。試合開始前、「皆さま、どうぞご起立ください」とアナウンスが入り、半ば強制のように国歌斉唱をさせられるときがある。あれはどうにかならないものか。べつに国際試合じゃあるまいし。でも、これがどうしてどうして、皆さん立ち上がってけっこう生真面目に歌われるからあな恐ろし、である。「ビールを飲んでるんだからほっといてよ〜」なんてふんぞり返っていようものなら、それこそ白眼視されかねない（笑）。

米国では九・一一以降、七回表終了後のセレモニー（*7th inning stretch* と言うらしい）に、恒例の *Take Me Out to the Ball Game*（私を野球に連れてって）に加えて、*God Bless America*（神よアメリカに祝福を）も歌われるようになったらしいが、あれも愛国主義的に過ぎてどうかと思う。*"God bless people in the world"*（「神よ世界の人々に祝福を」）ならまだしも、ね。*Take me...* の歌詞に *"For it's one, two, three strikes, you're out, at the old ball game"*（ワン、ツー、スリーストライクでアウト、それが野球ってもんさ）とあるように、僕たちは単純にゲームを楽しむべきじゃないかな。その点、ひいきのチームの応援合戦に終始する日本の「ラッキーセブン」のほうが、良くも悪くもずっと健康的だと思う。だからこそなお、試合前の国歌斉唱もやめたほうがいいと思うんだけど。

（2）その点、「ベースボール」を「野球」と訳した日本は、具体的には訳者である正岡子規は、ある意味で画期的であった。たとえば、ロバート・ホワイティング『菊とバッド』（完全版、早川書房、二〇〇五年）の描写の仕方しかり、二〇〇六年のＷＢＣ（ワールド・ベースボール・クラシック）での日本優勝に対する賞賛のあり方もまたしかりで、良くも悪くも、「ベースボール」と「野球」

は「別もの」であると評されたりする。

（3）ちなみにデルガドは、トロント・ブルージェイズ所属の二〇〇四年シーズンに *God Bless America* 斉唱時に起立しないことで話題になった（物議を醸した？）。イラク戦争やプエルトリコ島の米軍基地問題に反対しての行動だといわれている。

（4）この試合のことを印象深く覚えている人は少なくないようだ。しかし、同年九月七日の甲子園での一戦では、同じ末次が今度は満塁の走者一掃の落球を演じたことも付け加えておかねばなるまい。

（5）イチローの「51」、松井秀喜の「55」と並んで、二軍選手の背番号にすぎなかった50番台をブランド化した選手のひとりである。なにかの機会に2桁の番号を選べと言われれば、僕は迷わず「54」を選ぶ。四桁の暗証番号は、もちろん「５４５４」だ（もちろんウソ）。

（6）先に紹介したホワイティングの『菊とバット』の初版は一九七七年刊行なのだが、GIGANTES を頂点とした当時の日本プロ野球の人気の高さを余すことなく描いていて、GIGANTES 戦の視聴率が一〇パーセントを切ることも珍しくないいま改めて読んでみると、まさに隔世の感がする。そういえば、最近は GIGANTES の野球帽をかぶっている男の子なんてほとんど見かけなくなったな（いまでは信じられないかもしれないが、以前は猫も杓子も GIGANTES 帽をかぶっていたのである）。

（7）そして実際に、僕は黒木の引退セレモニーに行った。マウンドに上がるときの曲は *Jonny B. Goode* ではなく、おぼたけしの唄う『明日のジョー』の主題歌「美しき狼たち」だった（ちょっぴり残念）。「当日は黒木が三人のバッターと真剣勝負をする」と事前にアナウンスされていたが、その三人がだれであるかは伏せられていた。ファンはそれぞれに三人とはいったいだれなのかを思い描いていただろうが、僕の予想は、山本功児（前監督）と初芝清（二〇〇五年優勝のシーズンを最後に現役引退）、そして最後のひとりは……「あのとき」のプリアムで決まり！（笑）――なんて、「真剣勝負」なんだからありえないよね。正解は、当日の対戦相手・東北楽天ゴールデンイーグルスから磯部公一（黒木と同年齢のライバルとして）、ロッテからはサブロー（同期入団として）と福浦和也（低迷の時代も共にロッテの屋台骨を支えてきた、いわば「盟友」として）の三選手でありました。

通訳はつらいよ――それは「食べられない」こと？

「わたくし、生まれも育ちも葛飾柴又です。帝釈天で産湯を使い、姓は車、名は寅次郎。人呼んで、フーテンの寅とはっします」とは、映画「男はつらいよ」シリーズであまりにも有名な口上である。「生まれも育ちも葛飾柴又」な寅さんは下町人情に通じていた。寅さんとは異なり、「生まれも育ちも埼玉」というじつに凡庸な人生を歩んできた僕であったが、どこでどう間違えた（？）のか、スペイン語に「通じている」ことが期待されるようになり、ときには通訳の仕事が舞い込んでくることになった。以下は、僕が通訳を通じて体験したことの数々であるが、それを一言でまとめるならば、「通訳はつらいよ」ということに尽きる。さて、通訳はどう「つらい」のか[1]？。

そもそも僕は、プロの通訳であったことは一度もない。そこまでの能力がないことは自分でよくわかっている。僕にできるのはあくまでもボランティア・レベルの通訳であり、謝礼をもらって仕事をしたことは数えるほどしかない。

はじめて通訳の真似ごとらしきことをしたと思ったのは、ペルー人の友人を鎌倉まで連れていったときのことである。彼、イバンとは、東京は文京区千石にある海外留学生・研修生向けの宿舎で宿直のアルバイトをしていたときに知り合った。ちょうど僕がペルーへの留学の準備をしていたころで、留学希望大学がたまたまイバンの母校でもあったため、彼にはさまざまな手続きでとても世話になった。感謝してもしきれない。

イバンはのちに、ペルー大使館の参事官として再来日することになるのだが、外交官になったことからも察せられるように、どうしてどうしてこれが相当のインテリで、主たるヨーロッパ系言語はすべてマスターするほどの語学能力を有していた（あやかりたいものだ）。そんな彼も日本語となると勝手がちがったようで、「日本語ハトテモムズカシーデース」と唸りながら、研修中は相当四苦八苦していた。

さて、そのイバンと鎌倉見物に出かけることになったのだが、彼はそれはもう楽しみにしていて、英語版の詳細なガイドブック片手に意欲満々。しかし、訪ねる先々で繰り出される質問の数々にはほとほと困り果てた。

「コレハナント読ミマスカ?」と指さした先には、生まれてこの方一度も目にしたことのない地名が……。そして「ココニハナント書カレテイマスカ?」と訊かれたので振り返れば、そこには細々とした字が彫られた石碑が建っているではあーりませんか。仕方なく、正直に「読めない」・「わからない」と答えると、「ユースケ、信ジラレナーイ。大学ヲ出テイルノニドーシテー?」と呆れられてしまう始末。

日本国内で外国人に同行する通訳はもっとも初歩的な部類に属するだろうが、あなどってはいけない。日本語ならなんでもわかると思うなかれ、日本にはなんと読めない名称・表記が満ちあふれていることか。これは日本語のみならず、表意文字たる漢字文化圏の言語に共通するいわば弱点だろう。表音文字であるアルファベット文化圏ならありえないことで、アルファベットさえ知っていればおよそすべて読める。彼らにとって、「大学ヲ出テイル」のに自国の言葉で読めない表記があるなんて、およそ「信ジラレナーイ」のである。でも、読めないものは読めないのだ。そこのところ、イバン、「アナタハモウ解ッテクレマシタカー?・」(笑)。「大学ヲ出テ」いてもどうにもならないことがあるのが、日本語の怖いところである。

なかでも観光地は鬼門である。しかし、外国人を案内するとすれば、なにはなくとも観光地である。でも、観光地に行っても史跡には近づかないようにしましょう。石碑があちこちに建ってますから……とはいえ、外国人が訪ねたいのはやっぱり史跡だったりする。いやはや、困ったものである。

困ったといえば、年号関係の質問も厄介である。「コレハイツノコトデスカ?」と訊かれて石碑を見れば、「寛永××年」とか「万延××年」とか書いてある。「寛永」って、あの通貨と関係ありますの?(寛永通宝……ですね)。「万延」って、あのフットボール元年の?(すいません、大江健三郎です[2])。「いつのことやらようわからん!」という日本史音痴は僕の恥だとしても、外国人に元号で説明しようとしたところで、どだい無理な話である。せめて西暦も併記してもらえないものか。その意味でも、「石碑年号西暦併記促進全国協議会」の今後の動向が大いに注目される(……なんて、ウソですよ。そんな団体、存在しませんてば)。

だいたい、いまどきまだ元号で歴史を考えるなんて、世界との同時代感覚を失わせるもいいところである。松坂大輔を米国で「平成の怪物」と紹介してもなんの意味もない。日本でも同じことだ。二十世紀から二十一世紀への転換期の時代に卓越したひとりの投手が出現した、それがたまたま平成

〈の初期〉だっただけの話である。また最近は、昭和が妙に「懐かしい」ものに仕立て上げられパッケージ化されているが、あのー、昭和は一九二六年から六四年間も延々と続いたのですが、そのすべてが「懐かしい」とでも？　戦前の軍国主義時代も含め⁇（あるいはそうなのかもしれない、一部の輩にとっては）。

……なんてこと書くと、また「貴様には日本人の誇りがないのか？　日本人の血が流れていないのか？」とまた叱られそうだが、「はい、誇りはありません。ただし、自虐もありません。血も魂もDNAも流れていません。日本国籍の両親のもと、たまたま日本で生まれ、育ち、日本語を母語とする、でもひとりの人間に過ぎません」としか答えようがない。とにかく、石碑はまだしも、お役所で書類に元号表記を強制するのはやめてほしいな。あれって、別に意味ないんでしょ[3]？

すいません、だいぶ話がそれてしまいました。もとに戻します。

はじめてお金をもらって通訳をしたのは、キューバのUNEAC（キューバ作家芸術家同盟）と交流協定を結んだ日本のとある美術団体が、キューバ側代表一名を日本に招いたときのこと。僕はキューバ代表の版画家、パブロの滞在中の同行通訳として雇われた。

はっきり言おう。あのときの僕は稀代の詐欺師、悪党であった。まだ留学前だったこともあり、まだ到底通訳が務まるレベルではなかった。美術団体は金をドブに捨てたようなものである。きっとパブロの信頼も得ることができなかったにちがいない。

ときに僕の拙いスペイン語を介するよりも、美術団体のメンバーの身振り手振りのほうが、あるいは、そこは芸術の専門家同士、たがいに作品を見せ合う、あるいは実際にアトリエで作業を見せるほうが、よっぽど通じ合っていた。悔しかった。そのとき僕は誓ったのである。また松坂大輔を引き合いに出すならば、いつか必ず「リベンジ」する、と。[4] しかしこの場合、次はなんとかするでは、商売は上がったりなのである。美術団体の皆さま、その節は本当に申し訳ございませんでした(平謝り)。

最初の有給通訳体験は、そんな体たらくのなか、どちらかというとこちらが通訳のイロハを学ぶ研修機会を与えられたようなものである。たとえばひとつに、同行通訳とは「食べられない」ものであるということを知らされた。

僕に与えられた役割は、ホテルの部屋に送り届けるまで、とにかくパブロのかたわらに寄り添っていることである。それは食事のときも同じである。食事は多くの場合、美術団体メンバーとの会食か、もしくは歓迎会であった。当然みんなパブロに話しかけてくるのであり、ということはつまり実質的には僕に話しかけてくるわけで、僕はそれをパブロに訳す、するとパブロはそれにスペイン語で答える、そして僕はまたそれを日本語に訳す、その繰り返しで、とてもではないが食事どころではなかった。なんとか隙を見つけてかき込むのがせいぜいであり、なにを食べたかすら記憶にない。ましてやお酒など、もってのほかである。それこそ仕事にならなくなってしまう。

この機会にも、元号にはほとほと困らされた。パブロが会うことになった日本の芸術家たち(たとえば浮世絵師)は総じて年輩で、その話のなかではやはり「あれはたしか大正××年のことで……」となる。するとどうしても、ただでさえ遅い僕の通訳はさらに時間がかかってしまう。これがプロの通訳ならば、瞬時に計算できなければならないのだろう。そしてにしても、少なからぬ人々は元号という時代区分・世界観のなかで生きていると、通訳という行為を通じて再認識させられた次第である。拙い通訳が言うのも僭越だが、気になったこともあった。それはパブロに話しかける際、多くの人が彼に面と向かって語りかけるのではなく、通訳である僕のほうを向いてしまうことである。無論、日本語の内容はパブロには皆目検討もつかないのだが、それでも直接話しかけるべきはパブロに対してである。通訳はあくまでも「仲介者」に過ぎないのであるから。それは「含羞」の一表現なのかもしれないが、対他関係においては「美徳」とはみなされないだろう。

さて、「リベンジ」の機会は留学から戻ってすぐに訪れることになった。あろうことかその美術団体は、次なるキューバ側代表来日の機会にも、ふたたび僕を指名してくれたのであった。なんて怖いもの知らず、あるいはギャンブル好き（笑）。

しかし、われながらさすがに、一年数カ月の留学生活はだてではなかった。今回はかなり無難にできたと思う。食事の味も前よりはしたような気がする。なぜなら、前回は話しかけてくる相手に完全に集中していなければどうにも対処できなかったが、今回は、こういっては語弊があるかもしれないが、多少「片手間」でもなんとかすることができたからである。

げに通訳の、ひいては外国語で会話をする際のコツとは、わからない単語や内容が出てきても（それはどんなに上達しても避けがたいにちがいない）、わかる部分をつないで、いかに「文脈」を保つことができるか、にかかっているような気がする。ではどうしたらそうなれるかといえば、これは才能というよりも、時間と経験が解決してくれるのだろうとしか言いようがない。他の人のことは知らないが、少なくとも僕の場合はそうだった。

前回の通訳相手のパブロが、どちらかというと生真面目なタイプだったのに対して、今度の相手、油絵画家のネルソンは、底抜けに陽気な性格だった。彼は矢継ぎ早にジョークを繰り出しては、美術団体のメンバーの笑いを誘おうとした。しかし、彼らが笑ってくれるかどうかは、すべては僕の通訳にかかっていた。結論からいえば、かなり笑わせることが——ときには爆笑させることも——できた。なかには、日本では理解しづらいジョークも含まれていた。それについては、日本の文脈に置き換えることでなんとか凌いだ。それはそれでウケてもらえたので、まさに通訳冥利に尽きたと言える。もっとも、だからといって、松坂がイチローとの初対戦時（一九九九年五月十六日）に三打席連続三振に打ち取って、試合後のインタビューで述べたように、通訳業が「自信から確信に変わった」という感覚は、ついぞ一度も訪れたことがないけれど。

蛇足ながら、これはペルーで通訳をしたときのエピソード。留学中、日本の絵画展がリマで一度開催されたことがあって、ペルー人の友人（第二部「わが良き友よ」で紹介した、日系人画家のオズワルドである）と連れだって観に行った。友人はフロアに何人かいた日本側代表のメンバーと話をしたくて、僕に通訳を頼んできた。望むところと、いざ話しかけようとしたのだが、なぜか第一声が出てこない。一瞬フリーズしてしまった。あれ、日本語で初対面の人に話しかけるとき、どうするんだったっけ？ ああ、そうだった！ スペイン語なら Buenas noches, señor《ブエナス・ノチェス・セニョール》 とでもするところ、日本語では「あのー、すいません」と、「謝れば」（笑）いいのだった（すっかり忘れていたぜ。「今晩は、旦那さん」なんて、ありえないもんね）。ようやく思い出した次第。そのときは久しぶりに日本語を話したせいか、どうにも最後まで会話がぎこちない感覚が付きまとって仕方がなかった。身に染みついているはずの習慣も、どうかするといろいろ抜けてしまうものである(5)。

通訳は一見華やかそうに見えて、そのじつ「つらい」であろうことは、ここまでに述べてきた経験を経てなおいっそうわかったつもりであり、またこうした経験がなくても、通訳とは己の意見や主張は当然のことながら控えなければならない、むしろ没個性的な職業であると、学生にもことあるごとに言ってきた。

しかしながら、僕が通訳業を通じて得た教訓は、また別のところにもある。それは、「通訳を介さないと通じ合えないとは、なんと頼りないことよ」ということである。自分自身が至らない通訳だったからなおいっそうであろう、通訳経由のコミュニケーションはなんとも不十分に思えて仕方がないのである。

ではこの教訓がなんの役に立っているかといえば、いままでのところは、むしろネガティヴなほうに作用していることを正直に告白しなければならない。

スペイン語圏ならば自分は通訳を必要としない。いわば理想の状態にある。ところが、スペイン語圏以外に赴けば、自分もまたなにがしかの通訳のお世話にならなければならない。しかし、それは不十分なコミュニケーション形態であると、あらかじめ自分には思えてしまっている。というわけで、じつは僕は、スペイン語圏以外に出かけることが非常に億劫になってしまっているのである。僕は「スペインに行ったことのないスペイン語教師」を売りにしているが、スペインはおろか、そもそもヨーロッパに行ったことがない。ヨーロッパどころか、アメリカ大陸以外には、アフリカにもアジアにもどこにも行ったことがないのである（お隣の韓国さえも！）。これはあまりいいことではない。むしろ、知的好奇心の広がりという観点からいえば、かなりまずいだろうと思う。

この状態をどうしたらいいか。じつは答えはとても簡単である。「新しい外国語をひとつでも学べばいい」のである。そうすれば、その言語の話せる国には通訳なしで行けるではないかと、日頃スペイン語の授業で叱っている学生からも、さも鬼の首を取ったように言われてしまいそうで怖い（笑）。でも、それが簡単にはできないから困っている。まあ、あまり学生に偉そうなことを言えた義理ではないのである。

注

（1）この書き出しが、はじめに「通訳はつらいよ」のタイトルありきで、寅さんとの結び付けがいかにもこじつけなのは明白だが（笑）、でもこじつけついでに余計なことを言えば、僕は葛飾柴又とはそれなりに縁がある。柴又に帝釈天は実在するが（柴又帝釈天はじつは通称で、正式名は題経《だいきょう》寺《じ》と言う）、僕は大学に在学中ほぼずっと、帝釈天の家庭教師として、つまりは「御前様」のご子息に英語を教えるべく、一週間に一度柴又まで通っていたのだ。学生課で家庭教師募集の貼り紙を見て気軽に応募したのだが、はじめて訪ねたときに場所がわからず、まさに帝釈天前から電話をしたら、「そのまま真っすぐお入りくださーい」と言われたときには、つまり家庭教師先がほかならぬ帝釈天だと知ったときには、僕もびっくりしたものである。

ちなみに、俳優の故・笠智衆《りゅうちしゅう》の「枯れた」姿とは異なり、本物の「御前様」はとても恰幅の良い方でした。「御前様」、ご家族の皆様、その節はたいへんお世話になりました。

（2）本当に鎌倉界隈に寛永・万延とあったのか、まったく記憶にございません。個別元号名はあくまでもフィクションです。悪しからず。

（3）出版社によっては、書籍の刊行年を依然元号表記としているところがあるが、あれも考えものだ（さて、現代書館は大丈夫かな？——あ、大丈夫でした。一安心）。平成生まれの若者には、昭和××年だってそろそろいつのことだかわからなくなっているはず。ましてや国際的にはまったく意味をなさない。ところで、西欧の出版物には、ときおりローマ数字で出版年が書かれている場合がある。たとえば、MCMXCIXといった具合に（ちなみにこれで一九九九年。M=1,000、C=100。IXが9であるように、CM=900、XC=90ということになる）。あれもけっこうわかりにくいので、どうかと思うけど。

（4）ちなみに、松坂が「リベンジ」を誓った相手とは、デビュー年の一九九九年四月二十一日、2－0で完封勝ちをして先輩投手としての貫禄を示したロッテの黒木知宏、その人なのである（「さらば、GIGANTES」参照）。やっぱり黒木は凄いのである……なーんて、翌対戦の同年四月二十七日には0－1で逆に完封勝ちされ、松坂に見事に「リベンジ」されたんですけどね（笑）。

（5）その点で、ひとりの忘れがたい人物がいる。ペルーのとある民間の研究機関に勤務しているKさんである。Kさんは一九七〇年代に日本からペルーに移り住んだ日系移民の最新世代、というよりも、いわば日本人「そのもの」である。まだインターネットの黎明期だった一九九〇年代半ば、その研究機関がネット上で配信する週刊のペルー情報は非常に貴重だった。それを中心的に作成していたのがKさんだった。あるとき、Kさんに会う機会に恵まれた。Kさんとは当然日本語で話すことになると思っていたが、実際にはスペイン語だった。どうしてかというと、移住からわずか二十年ほどであるにもかかわらず、Kさん本人いわく、「日本語はほとんど忘れてしまった」からである。これは極端なケースかもしれないが、ありえないことではないのである。

くにたち「内地留学」の記——T先生の想い出に寄せて

ペルーが僕の最初の留学先だとすれば、次なる留学は、じつは意外にも国内においてなされたといってもいいかもしれない。いわゆる「内地留学」というやつだ。僕にとって東京のくにたち市[1]にある大学の博士課程で過ごした日々は、さまざまな意味でそのように思えて仕方がないのである。

日本の大学院をめぐる状況は、僕が留学から戻った一九九〇年代初頭に大きく変わり始めていた。「世界的水準の教育研究の推進」による大学院重点化政策の一環として、大学院生数の増加が図られたのである。[2] ペルーから帰国後、修士課程の院生として修士論文の執筆準備に取りかかっていた僕は、ふと周りを見渡すと、だれもが博士課程への進学を考えていることに気づいて慌てた。留学前にはそれほどでもなかったことだ。ちょっとした「浦島太郎」気分だった。

僕はといえば、「末は博士か大臣か」などという野望（?）は良くも悪くもなく、修士課程を終えてそこそこ就職していく先輩たちを眺めながら、自分も修士修了の資格でどこかの大学でスペイン語でも教えられれば御の字だと、漠然と考えていた。ところが、どうも世の中では博士課程まで進学することが「当たり前」になってしまったのである（そういえば確かに、その時点で就職の話などひとつも舞い込んでは来なかった）。

そんなわけで、遅ればせながら僕も博士課程に行くことを考え始めた（いまから考えれば、あまりにも悠長であったと呆れるほかはないが）。ところが、その時点で僕が所属していた大学では、前年度から博士課程が新設されていたものの、ラテンアメリカ研究専攻で受け入れてくれる可能性のある先生が、次年度から別大学に移ることが急遽決まった。さて、これは困った。他大学に出願しようにも、ときすでに遅く、少なからぬ大学ではすでに選考試験が終わっていた。恐れ多くも某最高学府にも問い合わせてみたのだが、僕が希望した専攻では、その年は他大学からの志願者を最終的に受け付けなかった（昔はそんなこともあったのである）。そんな「泣き面に蜂」状態のなか、唯一出願の可能性が残されていたのが、くにたちにある大学であった。僕は取るものもとりあえず願書を手に入れた。

しかし、ひとつ大きな問題があった。それは、ラテンアメリカ研究を専攻している教員は、少なくとも当時はくにたちの大学にはひとりもいなかったのである。これにはほとほと困った。だれか僕を受け入れてくれそうな人はいないものか、必死の思いで指導教官リストをたどった。この方にお願いするほかはないと、ひとりの名前を願書に書き付けた。はなはだ迷惑だったにちがいないが、それが僕がT先生と出会うことになったそもそものきっかけである。

院生数の政策的増加のおかげなのかもしれないが、兎にも角にも僕は無事合格することができ、晴れてその大学の一員となることができた。

赤い三角屋根のＪＲの駅舎——残念ながらいまではなくなってしまったが——からまっすぐに伸びる、春には満開の桜が、秋には銀杏の彩りがこのうえなく美しい大通りをしばらく行った先に、大学のキャンパスはあった。緑豊かな敷地には、時計台のある本館をはじめ、歴史を感じさせる重厚な建物が並んでいた。図書館はといえば、古めかしいながらも圧倒的な蔵書数を誇り、のちにお目当ての本を探して迷路のような館内をめぐり歩くことに、僕はひとりの研究者の卵として無上の喜びを感じた。

それに比べると、僕が学部から大学院修士課程まで所属していた国立の単科大学は、こういってはなんだけど、じつに貧相だった。緑のほとんどない猫の額ほどのキャンパスに味気ない建物が所狭しと並び、図書館の蔵書もお粗末であった。くにたちの大学に通うようになって率直に思ったのは、「以前の大学はじつにニセモノだった、これこそホンモノの大学にちがいない！」（笑）ということである（と同時に、同じ国立大学で同じ授業料を納めているにもかかわらず、ここまで歴然とした差があるものかと、沸々と怒りもこみ上げてきた）。

誤解がないように付け加えると、僕は以前の大学がけっして嫌いではない。むしろ、青年期のおそらくはもっとも貴重な時間を過ごした場所として、少なからぬ愛着を抱いている。また、「猫の額ほどのキャンパス」とこき下ろしたばかりだが、そのサイズはなんだか僕自身の「身の丈」にとてもよく合っていたような気がした。だから、くにたちの大学のスケールは、じつは僕にはいささか過剰で「畏れ多く」さえ思えたことを、いま正直に告白したい。「ありがたいことだけど、なんだか場ちがいな、まるで異国の地に来てしまったみたいだな」——それが僕がくにたちの大学での日々を「内地留学」と感じる、まずは第一の、もっぱら印象から来るところの理由だ。

さて、肝心のT先生——以下では、先生のゼミでの慣行にしたがって「Tさん」とお呼びする——のことについて書かなければならない。

Tさんとは面接試験の場で「はじめて」お会いした（後進のために助言するなら、こんなことフツーはあってはならない。ぜひ反面教師としてください）。たちの悪い「押しかけ女房」か、はたまた、スペインの劇作家ティルソ・デ・モリーナの戯曲『ドン・ファン』中の「石の招客」（convidado de piedra《コンビダード・デ・ピエドラ》）、すなわち、「招かれざる客」もいいところである。しかしながら、Tさんは寛容にもこんな失礼な僕をゼミ生として受け入れてくださった。

Tさんはアメリカ社会講座に所属し、米国の南北戦争期前後の社会史・黒人史を専門とされていた。ラテンアメリカはペルーの、先住民問題をめぐる専門がなにとも判然としない研究をしていた僕とはおよそ縁がないように思えた。進学先探しに苦慮していた僕は、講座名にある「アメリカ」というわずかな「接点」にすがったに過ぎなかった。しかしながら、この場合アメリカとは、実質的に米国を指していた。仲間となったゼミ生たちも、当然ながら米国に関する研究をしていた。僕が飛び込んだ先は、当初はやはり「異国の地」であるかのようだった。これが博士課程時代を「内地留学」であるとする第二の、そして実質的な理由である。

日本においては（おそらくは世界のかなり部分でも）、アメリカとはすなわち米国のことだから、「アメリカ研究」も即「米国研究」と解されることに対して、ラテンアメリカ研究に従事する者は多少なりとも苛立ちを感じている（と僕は思っている）。いわく、「アメリカ」は本来アメリカ大陸の全体を指す言葉であって、われわれだって「アメリカ研究」を担っているのである、と。Tさんの「アメリカ研究」ゼミに入ったときの僕は、僕の居場所も当然あるべきだという強気で挑発的な面と、やはりここは僕にふさわしい場所ではなく、所詮は「招かざる客」だったのではないかという弱気で不安な面が相半ばする、なんともいえない心境だった。

しかし、そんな僕のちまちまとした考えなどまったく意味がないと言わんばかりに、当時——というのは、再確認すれば一九九〇年代前半のことである——Tさんは研究テーマ上大きな転換を図られようとしていた。それまでの実証史研究に新たな哲学・思想動向を加味し、さらに総合的な歴史叙述に向かうべく舵を切り始めていたのである。

米国社会に根ざした人種問題・多文化主義《マルチカルチュラリズム》論争をトピックとしつつも、ポストコロニアル批評を積極かつ批判的に織り込んで展開されたゼミの議論は、僕の理解したところでは、米国史の枠を超え、アメリカの複数性——これをして僕はAmericas《アメリカス》と呼びたい——や、ひいては現代世界の成り立ちについて深く考えさせる広がりを湛《たた》えていた。米国研究の徒ではない僕が結果的におおいに啓発を受けることができたのも、Tさんの研究の持つまさにこの「広がり」によるところが大きい。

先に述べた「身の丈」ということとも関係するが、修士課程までの僕は、スペイン語とラテンアメリカ研究という狭い世界に閉じこもり過ぎていたような気がする。Tさんのゼミのみならず、くにたちの大学に入って目の前に開けた世界は、単に見知らぬ「異国の地」であることを超えて、それまでの自分の「狭い殻」を打ち破るに十分な刺激と魅力に充ち満ちていた。僕にとっては、やはり実際の留学にも匹敵するインパクトのある出来事だったのである。

Tさんのゼミの関係者たちもまた、人種・民族関係についての新たな認識に基づき、それぞれ黒人・先住民・ラテンアメリカ系移民・アジア系移民等について独自に研究を深め、米国内もまた複数のAmericasにより構成されていることを明らかにすることで、オーソドックスな米国研究の枠組みを超えていこうとしていた。現在、彼らの成果のいくつかはすでに浩瀚《こうかん》な刊行物となって世に問われている。(3) 僕はといえば、すっかり彼らの後塵を拝することになってしまった。焦る気持ちがないといえばそれは嘘になる。もう少しがんばらないといけませんね！

Tさんとの対話で僕のなかにもっとも印象深く残っているのは、おそらくはゼミで「他者」の認識をめぐって議論していたときのことだ。マイノリティ集団をマジョリティから区別し、独自の存在として正しく位置づけることはそれはそれで必要なことだと、議論は展開していたように思う。そのとき僕は、「マイノリティの文化的独自性を、マジョリティはそうそう簡単に理解できたと言うことはできない」と発言したのではなかったか。それに対してTさんは、「もし他者のことが永遠にわかり得ないとしたら、人間は互いに理解し合う必要がないことになってしまう。それでは歴史はとらえられないのではないか？」——細部の正確さは欠いているかもしれないが、確かそのような趣旨のことを述べられた。

とき折しも、自己の立場との距離が不明瞭なままに他者理解を語ることは逆に抑圧につながりうるといった言説が流行っていた。それはそうであるにしても、立場を超えて理解することをすべて無意味化しかねない点にどこか違和感を覚えつつも、安易にそれを再生産して発言した自分が恥ずかしかった。僕自身、主たる研究対象であるペルーの作家ホセ・マリーア・アルゲーダス（第二部「ペルー三都物語」参照）が、非先住民でありながら先住民の世界を描くことについて、どう評価したらいいか考えあぐねていたのだった。

つまるところ、「人間はたがいに『他者』であることを超えて、いかに相手を疎外することなく理解し、承認し合うことができるのか」——そのことについて、僕はTさんの言葉を受け止めつつ、いまでも考え続けているということができる。なかなか答えを出すことができなくてもどかしいのだけれど。


Tさんのもとで勉強した僕の博士課程時代が「内地留学」たる第三の、そして最後の理由は、悲しくも次のようなことである。

海外留学なら多少遠くてもまたいつか行く機会もあろうというものだが、この「内地留学」はある意味で本当の留学先以上にはるか遠く、遠いどころか、二度と戻ることのできない桃源郷のごとき体験となって、僕のなかで永遠にその時《とき》の歩みを止めてしまった。なぜなら、Tさんはもうこの世にいないからである。

それは忘れもしない、二〇〇〇年十二月四日、明けて翌日の早朝のことである。僕は後輩からの電話で起こされた。「Tさんが交通事故で亡くなりました」——まさに晴天の霹靂であった。四日の夜、大学からご自宅に向けて自転車で帰宅途中、Tさんは一台の自動車に轢かれて命を落とした。享年四六歳、あまりにも早すぎる死であった。

のちにわかってきたことは、これが単なる事故ではなく、事件性を帯びたものであるということだ。事故（もしくは事件）の直前に、Tさんと自動車の運転者のあいだでなんらかのトラブルがあったらしい。そのことにより、運転者はTさんを故意に轢いたのではないかとの嫌疑により逮捕され、刑事裁判になったのである。一審での有罪判決に対して、被告は控訴した。

しかし、事件の真相はある日突然、永遠に闇のなかに閉ざされてしまった。被告が獄中で自殺してしまったのである（被告の死に対しては、それはそれで深く冥福を祈るものである）。Tさんの家族はいうに及ばず、僕たち関係者がどれほど口惜しいと感じたかは、筆舌に尽くしがたい。あの晩のトラブルの中身がたとえどのようなものであれ、僕たちが知りたかったのは「事実」である。事件直後も、警察の捜査とは別に、僕たちは自主的に現場周辺で情報提供を求めて歩き回った。しかし、決定的な目撃情報や証言はついぞ出てこなかった。

僕たち関係者の多くは歴史研究者である。遠い過去の、あるいは遠い国の歴史を、それぞれに追い求めている専門家である。そんな僕たちが、こんなにも身近な人物の身に起きた、かくも重大な過去の「事実」を明かし得ないのである。これほどもどかしいことはない。一時は歴史の虚構性や解釈性を説く「言語論的展転回」や「構築主義」がひどく空虚なものに思えてならなかった。僕は少なくとも、そもそも「事実」はなんだったのかという、歴史研究の基本にして究極の課題困難さをまざまざと見せつけられる思いがした。仮にそれがTさんからの最後のメッセージだとしても、そのためにTさんが払った代償はあまりにも大き過ぎたと言わざるを得ない。

あれからはや八年の歳月が流れた。命日の十二月四日には、よほどのことがない限りは事件現場を訪れて、黙禱を捧げることを自分に課している。そのついでになつかしの大学に足を運ぶことも多い。

駅前通りも、キャンパス内も、晩秋の木々の美しさはかつてとまったく変わりがない。ただ、Tさんの研究室に灯りが点《とも》らないことだけが異なる。決定的に異なる。しかしそれは、僕たちが受け入れなければならない「事実」である。

Tさんこと辻内鏡人《まこと》さん、(4)夢のような「内地留学」の日々をくださってありがとうございました。そして、その「内地留学」の先が二度と戻れない場となってしまったことが、返すがえすも残念でなりません。どうか安らかにお眠りください。

注

(1) 本来漢字で「国立」と書くべきだが、行論の都合上、漢字の場合は「国立《こくりつ》」の意味で用い、市名としてはひらがなで「くにたち」と表記することとする。

(2) このことがのちにいわゆるポスドク問題、すなわち、就職先を見つけるのが困難な大量の博士号取得者を生み出す先駆けとなったことは、水月昭道『高学歴ワーキングプア――「フリーター生産工場」としての大学院――』(光文社新書、二〇〇七年)に詳しい。

(3) 南川文里『「日系アメリカ人」の歴史社会学――エスニシティ、人種、ナショナリズム――』(彩流社、二〇〇七年)、水野由美子『〈インディアン〉と〈市民〉のはざまで――合衆国南西部における先住社会の再編過程――』(名古屋大学出版会、二〇〇七年)、村田勝幸『〈アメリカ人〉の境界とラティーノ・エスニシティ――「非合法移民問題」の社会文化史――』(東京大学出版会、二〇〇七年)、など。

(4) 一九五四年、兵庫県生まれ。東京大学経済学部卒業。同大学大学院経済学研究科博士課程修了。経済学博士。一九八九年より一橋大学に勤務。著書に『アメリカの奴隷制と自由主義』(東京大学出版会、一九九七年)、『現代アメリカの政治文化——多文化主義とポストコロニアリズムの交錯——』(ミネルヴァ書房、二〇〇一年[遺作])。中條献との共著に『キング牧師——人種の平等と人間愛を求めて——』(岩波ジュニア新書、一九九三年)。

われらみな「在日」——ナポリ—東京往復書簡（一）[1]

Date: Fri, ** Oct 200* 20:19:46
From: lee@####.com
Subject: Buongiorno!

先生、お元気ですか？　突然のメールですいません。大学の××××室で事務アルバイトをしていた李です。その節はいろいろお世話になりました。

私はいま、イタリア文学を学ぶためナポリに留学で来ています。ここは海が近くてとてもいいところです。大学はまだ始まっていないので、毎日街をぶらぶら歩き回っています。

インターネットで久しぶりに先生のサイトを見て、ふとメールを出してみようと思いました。今回は、先生のまだ見ぬヨーロッパ（笑）、イタリアの地から、とりあえずご挨拶まで。よろしければお返事ください。それでは、お体にはくれぐれも気をつけて。

Date: Tue, ** Oct 200* 22:01:23
From: goto@####.jp
Subject: えーーーっっっ!

タイトルのBuongiorno!はイタリア語(スペイン語なら¡Buenos días!《ブエノス・ディアス》ですね)。なにやら怪しげな便り、イタリアに知り合いなんてひとりもいないし、迷惑メールかと思って捨てようとしたけど、念のため開けてみて良かったよ。君、夏休み明けから見かけないと思ってたら、えーーーっっっ! イタリアにいるの? それもイタリア文学を勉強……ってことは、イタリア語できちゃうわけ!? 聞いてないよ、そんなことー(笑)。

いやしかし、まったく思いがけないメールでした。でも、僕のまだ見ぬ――って、ほっとけ! 老後の楽しみだって言ってるでしょうが!――ヨーロッパの地からわざわざメールをもらえて、とても嬉しく思います。せっかくだから、ここはひとつ、ナポリと東京のあいだで往復書簡、よろしければ始めませんか。

メールをもらえたのは本当に良かった。じつは機会があれば君に伝えたいことがあったのです。いつだったか、立ち話のなかで君に、映画『GO』(行定勲監督、二〇〇一年/第一部「音引きをめぐる攻防」参照)についてどう思うかと、感想を訊いたことがありましたね。あれは、映画好きの君であればこそ訊いてみたのですが、君の立場、つまり君の「国籍」をまったく意識しなかったと言えば、それは嘘になります。しかし、では「在日」であればだれにでも訊いた質問かと言えば、それもちょっとちがう。

現在の日本では、在日韓国・朝鮮人に対して差別感情を極力持たないようにしているけど、一方で、善意であれ在日があたかもそこにいないかのように振る舞う、つまり、在日の存在を結果的に「見えなく」(invisible《インビシブレ》)してしまう「不自然さ」もあるように思います。君が映画好きだと知ったのは、僕の研究室のドアに貼ってあったラテンアメリカの映画のチラシに興味を持ち、ラテンアメリカ映画のことについて僕に質問しようと、思い切って研究室のドアを叩いてくれたからでした。だから僕も、君が「一歩踏み込んで」ドアを叩いてくれたように、在日の君に在日を扱った映画について「一歩踏み込んで」訊くことで、僕なりに「不自然さ」を打ち破ろうとしてみたのだけど、うまく意図が伝わったかどうかは、良くわかりません。

……てなことを伝えたかったわけです。ぜひまたメールをくださいね。それでは。

Date: Mon, ** Oct 200* 18:30:14
From: lee@####.com
Subject: キターーー!?

先生、メールをありがとうございました。えーっと、私が先生の研究室を訪ねたのは、もちろんラテンアメリカ映画のチラシに惹かれてのことなんですが、それ以前に、私が事務作業をしているときに、気さくに声をかけてくれたからなんです。それで、先生なら突然訪ねていっても大丈夫かなって。

それに、イタリア語を勉強していたので、スペイン語の先生だっていうのも興味がありました。『GO』について訊かれたときは、まったく違和感はなく、別に「キタ━━！」って感じもしませんでしたよ（笑）。先生が私の国籍について、過剰な意識や先入観を持っていないのは十分わかっていたつもりです。どうしてそう思ったかは、うまく説明できないのですが。

東京でもスペイン語圏の映画がこれからだいぶ封切られるようですね。いまイタリアでは、アルモドバルの新作La mala educación《ラ・マラ・エドゥカシオン》が上映されています。大学の学期が始まってちょっと忙しくなりました。またメールします。Grazie, a presto!

Date: Mon, ** Oct 200* 23:28:40
From: goto@####.jp
Subject: なにも知らないところに吹き込まれたら……？

李さん、メールをありがとう。末尾のGrazie, a presto! はGracias《グラシアス》, ¡hasta pronto《アスタ・プロント》!（「ありがとう。また近いうちに」）だね。イタリア語の勉強になるけど、なんだか試されているみたいだな。今度から日本語訳を付けてくれると助かります（笑）。それにしても、イタリア語ができるならほんと一言、言ってくれればいいものを……。

以前は授業で、「スペイン語をやっておくと、同じラテン語系統のフランス語やポルトガル語、イタリア語をやるときに役に立つから、きちんと勉強しようね」と、じつは自分で取り組んだことがないことをしたり顔で説いていたけど（そう、じつは僕はお恥ずかしながら、スペイン語と英語しかできないのだ）、最近はやめることにしましたよ。

さて、僕が「国籍について、過剰な意識や先入観を持っていないのは十分わかっていたつもり」と言ってくれたこと、素直に嬉しく思います。一応、そのように心がけているつもりです。というよりも、¿Yqué?《イ・ケ》（「それがなんだというのだ？」）。英語なら*So what?*という感覚があるつもりです。*color-blind*（肌の色にとらわれない）ならぬ、*nation-blind*（国籍にとらわれない）、つまりは、人をなんらかの集合的な属性に還元して考えない立場ですが、もっとも、こうした立場が常にいいのかと、ときに考えてしまうこともあります。

僕は高校生のときにはじめて、同和教育、すなわち被差別部落についての教育を受けました。僕は関東の出身ですが、関西出身の人にとっては、ずいぶんと取り組みが遅いと、感じられることでしょう。とにもかくにも、はじめての同和教育を終え、感想を求められたので、「差別があると知ることが逆に差別につながるかもしれないので、むしろ知らないほうが良かった」といった主旨のことを書いたところ、「問題あり」と判断されたのでしょう。担任の先生に放課後呼び出されました。先生は僕に、「なにも知らないところに差別意識を一方的に吹き込まれたらどうするのだ？」と尋ねました。それに対して僕は、「その程度のことで自分は差別などしない！」と答えたように記憶しています。おとなしくて目立たない生徒だった（?）僕がそのように頑《かたく》なに応戦したので、先生はきっと困ったことでしょう（数学担当だった温厚なA先生、生意気でおまけに数学もからきしできなかったことを、この場を借りてお詫びいたします）。

こうしたやりとり以外の記憶はほとんど残っていないのですが、この出来事は折に触れて思い出されます。「差別などしない！」と啖呵を切って見せた自分が、本当にそのとおりにできているかどうか、自問したりします。正直なところ、あまり自信がありません。自分で気づいていないだけ、ということもあるでしょうから。

ちょっと話題を変えましょうか。アルモドバルの名前が出てきましたね。ペドロ・アルモドバル監督はもはやスペイン映画界の巨匠と呼んでいいでしょう（第一部「至高の命令¡Ten!」参照）。アルモドバル監督といえば、本人が同性愛者であることとおそらく関係するのでしょうが、社会の逸脱者や周縁者に向けられた眼差しがとても「暖かい」と、少なくとも僕には感じられます。日本でもロングラン上映された『オール・アバウト・マイ・マザー』とか、ちょっと（かなり？）マニアックな『アタメ！』とか、ね。

それでは、¡Hata la próxima!《アスタ・ラ・プロキシマ》（また次の機会に）。

Date: Wed, ** Oct 200* 20:51:35
From: lee@####.com
Subject: Re: なにも知らないところに吹き込まれたら……？

李です。おはようございます。メールをありがとうございました。イタリアに来てからそろそろ一カ月が経とうとしています。ようやくこちらの生活に慣れてきた気がします。

日本では「イタリア語ができる」と人前で言えるレベルではなかったので、すいませんがひた隠しにしていました（笑）。でも、外国語の習得って、やっぱりたいへんですね。イタリアに来て、改めてそう思います。イタリア語をぜひ完璧にマスターしたいのですが、まだまだほど遠いです。

先生のメールにあった、「なにも知らないところに差別意識を一方的に吹き込まれたらどうするのだ?」という言葉が、胸に響きました。日頃差別を受けていると思っている自分自身が、逆にものすごく排他的で差別主義だなと、感じることがあります。無意識にそうしているあいだは、ちっぽけな優越感や自己満足に浸っていられるのですが、そのあとに押し寄せてくる空しさや自責の念には、耐え難いものがあります。こうしたことを少しでもなくすためには、やはりまずお互いに「知る」ことが大切なのかなぁと思います。

先日、アルモドバル監督の新作を観てきました。全編イタリア語への吹き替えで、内容を完全に理解することはできませんでした。外国語で映画を観るのって、けっこうつらいですね。『アタメ！』もいつか観てみたいです。

それでは、今日はここまでにします。またメールします。Grazie e Arrivederci!

Date: Thu, ** Nov 200* 00:31:58
From: goto@####.jp
Subject: マークされる／されないこと

李さん、こんばんは（といっても、ナポリはいま何時頃だろう?・）。日本ではいま大型台風が通過中です。

イタリア語の習得に余念がないようですね。でも、語学に「完璧」なんてものはありません。そんなもの現実にはこの世に存在しませんから（……なんて、スペイン語がもうこれ以上上達しないであろう、自分自身への慰めでもあるのですが。トホホ）。

前回メール末尾のArrivederci!はさすがに知ってましたよ。¡Adiós!《アディオス》ですね。じつは、ペルー留学中にホームステイしていたペルー人家庭がイタリア系で、家の息子がよく片言のイタリア語を口にしていたので。

さて、李さんが「日頃差別を受けていると思っている自分自身が、逆にものすごく排他的で差別主義だなと、感じることがあります。……やはりまずお互いに『知る』ことが大切なのかなぁと思います」と書いてきたことについて、僕は僕でまたいろいろ考えさせられました。

酒井直樹の『死産される日本語・日本人——日本の歴史—地勢的配置——』（新曜社、一九九六年）という本を知っていますか?　そのなかで酒井は、社会におけるマイノリティを「有徴」（marked）、マジョリティを「無徴」（unmarked）と位置づけ——ちょっとこむずかしく聞こえるかもしれませんが、要は、マイノリティが常に周囲から「マーク」されざるをえないのに対して、マジョリティはいつでも「ノーマーク」だということです——、自分のアイデンティティについて殊更意識するまでもないマジョリティの「繊細さ」のなさを問題化しています。「知らないでいられる」・「知らないで済ませる」のが所詮はマジョリティの傲慢さであることを思い知らされます。しかし同時に、「知らないところに差別意識を吹き込まれ」ても抗しうるような「強さ」も手にしていたいという思いも、一方で依然として持ち続けてはいるのですが。

ところで、これまでスペインの映画ばかり話題にしてきましたが、先日邦画の『父と暮らせば』（黒木和雄監督、二〇〇四年）を観てきました。井上ひさし原作で、広島の原爆を奇跡的に生き残った娘の「生き難《がた》さ」が父の亡霊とのやりとりのなかで浮き彫りになる、という作品です。そして、戦争行為がやはり無為であることを静かに、しかし強く訴えかけています。

とてもいい映画なのですが、観客はほとんど年輩の女性たちでした。「自分の国や家族はやはり戦って守らなければ」と信じて疑わない男性に――自分は戦場に行くことはないとふんぞり返っている老政治家はもはや処置なしなので、とりわけ若い男性にこそ――、ぜひ観てもらいたいものです。

それではまた。

Date: Sat, ** Dec 200* 1:09:48
From: lee@####.com
Subject: Buona sera

Buona sera（こんばんは）、お元気ですか？　ナポリではまだまだ暖かい日が続いています。東京では大きめの地震があったそうですが。

「知らないところに差別意識を吹き込まれ」ても抗しうるような「強さ」というものを、私もまた持っていたいです。そしてそれ以前に、思いやりのある人間になりたいと願っていますが。『父と暮らせば』という映画のことは知りませんでした。ぜひ観てみたいです。高橋哲哉さんが著書（タイトルは忘れてしまったのですが）のなかで、今後来るべき日本の徴兵制度について触れていたのを思い出しました。

もうクリスマスの季節です。ナポリの夜の街は、イルミネーションが華やかで美しいです。それでは今日はここまでにします。風邪など引かぬよう気をつけてお過ごしください。

Date: Fri, ** Dec 2004 11:06:30
From: goto@####.jp
Subject: 闘うスペイン語教師?

お元気ですか?　東京はようやく冬らしい寒さになってきました。お返事がすっかり遅くなりました。もうまもなくクリスマス。というわけで ¡Feliz Navidad!《フェリス・ナビダ》（メリー・クリスマス!）。

前回メール・タイトルの Buona sera は「こんばんは」で、sera が「夜」なんですよね。スペイン語では noche なので、同じ語系統といってもちがうものだなぁと思いました。

『父と暮らせば』は舞台もなかなか良かったようです（未見ですが）。強いて言えば、父親の幽霊が娘（未婚）に対して、孫の来《きた》るべき誕生をもって自分の無念さがはじめて晴らされるという主旨のことを言うのですが、それはどうかと思いました。なんだか古典的な「母性」の枠組みに回収してしまうようで。

最近、高橋哲哉の『教育と国家』（講談社現代新書、二〇〇四年）を読みました。彼はすっかり「闘う哲学者」ですね。僕も及ばずながら「闘うスペイン語教師」にならねば（？）、と思わされます。

ご存じだったかどうかわかりませんが、東京・立川の自衛隊官舎のポストに反戦ビラを撒いた市民運動家三名が「住居侵入罪」で逮捕・起訴される事件がありましたが、一審では無罪（二〇〇四年十二月十六日）となりました。逮捕・起訴に反対する署名をしていたので、ほっとしています。ポストにはその他さまざまなチラシだって撒かれるのですから当然といえば当然ですが、「住民の不快感」を口実に選択的に特定の活動を取り締まろうとする権力の暴走に対して、かろうじてブレーキがかけられたことはとても重要だと思います。今後検察が控訴するかどうか、注目しています[2]。

李さんも風邪など引かぬよう、くれぐれもご自愛を。どうか本場のクリスマスを満喫してください。
それでは、¡Próspero año nuevo!《プロスペロ・アニョ・ヌエボ》（良いお年を！）。

Date: Mon, ** Jan 200* 22:12:14
From: lee@####.com
Subject: Re: 闘うスペイン語教師？

お返事が遅くなりました。すでに年も変わってしまいました。あけましておめでとうございます。
私は元気です。こちらは今日から大学の授業が始まりました。

反戦ビラを撒いた市民運動家のことについては、先生のサイトを見て知って気になっていました。「闘うスペイン語教師」、期待しています！

クリスマスは友人の家で過ごしました。彼女のお母さんがベネズエラ人で、とても気さくで温かい人でした。ベネズエラの家庭料理がとても美味しかったです。踊りも教えてもらいました。その友人はイタリア語とスペイン語を話し、大学では中国語を学んでいて、中国のことについて語るときには目を輝かせて話すので、私は横で聞いていて興味深いなと思いました。私もスペイン語が話せたらなと思いました。

手短で恐縮ですが、今回はここまでということで。どうかくれぐれもご自愛ください。

Date: Mon, ** Feb 200* 00:33:23
From: goto@####.jp
Subject: ナポリでの君は……

お元気ですか。試験やら採点やらなにかとあり、気がつけばだいぶ時間が経ってしまいました。素敵なクリスマスが過ごせたようで良かったですね。お友だちがイタリア語とスペイン語のバイリンガルで、かつ中国語に興味があるということですが、ときに、日本に住んでいて日本語も話すけれど国籍は日本ではない君のことはどう見られているのでしょうか。あるいは、自分からはどう説明しているのですか。久しぶりに「一歩踏み込んだ」質問かもしれません。

日本でもアルモドバルの La mala educación（邦題『バッド・エデュケーション』）がようやく観られそうです。それではまた。

注

（1）この往復書簡形式の本稿は、実際に友人とのあいだで交わされた電子メールでのやりとりを、後藤が編集・再構成したものである。このような形で世に問うことを快く承諾してくれた友人に感謝する。

（2）その後検察は控訴に踏み切り、控訴審では一転して逆転有罪判決が下され（二〇〇五年十二月九日）、上告審でも上告自体が棄却され（二〇〇八年四月十六日）、残念ながら市民運動家の有罪が確定してしまった。司法の政治からの独立を疑わせる、たいへん由々しき結末である。

われらみな「在日」――ナポリ―東京往復書簡（二）

Date: Thu, ** Mar 200* 3:22:34
From: lee@####.com
Subject: Re: ナポリでの君は……

お元気ですか？　引越しやらなにやらで、いろいろバタバタしていました。こちらは一カ月近く雨降りが続いていました。東京より冷え込みが厳しいくらいです。

先生からのメールに、「日本に住んでいて日本語も話すけれど国籍は日本ではない君のことはどう見られているのでしょうか。あるいは、自分からはどう説明しているのですか」とありましたが、はじめてこういった質問をされたので、ドギマギしてしまいました。そういえば、自分でも無意識・無自覚で過ごしていたなと思いました。

自分で自己紹介をするときは、「私は朝鮮人ですが、日本で生まれて日本で暮らしています」と言うのですが、（イタリアの人に限らず）ほとんどの人は、それでも私のことを日本人だと思うようです。ある人に、「君は国籍は朝鮮でも、日本で生まれたし日本語を話すし見た目も日本人のようだから、日本人だ」と言われたことがあります。

そのときの気持ちは、そんなこと言われたって私は朝鮮人だし、というのが正直なところです。であるにもかかわらず、日本のことを話すときは、まるで自分の国のことのように語っている自分がいて、そのときは自分を日本人だと思って話しているので驚きです。話し終えたときには、いつでも混乱を覚えます。自分と「日本」との距離を取るのがむずかしいのです。というわけで、最近では自分の感情を整理するため、「日本の文学と日本語が好きです」と、自己紹介に付け加えることにしています。また、大学で知り合ったある人には、「君は日本と朝鮮、両方の文化を持っている。君みたいな存在はめずらしい」とも言われました。

最近は、あまり国籍を意識しなくなりました。こちらの人は、日本と中国についてはある程度知識があるのですが、朝鮮のことはあまり知らないし、興味を持たない人がほとんどなので、無理に固執することもないなと思っています。

大学では新学期の準備でなにかとお忙しいかとは思いますが、どうかお体には気をつけてお過ごしください。Allora, arrivederci（それでは、さようなら）。

Date: Thu, ** Mar 200* 11:49:06
From: goto@####.jp
Subject: 留学時代の苦い思い出

メールをありがとう。東京は三寒四温、といった感じですね。確実に春が近づいて来ているようです。なかなか返事がなかったので、ちょっと踏み込み過ぎただろうかと、じつは気にしていました。

　イタリアあるいはヨーロッパのことはわかりませんが、ラテンアメリカでは、僕たちの容貌は総じて「アジア系」(asiático《アシアティコ》)であって、一般的にはchino《チノ》(「中国人」の意だが、アジア系の総称ともなっている)と呼ばれます。つまり、「中国人」であれ「韓国・朝鮮人」(coreano《コレアノ》)であれ「日本人」(japonés《ハポネス》)であれ、ラテンアメリカにあっては通常はどうでもいいことです。東アジアには僕たちが経てきた「不幸な歴史」があるわけで、そのことが知られていないことをときに物足りなく思うこともありましたが、正直なところ僕にとっては、かの地でどう呼ばれようと、それほど気になることではありませんでした。

　しかしそれは、「日本人」であるがゆえになせる技なのだと、痛感させられる出来事がありました。留学中、同じ大学に韓国からの留学生がいたのですが、共通の知人を介して紹介してもらおうとしましたが、彼のほうから拒絶されました。かの地にあっても、僕たちは「アジア系」ではなく、彼はあくまでも「韓国人」であり僕はあくまでも「日本人」で、彼にとってはその差異のほうに重きがあったということです。

　このように、僕は「日本人」であることから来るある種の傲慢さ・無神経さにより「アジア系」と受け止められることを良しとし、しかし彼はそこに明確な境界線を引いていました。そして李さんは、その境界線を行き来していることを、「そんなこと言われたって私は朝鮮人だし、というのが正直なところです。であるにもかかわらず、日本のことを話すときは、まるで自分の国のことのように語っている自分がいて、そのときは自分を日本人だと思って話しているので驚きです」という文面に読み取ります。

また一歩踏み込むことになるかもしれませんが、日本でももちろん、そのような感覚があるかと思いますが、イタリアの地でそのように思うとき、それは不安定な「揺らぎ」をもたらすというよりも、あるいは日本にいるときにはない「開放感／解放感」を感じるのでしょうか。

ご指摘のとおり新学期が間近なので、そろそろ本腰を入れて準備にかからないといけません。ではまた。

Date: Mon, ** May 200* 23:16:01
From: lee@####.com
Subject: Re: 留学時代の苦い思い出

お元気ですか？ 先生からメールを頂いてからずいぶん時間が経ってしまいました。こちらは連日晴れの日が続き、夏間近といった感じです。昨日はナポリ湾に浮かぶイスキア島というところへ行ってきました。海の水が澄んでいてきれいでした。

最近、ひとりの韓国人留学生と知り合いました。彼はのっけから「朝鮮人なら朝鮮語で話さなければ」と言い張り、私はと言えば、朝鮮学校で学んだとはいえ高校を卒業してからの七年間まったく朝鮮語を話していないので、なかなか自然に口から出てきませんでした。それで、仕方なくイタリア語で彼に話しかけるのですが、彼のほうは流暢な韓国語（当たり前ですが）で通そうとしました。おまけに朝鮮語の間違いを何度も指摘され、イタリア語については、「君の発音はまったくもって日本人流だな」と言われ、げんなりしてしまいました。

彼のような人もいるかと思えば、以前に知り合った別の韓国人留学生のふたりは、私がナポリで知り合った美術を学んでいる日本の友人の家に滞在していて、訪ねて行ったときには、私の朝鮮語が至らないのを汲んで、終始イタリア語で話してくれました。

先生の前回のメールで、韓国人留学生に会うことを拒否された話がありましたが、いろいろな意味で残念だと思いました。せっかく一方からの歩み寄りがあり、それはまたとないきっかけ、対話の契機になるはずだったのに……。

ナポリでの心のあり方についてですが、先生のおっしゃる通り日本では感じることのない「開放感／解放感」があります。それは、地理的に日本と朝鮮から離れていることから来るものかもしれません。こちらではアジアの歴史が良くも悪くもほとんど知られていないので、こう書くと大げさかもしれませんが、まるで自分はそれをいいことに「逃亡している犯罪者」のようだなと、ときどき感じることがあります。

先生のウェッブサイトで映画『パッチギ！』を評価されていましたね。ぜひ観てみたいです。それではまたお便りします。

Date: Wed, ** Jun 200* 01:44:16
From: goto@####.jp
Subject: 在日映画を観るということ

李さん、後藤です。こちらもお返事が遅くなりました。『パッチギ！』（井筒和幸監督、二〇〇五年）の寸評[1]、読んでくれてありがとうございます。いまのところコメントをくれたのは、イタリアから約一名だけです（笑）。

李さんは李良枝《い・やんじ》の『由熙《ゆひ》』（講談社、一九八九年）を読んだことがありますか？ 私は最近はじめて読みました。私が在日文学を読むことと、李さんが読むこととのあいだには、どのような差異が生まれるのでしょうか、あるいは生まれないのでしょうか。それに関連していうと、『パッチギ！』に心を動かされる自分はセンチメンタルに過ぎない、あくまでも日本国籍者ということになるのか、あるいはそれを越えたなにかがあるのか、定かではありません。李さんがあの映画を観てどう感じるのか、知りたいと同時に、知りたくない気もするのです。

韓国人留学生のことですが、誤解がないように付け加えれば、留学の最終盤ではありましたが、親しくできた韓国人留学生もいました。それなのに、前回拒否された例を殊更強調したのは、公正さに欠けましたよね。人はなぜ、ときに一個人のパーソナリティに過ぎないものをナショナリティ全般のレベルにまで「格上げ」したり、ナショナリティのレベルの問題を個人に「還元」してしまったりするのでしょう？

先のメールで李さんが、イタリアにいる自分をさまざまな束縛から逃れた自由人としてではなく、「逃亡している犯罪者」にたとえたことについては、いまはとりあえずコメントする言葉を持ち合わせていません。ただ、人の移動を「ボーダー・クロッシング」（越境）や「ディアスポラ」（離散）と呼んでどちらかといえばポジティヴな可能性ばかりを読み取りがちな人々は、このたとえに耳を傾けるべきなのだろうとしか言いようがありません。

李さんの留学もまもなく一年になりますね。留学は一年の予定ですか。それとももっと長くいるつもりですか。もし一年であれば、残り少ない日々をどうか大切に過ごしてください。

Date: Mon, ** Jul 200* 20:06:55
From: lee@####.com
Subject: Re: 在日映画を観るということ

お久しぶりです。七月に入ってこちらナポリはすっかり夏めいてきました。すぐにでもお返事をと思ったのですが、あれこれと考えさせられることが多く、すっかり遅くなってしまいました。

李良枝の『由熙』は残念ながら読んだことがないのです。私がはじめて読んだ在日文学は、じつは『GO』だったのです。まるで友人か親戚の書いたものを読んでいるような気がして、妙に恥ずかしい気持ちになったことを覚えています。そして、小説や映画によって朝鮮学校の粗削り（よくいえば大胆、悪くいえば荒々しい）な部分が丸出しになるのかと思うと、それはそれで怖い気がします。在日文学を読むうえで先生と私の間に差異が生まれるとしたら、そんな実感に関わるところなのかも知れません。

人が、「ときに一個人のパーソナリティに過ぎないものをナショナリティ全般のレベルにまで『格上げ』したり、ナショナリティのレベルの問題を個人に『還元』してしまったりする」のは、自分に都合良く物事を考えたかったり、生きる上で何かしらドラマチックな「物語」を欲するからではないでしょうか。

留学は一年のつもりでした。あと一カ月弱で帰国の予定です。

Date: Mon, ** Jul 200* 10:00:48
From: goto@####.jp
Subject: ナポリへの最後の便り?

李さん、お元気ですか。留学の最後の日々はなにかと慌ただしいでしょうね（少なくとも私はそうでした）。先のメールに帰国が間近とあったので、あるいはこれが最後のナポリへの便り（あるいはすでに遅し?）になるでしょうか。

『GO』を読んで、「まるで友人か親戚の書いたものを読んでいるような気がして、妙に恥ずかしい気持ちになった」・「小説や映画によって朝鮮学校の粗削りな部分が丸出しになるのかと思うと、それはそれで怖い気がする」との告白を聞いて、複雑な心境です。というのも、「暴力」を描いた映画なら日本国籍者の（と、断りを入れることはけっしてありませんが）それのほうが圧倒的に多いはずですが、それをして「自分（たち）の世界が描かれている」と日本国籍者が「全面的」に受け止めることは、まずないだろうからです。

『GO』や『パッチギ！』、古くは梁石日《やん・そぎる》原作の『月はどっちに出ている』（崔洋一監督、一九九三年）といった「在日もの」を、ある意味で「選んで」観てきた自分はいったいなにを求めているのか。高和政《こう・ふぁじょん》「商品化される暴力――映画『血と骨』批判――」（『前夜』第Ⅰ期四号、二〇〇五年）は、「『日本映画に〈在日もの〉というジャンルが成熟した』という評があるようだが……、『GO』にはじまり、『夜を賭けて』や『血と骨』(2)、そして今年公開された『パッチギ！』のどれをとってみても、程度の差はあれ暴力的な在日朝鮮人が繰り返し登場しており、そのステレオタイプ化も『成熟』しているように思えるし、〈商品〉価値も高いようだ。……ステレオタイプ化した在日朝鮮人表象とそれが喜ばれる状況に対して、徹底した批判をしていかなければならない」と述べています。暴力シーンには私もまた問題を感じているものの、「成熟」したステレオタイプや〈商品〉に自分もまた「喜んで」いるのだろうかと、考えさせられてしまいます。

他方で、李鳳宇《り・ぼんう》(3)・四方田犬彦『パッチギ！対談集――喧嘩、映画、家族、そして韓国――』（朝日新聞社、二〇〇五年）を読んでみると、李さんの言うような「朝鮮学校の粗野な部分」が李鳳宇の口から赤裸々に語られていているのですが、それはそれでやはり必要なことなのだとも感じます。また、同書のなかで四方田が、「朝鮮高校が女の子だけに民族衣装を義務づけ、男の子には一般の日本人と同じ服装をさせてきた構造は、それはそれで考えたほうがいい。女の子は朝鮮人という共同体の財産だというイデオロギーがあるのじゃないかな」と指摘しているように（ただし、現在では女子も制服を選択できるようになっているとの付記あり）、現在の「在日もの」映画が極めて男性中心にジェンダー化されているのは否めないでしょう。在日文学の映画化は確実に増えてきましたが、女性作家のそれは映画化されていません。それはたぶんに四方田が指摘するような男性優位のイデオロギーが働いていることによるのでしょうか。そうしたイデオロギーを暴力的ではない形で「パッチギ」（突破）することも、これからの課題かもしれませんね。

ときに素朴に考えることがあります。なぜ韓国・朝鮮人だけを「在日」と呼ぶ必要があるのだろう、いわばわれわれ日本列島に住まう者はすべて「在日」ではないか、と。イタリア語もそうだと思いますが、スペイン語には「永続的属性・性質」を表す英語の be 動詞相当の動詞 ser《セール》と、「一時的状態・所在」を表す同じく be 動詞相当の estar《エスタール》とがあります。日本人は ser japonés/-sa（日本人［男性／女性］である）と estar en Japón（日本にいる＝在る）とがほぼ完全に一致していて、これがまた象徴天皇制と結びついて強力なナショナリズム意識を支えているわけです。

しかし、ふと思うのです。所詮ひとは一回限りの人生をたまたまどこかに「在って」過ごすのであるから、過去から連なる属性よりも、いまここに「在る」ことをお互いに共有できないのか、そうすれば僕たちは等しくみな「在日」なのではないか……、と。それを日本国籍者の側から言うことは、ある種の欺瞞に過ぎないかもしれませんが。

関連して、亡くなった僕の大学院博士課程時代の指導教員（第三部「くにたち「内地留学」の記」参照）があるとき、「論文中で「万世一系」と書くべきところを、「万系一世」と間違って書いちゃったよ。はっはっは」と、さもおかしそうに語っていたことを思い出しました（じつは故意に書き間違えた？ だって、単純な漢字変換ではけっして出てこないはずだから）。「万系一世」、すなわち八百万《やおよろず》の人々がそれぞれに一世代を生きる——なんと素晴らしい言葉ではありませんか！[4]。

あるいは、私がライフワークとして研究しているペルーの作家ホセ・マリーア・アルゲーダス（第二部「ペルー三都物語」参照）の小説中には、No seré ya forastero en este país tierra donde hemos nacido《ノ・セレ・ヤ・フォラステロ・エン・エステ・パイス・ティエラ・ドンデ・エモス・ナシード》というある登場人物のセリフがあります。日本語に訳せば、「私は、私たちが生まれたこの国の大地で、ひとり異邦人《よそもの》になることはもうないだろう」。この「私」という主語と「私たち」という主語のあいだの「ずれ」と、それを超克しようとするアルゲーダスの思想に、あるいは僕は導かれてきたのかもしれません。

思いがけずイタリアから届いたメールをきっかけに始まったこの対話は、私にとってとても有意義でした。お付き合いいただきどうもありがとう。これからもぜひよろしく。それではまた、¡Buen viaje!《ブエン・ビアヘ》（よい旅を！）。

Date: Tue, ** Sep 200* 22:49:19
From: lee@####.com
Subject: 帰国? しました

お久しぶりです。李です。いかがお過ごしですか? 無事日本に帰国しました。あっ、正確には「入国」ですが。いずれにしてもここ日本が、「私の場所」にちがいありません。取り急ぎご報告まで。

Date: Mon, ** Sep 200* 00:05:29
From: goto@####.jp
Subject: お帰りなさい

うーむ、ノーテンキな日本国籍者は最後の最後まで意表を突かれます。そうか、「特別永住者」である在日は、法的には日本に「入国」ということになるのね。

しかし、軽率の誹《そし》りを恐れずに、僕はあえて次のように言って君を迎えたいです。君の場所であり、僕の場所であり、その他諸々の人々の場所、すなわち、日本国籍者は「日本人」という「仮面」をかぶっているから一見みな同じに見えるけど、ひと皮むけば格差や差別も渦巻いているような場所、しかし一方で、国籍や出自は異なってもそのこととは関係なく共感できる人間が触れ合える場所——そんな「私たちの場所」、日本にお帰りなさい、と。

注

（1）ウェブサイトに掲載した寸評の内容はおおよそ以下のとおり――「『パッチギ！』は、一九六八年は京都の、在日朝鮮人と日本人の若者の青春群像を描いた作品。ある意味できわめて定型的なプロット（『ロミオとジュリエット』か、はたまた『ウェストサイド・ストーリー』か）で、暴力シーン――それが井筒作品の「お約束」であれ――には個人的に辟易とさせられたが、映画を観て不覚にも涙したのも久しぶり。ラジオから流れる主人公（日本人高校生）が歌う『イムジン河』を、ヒロイン（朝鮮学校生）が同胞の葬儀中の皆に聴かせるシーンでのこと。『イムジン河』をはじめ、ザ・フォーク・クルセダーズの歌が効果的に配置されている。いわゆる『フォークソング』を『懐メロ』として後天的に聴いた世代に属する自分にとって、「あの素晴らしい愛をもう一度」などはあらかじめ『定番中の定番』に過ぎてどこか陳腐な印象があるのだが、こんなふうに新鮮な響きをもって聴けたのはたぶんこれがはじめてではないか。ちなみに、オダギリジョーが、バイプレーヤーとしてなかなかいい味出してます（笑）。彼の歌う『悲しくてやりきれない』は、へたするとオリジナルを越えてしまっているかも」。

（2）『夜を賭けて』（日韓合作映画、金守珍《きむ・すじん》監督、二〇〇二年）・『血と骨』（崔洋一監督、二〇〇四年）――いずれも原作は梁石日である。

（3）李鳳宇は映画プロデューサーで、配給会社シネ・カノン代表。『月はどっちで出てる?』・『パッチギ！』・『シュリ』（韓国映画、姜帝圭《かん・じぇぎゅ》監督、一九九九年）を配給。

（4）　試しに検索エンジンで検索してみると、「万世一系」でけっこうヒットしてくる。なかには大物保守政治家のウェブサイトまであった。僕が言うのもなんだけど、こんなことでいいのかな？（笑）

【コラム5】
ラグビーと大学と私

なにを隠そう、僕はラグビーが好きである（観戦専門ですけど）。しかも、早稲田大学とはずっと縁のない人生を歩んできたにもかかわらず、高校時代以来なぜか早大ラグビーのファンであった。[1] ところが二〇〇〇年に、はからずも早稲田に着任することになった。これまでは「一傍観者」に過ぎなかったが、これからはなんと、「身内」として応援できてしまうではないか！　それはそれは喜びもひとしおであった。

　それまではすべてテレビ観戦だったが、着任後は秩父宮ラグビー場や国立競技場に足を運ぶようになった。テレビの前で手に汗握りながら見つめていた早明戦を、関東学院大との息詰まる熱戦を、スタンドから目の当たりにすることができた。まさに感無量！……と言いたいところだが、じつは少し戸惑っているのである。それはなぜか？

試合前には校歌「都の西北」が唱和される。白熱した場面では「ワセダ！　ワセダ！」の声援が飛び交う。トライの瞬間には、大歓声とともに大学の小旗がうち振られる……。当たり前といえば当たり前の光景だ。しかし僕は、どうもその雰囲気に素直に溶け込むことができないのである。

　その理由はまさに、自分が早稲田の「身内」になってしまったことによる。ただラグビーを応援したいだけなのに、「ワセダ！　ワセダ！」と口にすると、なんだか大学を丸ごと背負い込むようで怖い（笑）。それは困る。早稲田はあまりにも大きく、僕にはまだわからないことが多過ぎる。良き早稲田はぜひ愛したいけれど、そうでないところ（とき）には、やはり一言申したい。それもまた「身内」の責任だろう。これはなにも大学組織に限ったことではない。要は、ナショナリズム一般の問題なのだ。つまり、「国を愛せよ！」と言われても、無条件にすべてを愛するなんて——ちょっと考えてみれば（どう考えてみても？）——とてもできない相談でしょ？

……というわけだけでもないけれど、今日は競技場ではなく、またテレビでの観戦だ。二〇〇五年春の日本選手権、早大ラグビーは社会人チームを相手に善戦した。いい試合であった。テレビの前の僕は、ひとり（だからこそ？）「熱く」応援する。その姿をお見せできないのがとても残念である。

注

（1）しかし、これについて少なからず過去の自分を反省せねばなるまい。なにゆえ自分はあたかも「自然」に早稲田ラグビーのファンとなりえたのか。それは、ラグビーであれ野球であれなんであれ、中立的であるはずのメディアまでもが、対戦を「早慶戦」・「早明戦」と称してなにも疑わず、「慶早戦」・「明早戦」と呼ぶことがまずないのか、ということに尽きる。これは、某プロ野球球団が日本国民全体に及ぼしてきた影響にほぼ等しい（「さらば、GIGANTES」参照）。

【コラム6】かんぽと性同一性障害の浅からぬ？ 結びつき

かんぽ（旧・郵便局の「簡易保険」のこと。民営化後は「かんぽ生命保険」の名称になったとのこと）と性同一性障害がいったいどう結び付くのか、にわかにはおわかりにならないでしょう。かくいう僕もまったく知りませんでした、郵便局である手続をするまでは。ことの次第は以下のとおり。

「おまえの名義でかけていたかんぽがまもなく満期を迎える。もっとも、おれ自身の貯蓄のためにやってたんだがな。ワッハッハッハ」（ご存じかもしれないが、かんぽには貯蓄性も備わっている）と、あるとき実家の親父から連絡があった。そんなことは知らなかった（じつはこの本人が「知らな」くても保険がかけられたことに問題の発端はある）。「おれが満期金を受け取るためにはおまえの本人確認が必要である。ついては最寄りの郵便局で手続きをしてくるように」と、追って保険証書が郵送されてきた。

つまりはこういうことだ。親父は僕を被保険者として保険契約をしたが、僕という人間が本当に存在するかどうかについて、かつて郵便局は厳密な確認をしていなかったのである（これまでに僕は、僕の存在を証明する公的書類を求められたことはなかった）。要は契約者の「自己申告」がすべて、いい時代があったものである。きっと契約を取ってくることが最優先だったのであろう。

しかし、いまはそうはいかない。最近僕は子供の学資保険を作ったのだが、郵便局ならどこでもいいのだろうというほんの軽い気持ちで、自宅のそばではなく、たまたま職場近くの郵便局で手続きをしたところ（もちろん、子供の存在を確認する書類は揃えてのことだ）、哀れその局の職員は、子どもの存在をさらに「目視確認」すべく、はるばる我が家までわざわざ訪ねて来なければならなかったのである。現在本人確認が必要なのは、郵便局側のかつての不作為によるところが大きい。それはとりあえず置いておくとして、さて、今回の手続きである。

生年月日と性別の確認が必要であるとのことだったので、免許証と保険証を持参した（これも最近気づいたのだが、免許証には性別が記載されていない。よって性別の証明はできないのである！）。これで確認はすべて終わりかと思ったところ、一枚の「念書」が差し出された。それはなんと！「保険契約時と現在の性別に変更がないかどうか」を確認するためのものであった。局員の説明のよれば、二〇〇四年七月十六日に施行された「性同一性障害者の性別の取扱いの特例に関する法律」によって現在は戸籍上の性別の変更が可能になっている、ついてはその有無の確認が必要なのである、とのこと。ふむふむなるほどね、ん？　ちょっと待った！

そもそも性の違いが保険契約となんの関係があるのかと尋ねると、これが大あり。同じ保険条件でも男女では掛け金が変わってくるとのこと。こんなところにも男女格差があるとは（ただしこの場合は、男性のほうが不利な掛け金率になっているようだが）、私は不覚にして知らなかった。たとえば、私が男性であるにもかかわらず、親父が私を女性（！）と偽って保険契約を結んでいたとしよう。その虚偽が現在の性別確認で発覚した場合、掛け金は再計算され、不足金があれば請求されるし、余剰金があれば還付されるということだ。

では、そもそも性別の確認が必要であるとの根拠となった性同一性障害者の扱いはいったいどうなるのだろう？　ある人がかつて、心は「男」なのに戸籍上は「女」だったとする。保険契約は当然「女」としてされただろう。そしていま、法律によって晴れて「男」になったとしよう。掛け金の再計算はいったいどのようになされるのか。仮にそのことによって不足金の請求がされる、つまり不利な条件に変更になったとして、それは社会的に公正なことなのだろうか。「彼」がかつて「女」とされそれに基づいて契約を結んだことに、なんら責任はないのであるから。だいたい、法律の施行をはさんで、それ以前に「彼」が「女」で、以後は「男」であることに、なんの虚偽もないのであるから。なんだか釈然としないまま郵便局をあとにしたのであった。

想像するに、性同一性障害者にとっては、これ以外にもまださまざまな困難や煩わしさがあるはずだ。私はそれを杉山文野『ダブルハッピネス』（講談社、二〇〇六年）を読んで少しずつ学び始めていた。これは素晴らしい本であることを付け加えておきたい。

「語学の西北」研究室所蔵　文献・映画リスト（本書で参照・言及したうちの、主要なもの）

◉文献（著者姓五〇音順）

語学関連

- 黒田龍之助『外国語の水曜日――学習法としての言語学入門――』（現代書館、二〇〇〇年）
- 斎藤兆史・野崎歓『英語のたくらみ、フランス語のたわむれ』（東京大学出版会、二〇〇四年）
- 関口一郎『「学ぶ」から「使う」外国語へ――慶應義塾湘南藤澤キャンパスの実践――』（集英社新書、二〇〇〇年）

ラテンアメリカ・米国研究

- 後藤雄介「ニューヨークのヒスパニック／ヒスパニックの〈ヌエバ・ヨール〉」金田由紀子・佐川和茂編『ニューヨーク――〈周縁〉が織りなす都市文化――』（三省堂、二〇〇一年）
- 辻内鏡人『アメリカの奴隷制と自由主義』（東京大学出版会、一九九七年）
- 辻内鏡人『現代アメリカの政治文化――多文化主義とポストコロニアリズムの交錯――』（ミネルヴァ書房、二〇〇一年［遺作］）
- 辻内鏡人・中條献『キング牧師――人種の平等と人間愛を求めて――』（岩波ジュニア新書、一九九三年）
- アルベルト松本『アルゼンチンを知るための54章』（明石書店、二〇〇五年）

★その他、〈エリアシリーズ：～を知るための〇章〉として、ラテンアメリカ各国版が明石書店より刊行中。

・山本純一『メキシコから世界が見える』(集英社新書、二〇〇四年)

ラテンアメリカ文学

・ホセ・マリア・アルゲダス『深い川』(杉山晃訳、現代企画室、一九九三年)『ヤワル・フィエスタ(血の祭り)』(杉山晃訳、現代企画室、一九九八年)
・ガブリエル・ガルシア=マルケス「大佐に手紙は来ない」『悪い時』(高見英一ほか訳、新潮社、二〇〇七年)
・エルネスト・チェ・ゲバラ『モーターサイクル・ダイアリーズ』(棚橋加奈江訳、現代企画室/角川文庫、二〇〇四年)
・マリオ・バルガス=リョサ『継母礼賛』(西村英一郎訳、福武書店、一九九〇年)

その他の外国文学

・シェイクスピア『ロミオとジュリエット』(松岡和子訳、ちくま文庫、一九九六年)

日本語文学

・李良枝『由熙』(講談社、一九八九年)
・金城一紀『GO』(講談社、二〇〇〇年)
・島田雅彦『彗星の住人』(新潮社、二〇〇〇年)
・中島敦『李陵・山月記』(新潮文庫、一九六九年)
・村上春樹『1973年のピンボール』(講談社、一九七九年)『世界の終わりとハードボイルド・ワンダーランド』(新潮社、一九八五年)『ノルウェイの森』(講談社、一九八七年)

『国境の南、太陽の西』(講談社、一九九二年)
『やがて悲しき外国語』(講談社、一九九四年)
『辺境・近境』(新潮社、一九九八年)

文芸・社会批評

- 上野千鶴子『ミッドナイト・コール』(朝日文芸文庫、一九九三年)
- 加茂隆康『交通事故賠償』(中公新書、一九九二年)
  『交通事故紛争』(文春新書、二〇〇三年)
- エドワード・サイード『オリエンタリズム』(今沢紀子訳、平凡社、一九八六年)
- 酒井直樹『死産される日本語・日本人――日本の歴史-地勢的配置――』(新曜社、一九九六年)
- 管啓次郎『コヨーテ読書――翻訳・放浪・批評――』(青土社、二〇〇三年)
- 杉山文野『ダブルハッピネス』(講談社、二〇〇六年)
- 高橋哲哉『教育と国家』(講談社現代新書、二〇〇四年)
- 野崎歓『われわれはみな外国人である――翻訳文学という日本文学――』(五柳書院、二〇〇七年)
- 早尾貴紀・皆川万葉「「戸籍」から見える世界」『前夜』第I期四号、二〇〇五年)
- ロバート・ホワイティング『菊とバット・完全版』(松井みどり訳、早川書房、二〇〇五年)
- 水月昭道『高学歴ワーキングプア――「フリーター生産工場」としての大学院――』(光文社新書、二〇〇七年)
- 森達也『「A」――マスコミが報道しなかったオウムの素顔――』(角川文庫、二〇〇二年)
  『放送禁止歌』(知恵の森文庫、二〇〇三年)
- 李鳳宇・四方田犬彦『パッチギ-対談集――喧嘩、映画、家族、そして韓国――』(朝日新聞社、二〇〇五年)

◉映画（監督姓五〇音順）

ラテンアメリカ関連

- 『モーターサイクル・ダイアリーズ』（ウォルター・サレス監督、二〇〇四年）
- 『トラフィック』（スティーヴン・ソダーバーグ監督、二〇〇〇年）
- 『スール～その先は愛』（フェルナンド・E・ソラナス監督、一九八八年）
- 『ラテンアメリカ 光と影の詩』（フェルナンド・E・ソラナス監督、一九九二年）

スペイン関連

- 『神経衰弱ぎりぎりの女たち』（ペドロ・アルモドバル監督、一九八七年）
- 『アタメ！』（ペドロ・アルモドバル監督、一九八九年）』
- 『オール・アバウト・マイ・マザー』（ペドロ・アルモドバル監督、一九九九年）
- 『バッド・エデュケーション』（ペドロ・アルモドバル監督、二〇〇四年）
- 『オープン・ユア・アイズ』（アレハンドロ・アメナーバル監督、一九九七年）
- 『ブルジョアジーの密かな愉しみ』（ルイス・ブニュエル監督、一九七二年）
- 『ミツバチのささやき』（ビクトル・エリセ監督、一九七三年）

日本関連

- 『パッチギ！』（井筒和幸監督、二〇〇五年）
- 『父と暮らせば』（黒木和雄監督、二〇〇四年）
- 『月はどっちに出ている』（崔洋一監督、一九九三年）
- 『ＧＯ』（行定勲監督、二〇〇一年）

初出一覧

以下を除いては、すべて本書のための書き下ろしだが、初出があるものについても、すべてなんらかの加筆・修正を施している。

第一部　教室の日々

連載〈嗚呼、君の名はスペイン語！〉『ＮＨＫテレビ　スペイン語会話』二〇〇四年四月号〜〇五年三月号

第二部　ラテンアメリカの日々

◆ペルー三都物語

「赤道の南から6・クスコ」・「赤道の南から7・リマ」・「赤道の南から8・チンボーテ」『歴史評論』（歴史科学協議会）、五二四・五二五・五二六号、一九九三ー九四年

【コラム】

◆新しい外国語への旅立ちの前に

『外国語を学ぼう――どの外国語を学ぶか決めかねている新入生のために』（早稲田大学教育学部）、二〇〇八年四月

◆なぜ外国語を学ぶのか？

「早稲田ラテンの杜」（http://www.f.waseda.jp/chema/）、二〇〇三年十月二十八日

◆リマの異次元日本空間潜入記？
「リマの街角から」五号、一九九一年四月一日　（注）「リマの街角から」は、ペルー留学中に日本の複数の知人に宛てて不定期に発行していた通信（いまならウェブサイトあるいはブログに書き込めば済むことを、当時はわざわざプリントアウトして郵送していた）。
◆ラグビーと大学と私
『早稲田ウィークリー』一〇五八号、二〇〇五年四月二十八日
◆かんぽと性同一性障害の浅からぬ？　結びつき
「早稲田ラテンの杜」、二〇〇六年十一月二十九日

あとがき

本書を書くきっかけは二〇〇三年盛夏こと、とき同じくして、二人の編集者が相次いで私の研究室を訪ねて来たことに始まる。

一人目はNHK出版の原嶋慶太氏である。原嶋氏の依頼により、私は『NHKテレビ　スペイン語会話』で一年間にわたってエッセイを連載する機会に恵まれた。じつは原嶋氏は、私がスペイン語を教えた学生のひとりである。といっても、専門で教えたわけではない。あくまでも「第二外国語」としてであった。そんな第二外国語として学んだ卒業生から、まさかスペイン語絡みで仕事の依頼が来るとは夢にも思わなかった。最初は「頼む人に困って、最後に私のところに来たんじゃないだろうな？」と疑心暗鬼であったが（笑）、話を聞いているうちに、これは素直にありがたい話であると感じ、私はこの仕事を引き受けることにした。このときの連載が本書の第一部となった。

次いでやって来たのが、だれあろう、本書の編集者である現代書館の吉田秀登氏である。吉田氏の依頼は、この青二才に対して、「スペイン語教育とラテンアメリカ体験を絡めて単行本を一冊書き下ろしませんか」という、「ありがたい」を超えて、およそ「ありえない」話であった（これって「オレオレ詐欺」ならぬ「書け書け詐欺」？　と思ったぐらいである）。

迂闊にも私は、直接お会いするそのときになってようやく気づいたのだが、吉田氏は語学関係の良書を何冊も手がけてきた、知る人ぞ知る名編集者である。なかでも黒田龍之助『外国語の水曜日』は、私自身、おおいに共感を持って読んだ本であった（そのことは、本文のなかでも触れた）。その吉田氏からのあまりにも恐れ多い提案に、「なぜ私のような者に？」と率直に尋ねれば、私のウェブサイト「早稲田ラテンの杜《もり》」（http://www.f.waseda.jp/chema/）を見て「この人なら、と思った」と氏は言う。当時（いまも？）、私のホームページにはさして内容があるわけではなく、「なにかのお間違えでは？」と思わざるをえなかったが、考えてみればじつに光栄なことであり、「えい、ままよ！」と、私はこの仕事を謹んでお受けすることにした。

嗚呼しかし、まさに ¡El tiempo pasa volando!《エル・ティエンポ・パサ・ボランド》（光陰矢のごとし！）、月日の経つのは早いもので、あの夏からあっという間に五年が過ぎてしまった。いっとき大学の労働組合の要職（書記長）を務めていてそれどころではなかったという言い訳は一応できるものの（実際組合の仕事は、私の能力をはるかに超えていて辛かった。それでもやって良かったと思うのは、コラム「ラグビーと大学と私」で書いたような内容について、さらに確信を深めることができたからである。大学という組織もさまざまな問題を抱えている。たいへん残念なことではあるが）、つまるところは、私自身の能力の欠如と日常の怠惰によるものである。恐れ多くも吉田氏には「締め切りは必ず守ります！」などと大見栄を切ったにもかかわらず、結果的に多大なるご迷惑をおかけしてしまった。それでも辛抱強く待ち続けてくれた氏には、感謝の言葉もない。

加えて、吉田氏が私に期待していたのは、「スペイン語を通じてラテンアメリカを魅力的に描く」ということであったが、それについてもはなはだ自信がない。スペイン語教師を生業《なりわい》としつつ、ラテンアメリカ研究に携わる私であるが、日本に暮らす私の関心は、畢竟《ひっきょう》この〈日本〉のいまのあり方にも向かわざるをえず、それが本書の構成に良くも悪くも（悪くも悪くも?）反映されている。

少し手前味噌になるが、私の現在の所属は「複合文化学科」なるまだ立ち上がったばかりの学科なのだが、そこでは英語以外（！）の外国語を専門的に学びつつ、しかし特定言語の地域研究を必ずしも前提とせず（地域研究は地域研究で大歓迎だが）、さまざまな文化現象を多面的に読み解いていくことを目標としている。その際、これまでとは異なった視角をもたらしてくれるのが、ある外国語の知識であり、外国語という自明ならざるものに取り組んだという経験そのものだと言える。であるならば、私のスペイン語学習・教育やラテンアメリカ滞在という所与ではない経験を通じて、見慣れたはずの〈日本〉を改めて見つめ直すことにも、それなりの意義があるはずである。そのような実践のひとつとして本書が読まれるならば、筆者としては望外の幸せである。

あとは、私のこうした意図――それをして本書は「語学の西北」と呼んだつもりだ――があながち見込みちがいではなかったと、吉田氏のなかで納得（帳尻合わせ?）をしてもらうことをただ願うばかりである。原嶋氏との共同作業も、こうしてようやく本に収めることができた。あの連載のストックがなければ、筆のあまりにも遅い私は一冊の本を物することなど到底できなかっただろう。原嶋君、ありがとう！　また、辻内鏡人さんの思い出（第三部「くにたち『内地留学』の記」）は、多分に個人的なことではあるが、この機会にどうしても書いておきたかったことである。なにとぞご了承願いたい。

最後に、ペルー留学を実現してくれた国際ロータリー財団、通訳の経験を積ませて（?）くれた日本美術会、架空の対談相手として登場してくれたM氏こと松本健二さん、実際にナポリと東京間でメールのやりとりをしてとても有意義な対話の機会を与えてくれた李閏蓮《り・ゆんりょん》さん、そして、最初の留学のとき以来、常に全面的に支えてくれているOswaldo Higuchiとその家族に、厚く御礼を申し上げる。

二〇〇九年の年始め、雨が雪へと変わりそうな夜更けに

後藤雄介

後藤雄介（ごとう　ゆうすけ）
一九六四年、埼玉県生まれ。東京外国語大学外国語学部スペイン語学科卒。同大学大学院地域研究研究科修士課程修了。一橋大学大学院社会学研究科博士課程単位取得退学。一九九〇－九一年、ペルー・カトリック大学（Pontificia Universidad Católica del Perú）留学。青山学院大学文学部専任講師を経て、現在、早稲田大学教育学部複合文化学科准教授。ラテンアメリカ思想文化史専攻。
おもな論文に「クリオージョ、インディオ、メスティーソ――現代ペルーの人種・民族関係理解のための予備的考察――」遅野井茂雄・村上勇介編『現代ペルーの社会変動』（国立民族学博物館、二〇〇五年）、「ニューヨークのヒスパニック／ヒスパニックの〈ヌエバヨール〉」金田由紀子・佐川和茂編『ニューヨーク――〈周縁〉が織りなす都市文化――』（三省堂、二〇〇一年）など。訳書に『ホセ・マルティ選集3・共生する革命』（共訳、日本経済評論社、一九九九年）、シロ・ビアンチ・ロス『キューバのヘミングウェイ』（海風書房、一九九九年）。

語学の西北
――スペイン語の窓から眺めた南米・日本文化模様

二〇〇九年三月二十五日　第一版第一刷発行

著　者　後藤雄介
発行者　菊地泰博
発行所　株式会社現代書館
東京都千代田区飯田橋三―二―五
郵便番号　102-0072
電　話　03（3221）1321
F A X　03（3262）5906
振　替　00120-3-83725
組　版　コムツー
印刷所　平河工業社（本文）
東光印刷所（カバー）
製本所　矢嶋製本
装　幀　伊藤滋章

日本音楽著作権協会（出）許諾第 0901875-901 号
校正協力・迎田睦子

ISBN978-4-7684-6993-4
定価はカバーに表示してあります。乱丁・落丁本はおとりかえいたします。
http://www.gendaishokan.co.jp/